总第87集

U1076538

行政执法与行政审判

中华人民共和国最高人民法院
行政审判庭 编

中国法制出版社
CHINA LEGAL PUBLISHING HOUSE

目　录

观点与争鸣

关于行政法总则的期望与构想

应松年

建设社会主义法治国家，必须有完善的中国特色社会主义法律体系。建设法治政府，同样必须有完备、完善的行政法体系。从行政法总则到行政法典的制定，是完善中国特色社会主义法律体系的重要步骤，是促进我国建成法治政府的极为重要的举措和通道。

我国《民法典》的编纂分两步走，以“提取公因式”的方法，先制定民法总则，再编纂各分则，形成《民法典》，这一成功经验给行政法典制定提供了重要启示。其一，制定行政法总则，完善中国特色社会主义法律体系，推进法治政府建设，适应经济社会发展的需要。我国正处在法治国家、法治政府和法治社会一体推进的关键时期，要完成这一伟大的历史使命，首先就要有完善的中国特色社会主义法律体系。在《民法典》已经完成的情况下，还必须有行政法典及时跟进。要发挥法治政府对于法治国家、法治社会的示范引领作用，必须首先制定行政法总则，这既是基本建成法治政府的必要条件，更是通过法治政府建设带动法治国家、法治社会建设的重要通道和保障。进而编纂行政法典，将使政府活动趋向统一与和谐，有利于经济社会的发展。其二，我国制定行政法总则的时机已经成熟。我国的行政立法实践已经走出了中国特色创新之路，党和国家对法治政府建设的强力推动，为制定行政法总则夯实了基础和条件保障。其三，参照《民法典》的编纂程序，行政法典的编纂可分为两步走，先制定行政法总则，再完成各分则，最后形成行政法典。现在是第一步，制定行政法总则。经过三十多年的努力，我国行政法治体系已经基本形成，包括原则、主体、权利、行为、管辖、程序、代理、监督、责任、救济等各个领域，而且有些领域已经有了创造性的发展，只是有些尚未制定法律，有些法律规范尚不统一，有些则由国家政策性文件规定，尚需制定为法律。行政法总则的制定，也以提取公因式的方法，将行政法律体系中已有的或应该有、可能有的共有普遍性和引领性规范提取出来，作出统一规定，既构建我国行政法律制度的基本框架，也为各分编的规定提供依据，则我国制定行政法典的愿望完全可以达到。其四，关于行政法总则构成的设想。按照提取公因式的方法，以实现行政权所有环节和所有方面在法治轨道上运行为主线，行政法总则的立法结构可以涉及以下五大方面：行政法总则的总则（一般规定）；行政法律关系的主体，包括行政主体、行政相对人和相关人；行政活动（行政主体行使职权的活动统称）；行政程序；行政监督、保障和救济。

（作者单位：中国政法大学）

民法典对行政法法典化的启示

马怀德

《民法典》的启示意义在于法典制定的可行性、步骤安排、路径选择等。行政法法典化任重道远，需要在行政法学基本概念明晰的基础上，通过社会基本共识的逐步形成，实现行政法的体系化和科学化目标，迎接 2035 年法治国家、法治政府、法治社会的基本建成。

第一，《民法典》的编纂表明行政法法典化具有可行性。既然数量庞大的民事法律规范可以编纂为法典，那么，把行政法律规范编纂成行政法典也是可行的，其也可以向着体系化方向发展。但是与民法相比，行政法范围更广、条文更多，在现有行政法体系中，目前已制定了 200 多部法律、700 多部行政法规、9000 多部地方性法规、6 万多部规章，涉及 60 多个领域，因此，行政法法典化的具体问题还要进一步研究。

第二，《民法典》“两步走”的立法步骤对行政法法典化具有借鉴意义。《民法典》编纂采用了“两步走”的形式，这种渐进式的立法方式值得行政法学学习。近年来，我国行政立法取得了巨大成就，已经满足行政法法典化的条件，并且时机已经成熟，我们有机会成为世界上第一个制定行政法总则的国家。

第三，推进行政法法典化，可以先制定一部行政法通则或行政法总则。推进行政法法典化，有如下几种可能路径：一是制定统一的行政程序法。其优点是实践和理论储备充足，缺点是难以凸显实体性规定的重要性。二是制定一部完整的由行政法总则编和各分编共同构成的行政法法典，对一般行政法领域中的基本问题均予以规定。其优点是大而全，缺点在于任务重、要求高，对于行政法理论要求高，难以达成共识。三是制定一部行政法通则。行政法通则的实质是简明版的行政法法典，相当于民法通则，规范内容广泛，但较为简约。四是制定行政法总则。行政法总则和《民法典》中的民法总则类似，因此，其相当于行政法法典中的总则编。后两种路径的优点在于，既能够规范一般行政法领域的基本和重大问题，又不会因为容量过大、规范事项过多而导致无法实现目标，另外，还有《民法典》的编纂经验可供借鉴。总之，从目前的情况看，可以先制定一部行政法通则或行政法总则，建立整体性的实体和程序规则，为各类行政活动确立最低标准。因为对于法治政府建设来说，让所有行政活动遵循法治原则、取得法律授权，并确保政府在法律范围内活动是问题的关键。行政法总则或通则的制定，不仅会是中国行政法治的集大成者，也将为最终实现行政法法典化奠定基础。

（作者单位：中国政法大学）

关于编纂我国行政程序法典的构想

姜明安

“为行政权力定规矩、划界限”，“把权力关进制度的笼子里”是习近平法治思想的一项基本内容和重要亮点。那么，我们怎么对行政权力定规矩、划界限，规范和制约行政权，把权力关进制度的笼子里呢？其最重要的方法和途径之一，是健全和完善行政程序法制。而健全和完善行政程序法制最重要的方法和途径之一，则是编纂《行政程序法典》。

目前，我国行政法学界和实务界关于行政法法典化的基本路径有各种不同的主张。例如，有学者提出分“三步走”的方案：先制定行政法总则，再完成行政法各分则，最后形成行政法典；有学者主张依行政法学理论体系在现有行政法律规范的基础上编制行政法法典，将行政组织法、行政活动法、行政监督与问责法、行政救济法融合为一体，构建最完整的“通用行政法典”；还有全国人大代表提出先制定《行政法通则》，后制定行政法典的分“两步走”方案。

关于我国行政法法典化，暂不编纂行政实体法典而编纂行政程序法典。其一，行政法不同于民法，其最重要、最核心的内容是程序规范而非实体规范。其二，行政实体法规范分散，且体系庞杂，难以法典化。其三，行政法中有些规则，既有实体性质，又有程序性质。在行政程序法典中纳入那些兼具实体性和程序性的规则是完全可行且必要的，在行政程序法典中纳入这些规则并不会改变法典的程序法性质。其四，目前世界各国基本上没有编纂行政实体法典成功的先例。其五，我国目前还处在经济体制、政治体制和行政体制改革与转型的时期，行政机关的组织体系、结构、职能及权力配置等实体规则还处在不断的调整变化中，各种行政实体法律制度远未完全定型，而法典则应具有较一般法律更大的相对稳定性，不能频繁地修改变动。因此，现在编纂行政法法典，只能限于行政程序法或者主要限于行政程序法，而不能过多及于行政实体法。在较长一个时期内，我国并不具备起草或编纂行政实体法典的条件。

我国现已制定了大量的涉及行政程序的单行法律、法规和规章，为编纂行政程序法典奠定了基础。民法典的成功编纂和颁布，为编纂行政程序法典提供了宝贵经验。我国编纂行政程序法典，其内容应覆盖所有行政部门和所有行政领域。凡是属于行政行为程序性质的共性规范，均应纳入编纂的范围。但对与调整行政主体外部行政行为程序无直接关系的行政组织法规范、公务员法规范、监察法规范和行政诉讼法规范等不宜纳入。作者建议，我国行政程序法典的内容应包括五大板块，即设五编，分别为总则、行政程序基本制度、行政决策与行政立法程序、行政处理程序、特殊行政行为程序。

（作者单位：北京大学）

行政法法典化之基本问题研究

薛刚凌

行政法法典化的核心目标是要促进行政法的一体化建设，建立与我国国家治理相匹配的行政法体系。行政法法典化涉及行政法法典的调整范围、行政法的结构框架和整体性保障三大部分，是一个复杂的系统工程，需要加强基础理论研究以确立行政法的体系框架，也需要确立合理的法典化路径和模式，以促进行政法的体系化发展。

我国以个人本位为基础的整体主义治理模式以及行政法治自身对秩序和理性的内在要求，尤其是依法治国和国家治理现代化转型的需要，都决定了行政法体系建构的必要性和紧迫性。行政法法典化发展的目标就是要立足国情，建设中国特色的行政法体系，为国家建设与发展提供行政法的支撑和保障。

就行政法法典的调整内容而言，需要从体系整体的角度把握，将涉及公共行政的所有行政法规范都纳入行政法典的规划和制定之中。除了学术界比较重视的政府外部管理法及监督救济法外，还包括政府运营法和行政组织法，这两者都是我国行政法的特色所在，社会主义市场经济决定了政府的资源配置和经营职能，而整体治理模式意味着行政组织的系统管控。同时，各个领域的专门行政法也需要在统一的行政法框架内制定与实施。

行政法法典编纂的模式可以采用法典制定与法律编纂结合的方式，通过《行政法总则》的制定，建立一般行政法与专门行政法的基本框架。在此基础上，对条件比较成熟的部分制定行政法典；条件不成就的，可以先制定单行立法，定期编纂，待条件成就后再制定法典。至于《行政法总则》的制定，要提炼行政法最基本的理念、原则精神，确立行政法的基本框架，并对行政法适用中的普遍性问题作出明确规定。此外，还需就行政法的整体性和多元性统合、稳定性与开放性等展开讨论，并探索解决的方法和路径。

（作者单位：华南师范大学）

从民法典的编纂看行政法典的编纂

杨登峰

2020年5月28日，《民法典》正式颁布，这开创了我国民法的新纪元。《民法典》编纂的立法经验，为其他领域的法典制定特别是行政法典的制定创造了条件。

我国对于统一行政法典的探讨，已经经历了“行政基本法”和“统一行政程序法”两个阶段，现在学界又提出“先制定行政法总则，后编纂行政法分则”的思路。行政法典只能是关于一般行政法的法典，其内容也主要应是程序性的，包括行政组织设置程序、行政行为程序、行政执行程序和行政救济程序四部分。即便如此，其编纂也面临复杂而艰巨的任务。实践证明，《民法典》选择的“单行法先行”路径是成功的，行政立法应借鉴《民法典》编纂的成功经验，按“单行法先行”模式逐步推进。应继续沿着“分步立法、逐步推进”路线，积极创造条件，稳步推进。具体可分为以下几个方面：

第一，继续推进统一行政程序法的制定。我国行政程序法的制定采取了“单行为法模式”“类行为法模式”“法典模式”三种，主要在地方层面推行。对推动统一行政程序法的制定而言，“类行为法模式”具有立法成本适中、立法难度适中的比较优势。

第二，继续推进统一行政组织法的制定。将来在《国务院行政机构设置和编制管理条例》和《地方各级人民政府机构设置和编制管理条例》基础上，尽快形成统一的行政机构设置与编制法；在理论上探讨行政机构设置与编制法和党内法规《中国共产党机构编制工作条例》之间的关系，为行政法典之行政组织法的编纂奠定基础。

第三，继续推动统一行政救济法的完善。这一方面，《国家赔偿法》已经修改并日臻成熟，《行政复议法》的修改工作正在推进，将来要推进行政补偿的立法工作，从而形成比较完善的行政救济法律体系。上述三个方面的工作做好了，将来制定行政法总则并进而编纂一般行政法典的条件也就成熟了。

（作者单位：东南大学）

我国行政法法典化的意义与路径

钟瑞华　李洪雷

《民法典》的编纂对行政法的法典化具有重要的示范意义。推进行政法的法典化，对于实现行政法规范的体系化、彰显行政法治的基本价值、加快法治政府的建设、推进国家治理的现代化、凝聚社会共识、节约立法资源、填补行政立法空白、优化法治政府建设推进机制、带动行政法学科发展、坚定文化自信等具有重要意义。推进行政法法典化有几种不同的路径可供选择。这些路径各有优缺点，需要加以综合权衡。第一种路径，制定一部统一的行政程序法。统一行政程序法方案的优点在于有很多域外经验和地方实践可资参考，行政法学界在这方面也已经进行了大量的研究，取得了丰富成果，但这一方案也有其缺点：一方面，存在名不副实的问题，其中必然会包含很多实体性规定。另一方面，受程序法之名的影响与限制，依据这一方案作出的立法，在体系结构、规范容量等方面又难以凸显实体性规定的重要性。第二种路径，制定一部行政法通则或行政基本法。制定行政法通则方案的优点在于，既能够对一般行政法领域中最为基本的和重大的问题进行规范，又不会因为容量过大、规范事项过于复杂而在短期内无法实现立法目标；但其缺点在于容量有限，对一般行政法领域的有些基本或重要问题可能仍然难以规定。第三种路径，制定一部完整的行政法典。制定完整统一的行政法典方案的优点在于容量大、事项全，缺点在于立法任务重，对于行政法理论储备的要求高，各方面达成共识的难度相当大。第四种路径，制定一部行政法总则。行政法学界倡导制定行政法总则的应松年教授，最初将行政法总则和民法总则作类比，主张以民法总则为范本，采取“提取公因式”的办法，将行政法律制度中具有普遍适用性和引领性的基本规范制定为一部行政法总则；然后，根据我国国情和法治特点，同样形成行政法各分编。可见，这种意义上的行政法总则相当于行政法典中的总则编，但目前应松年教授所带领团队起草的专家稿，有走向行政法通则的倾向。因为参与起草工作的学者，普遍对行政法总则有很高的期待，自觉不自觉地扩大了其调整范围，最后导致名为“总则”实为“通则”。

为推进我国行政法的法典化，在目前阶段可将制定行政法通则即简明版的行政法典作为目标，待积累经验、条件成熟后再制定完整版的行政法典；也可先制定行政法总则，在将来编纂行政法典时略加调整后以其为总则编（鉴于此，在确定行政法总则的具体调整内容时要统筹考虑行政法典各分编的内容）。

从我国编纂《民法典》的经验来看，《民法通则》（1986 年）共 9 章，依次为基本原则、公民（自然人）、法人、民事法律行为和代理、民事权利、民事责任、诉讼时效、涉外民事关系的法律适用以及附则；《民法总则》（2017 年）共 11 章，依次为基本规定、自然人、法人、非法人组织、民事权利、民事法律行为、代理、民事责任、诉讼时效、期间计算以及附则。由于制定时间相距甚远，其间我国经济社会与法制状况均发生了深刻变化，因此二者的实质内容有很大差异，但在规范结构和事项上却高度一致。之后民法典总则编（2020 年）基本保持了民法总则的结构和内容不变，只是根据法典编纂体系化的要求进行了微调。以此为参照，先制定行政法通则还是先制定行政法总则可能并无太大的差别，二者的主要结构和规范事项均可为将来的行政法典所吸收。

应当特别说明的是，无论制定何种形式的行政法典，都不是要取代部门行政法。与行政法总则相对的行政法分则，或者与行政法典总则编相对的各分编，主要是针对不同类型的行政行为加以调整，仍然属于一般行政法而非部门行政法。其实，民法的法典化也并不意味着取消特别民法，民法典只是规定社会达成了共识的、具有较强稳定性的民事规则，在公司法、保险法、消费者权益保护法等单行法中仍然存在着大量的特别民法规范，这些规范并不会因为《民法典》的制定而失去其效力。行政法的法典化也同样如此。

（作者单位：中国社会科学院）

直接制定行政法典的时机已经成熟

梁凤云

法典化是法治国家的重要标志，行政法典则是法治政府的重要标志。行政法典是“为行政权力定规矩、划界限”“把权力关进制度的笼子里”的主体机制，是国家长治久安、事业兴旺发达、社会法治昌明的基础工程。全国人大常委会2021年度立法工作计划提出，要研究启动行政基本法典等条件成熟的行政立法领域的法典编纂工作。对于如何制定行政法典，学术界提出了一些建议，如先行制定行政法总则、行政法通则、行政程序法典、通用行政法典、一般行政法典等。这些观点的基本判断是，制定行政法典是远景目标，目前时机尚不成熟，需要按照民法典制定的“民法通则——单行法律——民法典”分步走的路径，先从基本框架入手，最终达到制定行政法典的目标。在我看来，制定行政法典的时机已经成熟，条件已经具备，无须分两步走，无须先制定行政法通则，应当直接启动制定“行政法典”的工作。世界各国还没有成功制定行政法典的先例。我国在世界上率先制定一部成功的行政法典，不仅是社会主义法治国家的制度表征，而且是对世界法治的独特贡献。

直接制定行政法典的时机已经成熟，主要基于以下三个方面的充分准备：一是，制度准备。法典不会凭空而来，必须有深厚的制度积累和制度需求。法治政府建设是习近平法治思想的重要内容。中央已经就适时推动包括行政法典在内的其他领域立法法典化提出明确要求，立法机关也正式启动了行政基本法典的编纂工作。我国宪法规定，中华人民共和国实行依法治国，建设社会主义法治国家。《行政诉讼法》《行政复议法》《行政处罚法》《行政强制法》《行政许可法》等“行政五法”已经建构起行政法典的基本框架和基本思路。目前，我国已经有200多部法律、700多部法规、数以万计的规章以及规范性文件规定了行政法的内容，制度积累的充分在全世界也是少见的。

二是，理论准备。制定行政法典必须保证充分的理论储备，确保制定行政法典的理论供给。经过四十多年的发展，中国的行政法学已经发展成为内容非常丰富、极具创新意识、极具中国特色的学科，不仅充分借鉴吸收消化域外相关行政法治经验，也产生了一大批具有原创价值、解决中国问题的理论成果，许多研究领域甚至还处在世界前沿。行政法学理论不仅能够有效解释和分析制定行政法典中的中国问题，而且能够从理论上顺利解决这些问题。三是，实践准备。没有实践，法典就会成为无源之水，无本之木。改革开放四十年来，随着依法行政、法治政府建设的不断推进，在立法、执法、司法等领域都有了丰富的实践积累。在立法方面，“行政五法”已经撑起法治政府的法制框架；在执法方面，六十多个行政管理领域有着数以亿计的行政执法实践；在司法方面，行政审判三十多年来，特别是党的十八大以来，随着立案登记制的推行，人民法院每年审理四十多万件各类行政案件，对于行政执法中的难点痛点问题、法律适用问题等有着充沛的积累。

基于以上的判断，应当直接制定具有中国特色的行政法典，同时需要解决好以下几个问题：一是，在制定路径上，充分发挥行政法典的“后发优势性”。《民法典》之所以采取了“两步走”等方式，原因并非“两步走”是法典化的规定动作或者必由之路，而主要是基于四十多年前的法治发展状况，采取了“宜粗不宜细”的立法策略。四十年后，中国行政法理论和实践的丰富和发展，已经无须再重复制定《民法典》“两步走”的路径。此外，对于有观点提出的，行政管理变化太快，应当采用行政法总则的方式，在我看来，无论是制定《民法典》，还是行政法典，都不可能毕其功于一役。法典只能是过去法治经验的总结，而不能预先考虑没有发生的法律事实。《民法典》出台后，同样也会随着实践的发展逐步修订。因此，行政管理领域的推陈出新并非制定法典考虑成熟性的因素。二是，在法典内容上，要突出对行政权的“有效制约性”。法律是法律关系的总章程。行政法典作为基本法典，既是人民权益的“护身符”，也是行政权力的“边界线”。这部法典是要确立行政权力和人民权利的法律关系，要明确行政机关的“权力清单”，对于行政机关内部性质的机构、人员、决策等内部事项，应当由单行法律承担。法典要明确重要的、根本的法律事项，包括行政主体资格、行政行为效力、行政程序规范等，使法典真正成为长期行政管理的“明规矩”“真底线”。三是，在起草方式上，保持提取公因式的“系统科学性”。有观点提出，行政法典应当从“行政五法”中提取有关的制度公因式，这是从单行法律上升为法典的重要方式。同时，提取公因式也要注意到对行政法成熟理论的吸收。目前实施的《行政处罚法》《行政强制法》《行政许可法》，主要是为了解决行政执法中存在严重的“三乱”而提出的应策性法律制度。这三种行政行为只是三十余种行政行为之中比较重要的行为样态。如果仅仅从这三种法律中提取公因式，显然包括不了大多数的行政行为。因此，应当按照单方行政行为、行政协议、不作为等，具有不同法律效果的行政行为的“类型”，而不是按照行政许可、行政处罚等行政行为的“具体表现样态”来确定法典内容。比较起来，《民法典》与《合同法》《侵权责任法》等单行法律的关系，是通过法律关系的不同类型设定的，而不是根据侵权行为、违约行为的“具体表现样态”来设定的。《民法典》的编纂经验值得借鉴。四是，在法典结构上，保持与制定《民法典》的“逻辑统一性”。在制定行政法典时，无须采用“总则和分则分步走、分别制定”的方式。从《民法典》的编纂体例来讲，也并未采取总则和分则的方式，而是采取总则、物权、合同、人格权、婚姻家庭、继承、侵权责任七编并列的方式。民法通则与民法典的内容结构基本类同，具体内容有时代变化，逻辑统一性贯彻始终。《民法典》是写满人民民事权利的法典，行政法典是写满人民行政权利的法典，同等重要。在法典的逻辑统一性上，《民法典》对于行政法典很有启示意义。例如，《民法典》的总则编“自然人”“法人”“民事法律行为”，对应行政法典的“行政相对人”“行政主体”“行政法律行为”；《民法典》的合同编，对应行政法典的“行政协议”；《民法典》的“侵权责任”，对应行政法典的“行政行为”等。在制定行政法典时，其主要内容应当包括：第一，总则编，包括基本规定、行政相对人、行政主体、行政权利、行政法律关系、代理等；第二，行政行为编，包括课予义务的行政行为、授益行政行为、不作为、行政行为的成立与效力等；第三，行政协议编，包括行政协议的订立、履行、变更、解除，行政协议的成立、生效、违法责任、违约责任等；第四，行政程序编，包括行政决策程序、行政执法程序、行政复议程序、一般程序、听证程序、简易程序等；第五，行政救济编，包括行政复议、行政调解、行政赔偿、行政补偿、行政仲裁、行政诉讼等。综上，直接制定行政法典各界期待，条件具备，时机成熟，正逢其时，应当尽快确定制定法典的“路线图”和“作战图”，尽快拿出建设法治政府的中国方案，有力推动 2035 年法治国家、法治政府、法治社会如期基本建成。

（作者单位：最高人民法院）

中国特色行政法法典化的模式选择

章志远

在我国行政法的发展进程中，制定一部统一的行政法典一直是行政法学人孜孜以求的梦想。如果说 20 世纪 80 年代的中国行政法尚处于“北大荒”时代的话，当下中国的行政法则已经接近“北大仓”状态，拥有法典化的必要社会条件和重要实践、理论资源。

首先，行政法律规范的基础可资利用。行政法的法典化并非完全另起炉灶，而是通过对现有行政法律规范的集中整理和必要增补，形成一部系统化、体系化的法典，使处于分散状态的行政法律规范之间具有更为紧密的、内在的逻辑联系。其次，行政改革的实践智慧可资提炼。行政法的法典化并非无源之水，完全可以从当下丰富的行政改革和行政审判实践中汲取智慧。再次，行政法学理论的发展可资转化。在法典化目标的统领之下，既有的行政法学理论成果可以进一步得到优化整合，进而转化为具体的法律规范。最后，域外亦有丰富的立法素材可资借鉴。

中国特色行政法法典化宜坚持“制定行政法总则+编纂行政法典各分编”的思路。在关于行政法总则的结构安排上，行政法总则的制定可以参考民法总则“提取公因式”的办法，将行政法律制度中具有普遍适用性和引领性的规定写入其中，就行政法的基本概念、基本原则、基本主体、权利义务、行为基本要求、责任救济基本要求及监督保障机制等作出规定，既构建起我国行政法律制度的基本框架，也为各分编的规定提供依据。在行政法分则的编纂路线上，可以根据我国行政法的发展状况和实践需求，参酌民法典编纂的先进经验，行政法典包括总则篇（行政法总则法典化）、行政组织法编、行政活动法编和行政救济法编四个部分。

（作者单位：华东政法大学）

论以人民为中心的行政审判工作路线

廖希飞

【摘要】 当前，行政审判工作在妥善处理行政纠纷、推进法治政府建设乃至全面依法治国中的重要地位与作用，在思想上尚未引起全社会的高度重视。在实践中，行政审判工作现状与人民群众期待之间仍然存在较大差距。如何促进党建与业务深度融合，在行政审判工作中贯彻落实“以人民为中心”，推动行政审判工作向前发展，是摆在全体行政审判工作人员面前的一项重大课题。本文将从什么是行政审判工作中的“以人民为中心”、为什么要在行政审判工作中坚持“以人民为中心”以及如何在行政审判工作中坚持“以人民为中心”三个方面，尝试对这一重大课题进行初步的回应和探讨。

【关键词】 以人民为中心　行政审判　工作路线　根本宗旨　群众路线

党的十九大报告指出，必须坚持以人民为中心的发展思想，“必须坚持人民主体地位，坚持立党为公、执政为民，践行全心全意为人民服务的根本宗旨，把党的群众路线贯彻到治国理政全部活动之中，把人民对美好生活的向往作为奋斗目标”。习近平总书记指出，“我们要始终把人民立场作为根本立场，把为人民谋幸福作为根本使命，坚持全心全意为人民服务的根本宗旨，贯彻群众路线，尊重人民主体地位和首创精神，始终保持同人民群众的血肉联系”。[①] 行政审判作为人民法院解决行政争议的一项工作，也应当坚持以人民为中心。但在行政审判工作中坚持以人民为中心，首先要回答三个问题：什么是行政审判工作中的“以人民为中心”？为什么要在行政审判工作中坚

① 《习近平谈治国理政（第三卷）》，外文出版社 2020 年版，第 136 页。

持“以人民为中心”？怎样在行政审判工作中坚持“以人民为中心”？

一、什么是行政审判工作中的“以人民为中心”？

在搞清这个问题前，首先要搞清什么是“以人民为中心”，它和为人民服务及群众路线是什么关系，以及什么是行政审判工作中的“人民”这三个问题。

（一）什么是“以人民为中心”？

在我们党所有重要论述中，最著名的“以……为中心”的表述是“以经济建设为中心”，这是党的基本路线的核心内容之一。而所谓基本路线，就是指导工作的根本方针、根本原则。类比而言，以人民为中心，既是一种理念，更是一种工作导向和工作方法。习近平总书记指出，“党的一切工作都是为了实现好、维护好、发展好最广大人民根本利益”。① 因此，所谓“以人民为中心”，即一切工作为了人民，紧紧围绕人民（需求）开展工作，始终把人民放在心中最高位置②，一切工作都要服从和服务于人民，如果存在与人民（利益）相冲突的情况，一切都要让位于人民（利益）。

（二）以人民为中心与为人民服务、群众路线的关系

全心全意为人民服务是我们党的根本宗旨，在我们党的思想政治理论体系中具有根本性、决定性的重要地位。群众路线是我们党的根本工作路线，即我们党开展工作的根本态度和领导方法。有论者认为，以人民为中心是习近平治国理政的核心理念。③ 纵观习近平治国理政思想，本人同意这一论断。同时本人认为，以人民为中心，是习近平总书记对全心全意为人民服务的根本宗旨和群众路线的创造性结合，是习近平总书记对我们党最重大的理论贡献之一。

（三）行政审判工作中的“人民”

行政审判是适用法律处理行政纠纷的事业。人民于其中作为两个层面存在：一是在法律中作为抽象的整体的存在，二是在工作中作为具体的个体的

---

① 《习近平谈治国理政（第三卷）》，外文出版社 2020 年版，第 137 页。

② 《习近平谈治国理政（第三卷）》，外文出版社 2020 年版，第 139 页。

③ 刘德中、喻苗：《以人民为中心是习近平治国理政的核心理念》，载求是网 http：//www. qstheory. cn/dukan/hqwg/2017-08/23/c_ 1121528783. htm。

存在。

1. 行政审判工作依据的是“人民意志”。行政审判工作依据的是法律，而法律是人民意志的集中体现。因此，行政审判工作中的“人民”，首先是在法律中表达意志的“人民”。在此，人民是抽象的、作为整体的人民。通常而言，人民是以劳动群众为主体的社会基本成员，[①] 未被依法剥夺政治权利的公民都属于人民的范畴。

2. 行政审判工作处理的是行政纠纷。行政纠纷虽然属于人民内部矛盾，但在政治话语中，人民是与党和政府相对应的概念，基本等同于群众，强调的是党和政府要全心全意为人民服务，密切联系群众，处理好党群、干群关系。人民虽然是一个整体概念，但又是一个抽象于个体却又不能绝对超脱于个体的概念，不能脱离具体工作、脱离具体工作中的个体空洞地谈人民、人民性。

（四）行政审判工作中的“以人民为中心”

行政审判工作中的“以人民为中心”也可以从两个层面去理解：一是在法律层面上保护原告合法权益，二是在政治层面上警示行政机关，避免官僚主义倾向。

1. 保护原告合法权益。习近平总书记指出：“推进全面依法治国，根本目的是依法保障人民权益。”[②]《行政诉讼法》第一条规定了立法目的：解决行政争议，保护公民、法人和其他组织的合法权益，监督行政机关依法行使职权。这是人民意志对于行政审判工作的根本要求。全国人大常委会法制工作委员会在对《行政诉讼法》的释义中指出：“行政诉讼的功能主要是对行政机关行使职权的一种司法监督。”[③]《最高人民法院关于加强和改进行政审判工作的意见》指出：“依法保护行政相对人合法权益，是行政审判的首要任务。”[④] 因此，行政审判的首要任务和主要功能在于保护原告合法权益，监督被告依法行政。尤其在行政权力强大，公民权利相对弱小的情况下，行政

① 《现代汉语词典（第6版）》，商务印书馆2012年版，第1091页。

② 《习近平在中央全面依法治国工作会议上强调　坚定不移走中国特色社会主义法治道路　为全面建设社会主义现代化国家提供有力法治保障》，载新华网 http://www.xinhuanet.com/politics/2020-11/17/c_1126751678.htm。

③ 信春鹰主编：《中华人民共和国行政诉讼法释义》，法律出版社2014年版，第6页。

④ 《最高人民法院关于加强和改进行政审判工作的意见》（法发〔2007〕19号）。

审判的正义在于扶弱抑强。无论是实质性化解争议还是监督行政权力，都应当围绕保护原告合法权益而展开，以保护原告合法权益为出发点和落脚点。

总之，行政审判工作中的“以人民为中心”，在很大程度上就是以原告为中心，就是要实现《行政诉讼法》的立法目的，紧紧围绕人民群众对行政审判工作的要求开展工作，妥善解决行政纠纷，保护原告合法权益，监督被告依法行政。

2. 警示行政机关，避免“官僚主义”倾向。《宪法》第五条第五款规定：“任何组织或者个人都不得有超越宪法和法律的特权。”周恩来总理在《官僚主义的二十种表现》一文中指出，“执法犯法”“违法乱纪”分别属于“自私自利”和“走上非常危险道路”的官僚主义。[①] 行政机关如果违法作出行政行为，本身即超越于法律，如果将法律术语转化为政治术语，即属于这种“官僚主义”。因此，可以对上述基于《行政诉讼法》立法目的的阐述的行政审判工作中的“以人民为中心”进行表述转换，即行政审判工作要立足于人民立场，纠正一些行政机关可能存在的“官僚主义”倾向，同时注意克服自身可能存在的枉法裁判的“官僚主义”倾向。

二、为什么要在行政审判工作中坚持“以人民为中心”？

在行政审判工作中必须坚持“以人民为中心”，这是党的性质宗旨和群众路线的根本要求，在此不再赘述。这里要讲的是行政审判工作自身有别于其他工作的特殊性所引致的特殊要求。

（一）行政审判工作是处理由行政纠纷引发的社会矛盾的最前沿阵地

社会矛盾对党和国家的事业影响巨大。行政审判工作的对象就是行政纠纷，而且行政审判工作处于处理由行政纠纷引发的社会矛盾的最前沿，这在客观上要求行政审判工作必须坚持“以人民为中心”。

1. 民心是最大的政治。《中国共产党章程》总纲指出：“党在任何时候都把群众利益放在第一位……我们党的最大政治优势是密切联系群众，党执政后的最大危险是脱离群众……党风问题、党同人民群众联系问题是关系党生死存亡的问题。”党的十九大报告指出：“人民是历史的创造者，是决定党和

---

① 周恩来：《官僚主义的二十种表现》，载中国共产党新闻网 http：//dangjian.people.com.cn/n/2013/1010/c117092-23146267.html。

国家前途命运的根本力量……一个政党，一个政权，其前途命运取决于人心向背。”习近平总书记指出：“江山就是人民，人民就是江山，人心向背关系党的生死存亡。”① “人民是党执政的最大底气，也是党执政最深厚的根基。正是从这个意义上讲，民心是最大的政治。”②

2. 党长期执政必须妥善处理干群关系。在国家治理实践中，党主要通过政府去实现自身的施政目标。习近平总书记指出：“权力是一把双刃剑，在法治轨道上行使可以造福人民，在法律之外行使则必然祸害国家和人民。”③ 如果政府在施政过程中违法侵害人民群众的合法权益，导致社会矛盾尖锐，将直接影响政府公信力和人心向背，进而严重侵蚀党的执政基础。如果不能妥善处理，那么党的根本宗旨、群众路线以及“以人民为中心”的发展思想都将面临直接、深刻的拷问。

3. 行政审判是处理由行政纠纷引发的社会矛盾的最前沿阵地。行政审判工作处理的就是由行政纠纷引发的社会矛盾，而且是最直接、最经常地处理这些矛盾。只有在这块阵地上坚持“以人民为中心”，才能妥善处理行政纠纷，保护人民群众合法权益，监督政府依法行政。行政审判工作也就才能真正地做到为巩固党的执政基础、捍卫党的执政地位冲锋陷阵，从而做出自己应有的贡献。

（二）行政审判工作是推进法治政府建设的战略突破口

建设法治政府，推进依法治国，不能眉毛胡子一把抓，不能捡了芝麻丢了西瓜，不能只坚持两点论，不坚持重点论，必须抓住重点，抓住核心要素，抓住关键环节，找准突破口。而行政审判工作正是推进法治政府建设的战略突破口。

1. 依法治国是政治文明的重要标志。目前，我国正由经济高速增长向高质量发展过渡转型。将法治确立为我国治国理政的基本方略，是为适应经济基础的发展而在上层建筑领域做出的重大改革调整。党的十九大报告指出，“全面依法治国是中国特色社会主义的本质要求和重要保障……是国家治理的一场深刻革命，必须坚持厉行法治”。推行依法治国，实现国家治理法治化，

---

① 《习近平：江山就是人民，人民就是江山》，载《人民日报》2021 年 6 月 28 日。

② 《习近平谈治国理政（第三卷）》，外文出版社 2020 年版，第 137 页。

③ 《“这一论断抓住了党和法关系的要害”——坚持党对全面依法治国的领导》，载求是网 http://www.qstheory.cn/laigao/ycjx/2020-12/10/c_1126845971.htm。

充分发挥法治在国家社会发展中固根本、稳预期、利长远的重要保障作用，是大势所趋，并将为党长期执政提供稳定、持续的合法性来源。

2. 建设法治政府是依法治国的主体工程和关键环节。在2020年召开的中央全面依法治国工作会议上，习近平总书记指出，法治政府建设是全面依法治国的重点任务和主体工程，“要率先突破，用法治给行政权力定规矩、划界限”。[①] 法治的核心在于约束权力，保障权利。推行依法治国，首要在于依法行政，建设法治政府。建设法治政府，既是依法治国的难点，又是依法治国的重点；既是依法治国的主体工程，又是依法治国的关键环节。

3. 行政审判是建设法治政府的战略突破口。依法行政不能单靠行政机关自觉，更应加强外部监督。行政诉讼制度是目前监督政府依法行政的最重要的法律制度。合法权益受损的人民群众具有最强烈的意愿在寻求法律救济的行政诉讼过程中监督政府依法行政，这是监督政府依法行政最直接、最重要的外在动力。在某种意义上讲，行政审判工作是衡量法治建设状况和推行法治的决心、诚意的试金石。行政审判工作搞得怎么样、成效如何，是判断一个国家、一个地区法治发展状况的最直接、最显著的指标。习近平总书记上台伊始，将司法改革确立为全面深化改革的突破口。其实，推进依法治国、建设法治政府，也可以遵循这条思路，首先抓行政审判工作，将其确立为建设法治政府的战略突破口。这不是部门本位主义，而是有深刻的制度逻辑蕴含其中。只有搞好行政审判工作，才能真正将依法行政、保护人民群众合法权益落到实处，才能推进法治政府建设，进而实现依法治国。

（三）坚持“以人民为中心”是行政审判工作应对自身面临的困境与风险的必然要求

人民群众胜诉难与行政审判工作难其实是一个问题的两个方面。“以人民为中心”是折射出行政审判工作存在的问题、面临的困境的一面镜子，同时也是破解问题、摆脱困境的一把钥匙。

1. 行政审判难的局面并未根本改观。行政审判工作的生命在于监督，而监督需要权威作保障。然而，行政审判权和行政权的力量对比处于结构性失

---

① 《习近平在中央全面依法治国工作会议上强调　坚定不移走中国特色社会主义法治道路　为全面建设社会主义现代化国家提供有力法治保障》，载新华网 http：//www. xinhuanet. com/politics/2020-11/17/c_ 1126751678. htm。

衡状态，相对行政权而言，行政审判权处于弱势地位。行政审判在实现保护人民群众合法权益、监督政府依法行政的功能方面，还有不少困难需要克服。

2. 行政审判工作自身面临诸多风险与挑战。人民群众败诉后可能引发缠诉缠访，将行政纠纷演化为司法纠纷。而且如果矛盾长期得不到实质有效的解决，恐将扩大、升级，伤及政府的公信力。因此，对于行政审判工作而言，最大的考验是司法公正为民的考验，最大的危险是官僚主义、脱离群众的危险。

3. 坚持以人民为中心是破解行政审判工作内外障碍的法宝。习近平总书记指出："每个党政组织、每个领导干部，就必须服从和遵守宪法法律，就不能以党自居，就不能把党的领导作为个人以言代法、以权压法、徇私枉法的挡箭牌。"① 政府的形象与面子显然不足以与"以人民为中心"相抗衡。只有坚持以人民为中心，紧紧依靠人民，从人民群众中汲取力量，赢得支持，并继续围绕人民司法需求深化行政审判体制和行政审判权运行机制改革，实现自我革新，才是行政审判工作持续健康发展的力量源泉。

三、怎样在行政审判工作中坚持"以人民为中心"?

习近平总书记指出："要坚持以人民为中心……要把体现人民利益、反映人民愿望、维护人民权益、增进人民福祉落实到全面依法治国各领域全过程。推进全面依法治国，根本目的是依法保障人民权益。要积极回应人民群众新要求新期待，系统研究谋划和解决法治领域人民群众反映强烈的突出问题。"② 具体而言，在行政审判工作中坚持"以人民为中心"，应当始终坚持以人民需求为导向，把党的群众路线贯彻到行政审判工作的每一个环节，切实解决人民群众反映强烈的行政诉讼"立案难、审理难、执行难"问题，着力提高办案质量和司法公正度，努力让人民群众在每一个司法案件中感受到公平正义，并因地制宜推出更多亲民、便民、利民司法举措，切实提升人民

---

① 《"这一论断抓住了党和法关系的要害"——坚持党对全面依法治国的领导》，载求是网 http：//www. qstheory. cn/laigao/ycjx/2020-12/10/c_ 1126845971. htm。

② 《习近平在中央全面依法治国工作会议上强调 坚定不移走中国特色社会主义法治道路 为全面建设社会主义现代化国家提供有力法治保障》，载新华网 http：//www. xinhuanet. com/politics/2020-11/17/c_ 1126751678. htm。

群众的司法获得感。[①]

（一）坚持依法公正办案，实现法律立法目的

国家要治理，就必然有职能分工。习近平总书记指出：“公平正义是司法的灵魂和生命。”[②] 没了公正，司法也就没了灵魂和生命。法院天然的职能在于公正司法，维护社会公平正义。这也是法院最根本最核心的职能，法院的其他一切工作都要服从服务于这项职能。只有做到公正司法，才能说法院真正是铭记初心，不辱使命，为中国人民谋幸福，为中华民族谋复兴。

一份行政枉法裁判为祸尤烈，因为它伤的不只是一个当事人的心，而是所有在行政权力面前相对弱小、在同类行政案件中可能面临相同处境的人民群众的心。习近平总书记指出：“司法人员要刚正不阿，勇于担当，敢于依法排除来自司法机关内部和外部的干扰，坚守公正司法的底线。”[③] 行政审判权是人民赋予的。法律是人民意志的集中体现，是行政审判工作的唯一尺度。只有依法办案，才能在审判工作中贯彻执行人民意志，才能用好手中人民赋予的权力，才能实现《行政诉讼法》的立法目的，平衡人民内部利益冲突，妥善解决矛盾，保护原告合法权益，监督被告依法行政。

（二）积极寻求力量支持，补强行政审判权威

目前行政审判工作存在的问题主要是由于行政审判权对行政权监督权威不足造成的。现阶段需要借重其他外在力量的支持，补强行政审判权威。

1. 坚持党的领导。我国最大的政治优势是党的领导。一切国家权力都在党的领导之下，包括行政权和行政审判权。一方面，应当由党委这一更高的权威主体，主导构建行政争议诉源治理体制，充分发挥党协调各方和群众工作优势，并调动政府化解行政争议的积极性，弥补法院及其他社会主体在行政争议诉源治理格局中权威性不足的问题。另一方面，对于需要协调各方关系的大要案、行政审判遇到的重大体制性制度性难题、行政审判整体工作情

---

① 廖希飞：《新时代的行政审判——当前的形势和任务》，载中华人民共和国最高人民法院行政审判庭编：《行政执法与行政审判》总第72集，中国法制出版社2018年版，第178页。

② 《习近平在中央全面依法治国工作会议上强调　坚定不移走中国特色社会主义法治道路　为全面建设社会主义现代化国家提供有力法治保障》，载新华网 http：//www.xinhuanet.com/politics/2020-11/17/c_1126751678.htm。

③ 习近平：《加快建设社会主义法治国家》，载中国共产党新闻网 http：//theory.people.com.cn/n/2015/0105/c83846-26323829-2.html。

况等重大事项应当及时向党委汇报，积极争取党委支持。

2. 积极寻求人大和群众的支持。政府、法院均由人大产生，对人大负责，并接受人大监督。对于行政审判遇到的重大体制性制度性难题、行政审判整体工作情况等重大事项应当及时向人大汇报，积极争取人大支持。同时，人民群众具有朴素的正义理念，理解、同情和支持行政审判工作，是可以依靠的稳定的力量源泉。对于行政审判的重点、热点、难点问题以及其他重大事项，要经常性地及时通过新闻媒体和法院官方自媒体向社会公布，以争取人民群众的理解和支持。

3. 借重监察委监督制约行政权。监察委对公职人员监察全覆盖，其中主要的监督对象是党和国家设定的各项施政目标的主要的具体实施者——行政机关工作人员。可以说，国家监察与行政审判功能取向一致。在一些社会影响重大以及行政机关工作人员可能存在职务违法侵权的行政案件中，可以试点引入监察委派员参与行政审判，对行政机关工作人员职务违法、实质化解争议情况进行监察。[①]

（三）完善保障机制，实现“以人民为中心”

行政诉讼难是人民群众最关心的问题之一，主要表现在原告胜诉难。在现阶段，坚持“以人民为中心”与解决行政审判难是一体两面的问题。要确保“以人民为中心”的理念落地见效，重点在于改善行政审判工作的司法环境，破解影响行政审判事业发展的内外障碍，主要措施包括而不限于以下四个方面。

1. 继续深入推进司法体制改革。习近平总书记指出：“司法体制改革必须为了人民、依靠人民、造福人民。司法体制改革成效如何，说一千道一万，要由人民来评判，归根到底要看司法公信力是不是提高了。”[②] 要提高司法公信力，就要继续深入推进司法体制改革，破除司法地方化和行政化。继续推行人财物统管，去除司法地方化，确保法院能够依法独立行使审判权。坚定推行司法责任制，去除司法行政化，严格规范审判监督管理权的范围及行使，真正实现让审理者裁判、让裁判者负责，使权力与责任对等。

---

① 廖希飞：《新时代的行政审判——当前的形势和任务》，载中华人民共和国最高人民法院行政审判庭编：《行政执法与行政审判》总第 72 集，中国法制出版社 2018 年版，第 185 页。

② 转引自《司法体制改革：为了法治国家的公平正义》，载中国共产党新闻网 http：//theory. people. com. cn/n/2015/0706/c40531-27257629. html。

2. 全面推进行政案件管辖制度改革。党的十八届四中全会通过的《中共中央关于全面推进依法治国若干重大问题的决定》要求："完善行政诉讼体制机制，合理调整行政诉讼案件管辖制度，切实解决行政诉讼立案难、审理难、执行难等突出问题。"目前，司法改革在短期内难以全面深入到位，行政审判系统不能再等再靠，应当单兵突进进行改革。全面推行行政案件管辖制度改革的时机早已成熟，不能仍停留在各地试点推行的层面，应当尽快统一认识，加强顶层设计，以推动建立行政法院为长远目标，现阶段继续以管辖制度改革为突破口，全面推行行政案件异地管辖。[①]

3. 推动构建权威有效的行政争议诉源治理格局。从本质上讲，行政争议诉源治理机制是党的领导下的行政权监督制约体系的一项重要内容。应当在行政权监督制约体系下，建立"党委主导—政府负责—法院支持—监察委、检察院监督"的行政争议诉源治理新格局，进而构建全方位、多层次、立体化的行政争议诉源治理机制，主要包括：依法行政促进机制、政府参与行政争议诉源治理激励约束机制、行政争议诉源治理法院参与机制、行政争议诉源治理联动机制、行政争议诉源治理效果评估与监督保障机制，切实从源头上预防和减少行政争议。

4. 完善行政审判工作考核评价体系。习近平总书记指出，要"把人民拥护不拥护、赞成不赞成、高兴不高兴、答应不答应作为衡量一切工作得失的根本标准，着力解决好人民最关心最直接最现实的利益问题"。[②] 一方面，要充分发挥绩效考核指挥棒作用，合理调整考核指标和权重，现阶段加大对人民群众胜诉率、实质化解率及上级法院案件发改率、再审率的考核力度，以增强考核的针对性和实效性。另一方面，鉴于行政诉讼的特殊性，应当在行政审判工作中引入当事人的选择权和人民群众的评价权，可以试点原告选择

① 行政诉讼大省河南、山东率先全面推行行政案件异地管辖，为全国层面全面推行积累了宝贵实践经验。2014 年 5 月 20 日，河南高院印发《关于行政案件异地管辖问题的规定（试行）》，规定对行政案件采取异地管辖，2015 年又推出了推磨式管辖。（参见赵春艳：《河南行政案件实现"异地管辖、推磨式管辖"》，载民主与法制时报微信公众号 2015 年 6 月 19 日。）2017 年 11 月，河南进一步扩大异地管辖行政案件范围。自 2014 年实行异地管辖以来，河南受理一审行政案件数量、一审行政案件原告胜诉率、行政机关负责人出庭率、生效裁判的服判息诉率均在全国名列前茅。（参见段伟朵：《河南省行政案件异地管辖制度迎"升级版" 管辖范围扩大》，载大河网 https://news.dahe.cn/2017/11-21/224426.html。）自 2018 年，山东省基层法院全面推开以当事人选择管辖为核心的跨行政区划管辖行政案件试点工作机制。（参见段格林：《今年起山东试点行政案件跨区域管辖》，载最高人民法院微信公众号 2018 年 4 月 20 日。）

② 《习近平谈治国理政（第三卷）》，外文出版社 2020 年版，第 142 页。

办理案件的行政审判人员，并赋予原告和人民群众对行政审判人员评分权。行政审判人员办理案件的数量及分值，与晋升、绩效奖金直接挂钩。

5. 以技术理性排除非理性因素干扰。要继续加大智慧法院建设力度，推进大数据、人工智能和信息化等信息科学技术在行政审判工作中的深度运用，实现类案推送、大数据分析，自动生成类案处理情况分析报告，同时推送法官和当事人，为法官、原告、被告处理案件提供参考，走出一条行政审判理性、中性的办案路径，用技术理性破除司法地方化和行政化对行政审判工作形成的非理性干扰，形成正确的司法裁判指引效应和倒逼效应。

总之，立足新发展阶段，行政审判工作要服务保障新发展、高质量发展，就要首先实现自身的新发展、高质量发展。而要实现行政审判工作的新发展、高质量发展，就要贯彻新发展理念，构建新发展格局，关键在于要把行政审判工作摆进全面依法治国整体格局中去谋划推动，核心在于要增强监督的权威和救济人民权益的力量，在根本上就是要坚持以人民为中心的行政审判工作路线，办实事、开新局。

（作者单位：天津市高级人民法院）

证据专题

我国行政诉讼被告证据失权制度的审视和完善

黄 瑶 叶署铭

【摘要】 证据失权制度是为了保障程序公正和提高诉讼效率而创设的一项诉讼程序，自 2015 年我国行政诉讼被告证据失权制度以法律形式正式确立以来，该制度在我国运行并不顺畅，存在诸多障碍，具体的制度构建还有待完善。本文通过回溯我国行政诉讼被告证据失权制度的立法沿革，分析该制度在司法实务中施行的效果和法律适用中面临的困境，以期能探寻更好实现该制度功能的路径，对该制度的完善有所裨益。

【关键词】 行政诉讼 被告 证据失权 举证期限

引言

证据是连接案件事实和法律规范的纽带。完善的证据制度是实现司法公正、彰显司法文明的制度基石。[①] 我国行政诉讼虽然是从民事诉讼中脱胎而来的，但两者之间存在许多差异。行政诉讼证据制度具有独特的行政诉讼特色，基于行政机关的举证能力明显强于行政相对人以及行政机关“先取证、后裁决”的行政程序特点，行政诉讼打破了“谁主张、谁举证”的一般性民事举证规则，将证明被诉行政行为合法的主要举证责任分配给被告。而在我国侧重于实体正义的大背景之下，民事诉讼和行政诉讼证据体系建立之初，

① 公丕潜：《论我国行政诉讼法中被告逾期举证的法律后果与规制路径》，载《知与行》2019 年第 4 期。

均未对违反举证期限的法律后果作出规定。但随着我国经济的快速发展，诉讼纠纷呈现多样化、复杂化的趋势，且公民权利意识不断加强，法院案件爆炸性地增长，提高诉讼效率被摆在了重要位置。证据失权制度正是为了保障程序公正和提高诉讼效率而创设的一项诉讼程序。随着法律和司法解释的不断完善和修改，民事证据失权制度已经从“法定主义”走向“酌定主义”，行政诉讼被告证据失权制度亦已正式建立。

行政诉讼被告证据失权制度是指，行政机关在法律规定的举证期限内无正当理由未提出可以证明被诉行政行为合法或其他诉讼主张的证据，在之后的诉讼程序中将不能行使举证的权利，从而承担举证不能的不利后果的制度。该制度在规制行政机关依法应诉、举证方面发挥着重要的作用，但在举证和职权探知主义之间的矛盾、制度保障、惩罚措施等方面还存在诸多亟待解决的问题。本文通过回溯行政诉讼被告证据失权制度的立法沿革，并对该制度在司法实务中施行的效果进行实证分析，检视制度在适用时所面临的困境，以期能探寻更好实现该制度功能的路径。

一、回顾：行政诉讼被告证据失权制度之立法变迁

（一）从“证据随时提出”到“证据限时提出”

我国行政诉讼的举证责任制度诞生于 1989 年颁布的《中华人民共和国行政诉讼法》（以下简称《行政诉讼法》）。该法第三十二条规定：“被告对作出的具体行政行为负有举证责任，应当提供作出该具体行政行为的证据和所依据的规范性文件”；第四十三条规定：“……被告应该在收到起诉状副本之日起十日内向人民法院提交做出具体行政行为的有关材料，并提交答辩状……”上述法律条文明确了在行政诉讼案件中，由作为被告的行政机关承担证明具体行政行为合法的举证责任，且应当在具体的期限内提出。但是，对于被告不提供或者无正当理由逾期提供证据的行为，法律并没有作出相应的后果或惩罚性规定，从而留下了法律空白，导致实施效果不甚理想。

首次对行政诉讼被告怠于举证后果作出规定的是 1991 年最高人民法院发布的《关于贯彻执行〈中华人民共和国行政诉讼法〉若干问题的意见（试行）》（法〔1991〕19 号）。其中，第 30 条增设了被告违反举证期限的法律后果，即判决撤销被诉行政行为，同时将举证期限延长至一审庭审结束之前。

2000 年 3 月 8 日施行的《关于执行〈中华人民共和国行政诉讼法〉若干问题的解释》(以下简称《执行解释》),第二十六条将举证期限又重新调整为 10 日,同时重新规定了被告怠于举证的法律后果,即“应当认定该具体行政行为没有证据、依据”,该表述更加符合证据法原理,也扩大了法院判决方式的范围,不仅限于撤销判决。此外,2002 年 7 月 24 日公布的《最高人民法院关于行政诉讼证据若干问题的规定》(以下简称《证据规定》)第一条在上述《执行解释》的基础上增加了被告可以延期举证的情形。这二者共同构成了行政诉讼证据失权的制度雏形。至此,我国行政诉讼被告的举证期限规则已基本建立。举证期限制度作为一项完整的诉讼制度,期限和后果两方面的内容必须同时具备,缺一不可,否则该制度的存在便失去意义。[①] 证据失权制度包含于举证期限制度之中,是其核心内容。但举证期限制度是从宏观的角度,促使当事人在特定的期限内完成提交证据材料的诉讼行为。而证据失权制度则更多是从法律后果上来强调当事人一旦在特定的期限内未提交证据,将会失去证据提出权。这种规定强化了行政诉讼所取得的法律效果和社会效果,督促行政机关积极应诉,保护作为原告的行政相对人的合法权利。

（二）补充：增加第三人举证制度

行政行为既关乎公共利益,亦关乎行政相对人以外的第三人的利益,这在授益性行政行为中表现尤为突出,比如行政许可、行政确认等。仅以被告违反举证期限规则为由撤销被诉行政行为,意味着第三人会承担被告自身过错所带来的后果,这违反“责任自负”的基本法理。[②] 如在工伤认定行政诉讼之中,若因行政机关未在举证期限内提供证据导致工伤认定决定书被撤销,将严重侵害相对人的合法权益。鉴于行政法律体系在保护授益性行政行为当事人方面的无力,最高人民法院于 2009 年颁布《关于审理行政许可案件若干问题的规定》(以下简称《行政许可规定》),该规定第八条增加了行政诉讼第三人举证制度,即在行政许可案件中,第三人可以向人民法院提供证明被诉行政行为合法性的证据,从而弥补被告怠于举证而出现的证据失权的情形。但遗憾的是,该《行政许可规定》只是用于行政许可案件,将行政登记、行

① 陈桂明、张锋:《民事举证时限制度初探》,载《政法论坛》1998 年第 3 期。
② 吕成:《行政诉讼被告逾期举证效力认定的二元标准》,载《行政论坛》2013 年第 4 期。

政确认等类型的授益性行政行为排除在适用范围之外。[①]

2015 年起实施的《行政诉讼法》将被告证据失权的弥补范围予以扩大，以法律形式最终确立了证据失权制度。《行政诉讼法》第三十四条第二款规定："被告不提供证据或者无正当理由逾期提供证据，视为没有相应证据。但是，被诉行政行为涉及第三人合法权益，第三人提供证据的除外。"该条将《行政许可规定》中的第三人举证的适用情形扩大到所有的行政诉讼案件。当被告怠于举证之际，第三人可以提供相应的证据，以避免证据失权后果的发生。总体上，这一法条的修改，弥补了原有被告证据失权制度的不足，保护了行政第三人的合法权益。

二、现象：行政诉讼被告证据失权制度在司法实务中的实施效果

（一）被告不提供或逾期提供证据的案件不断增多

从中国裁判文书网上行政案件中通过全文检索关键词"被告不提供或者无正当理由逾期提供证据"进行抽样分析得出的 2016—2020 年行政诉讼中涉及被告违反举证期限制度的案件数量，除 2020 年总体案件数有所下降外，均呈现逐年上升的趋势（详见图 1）。

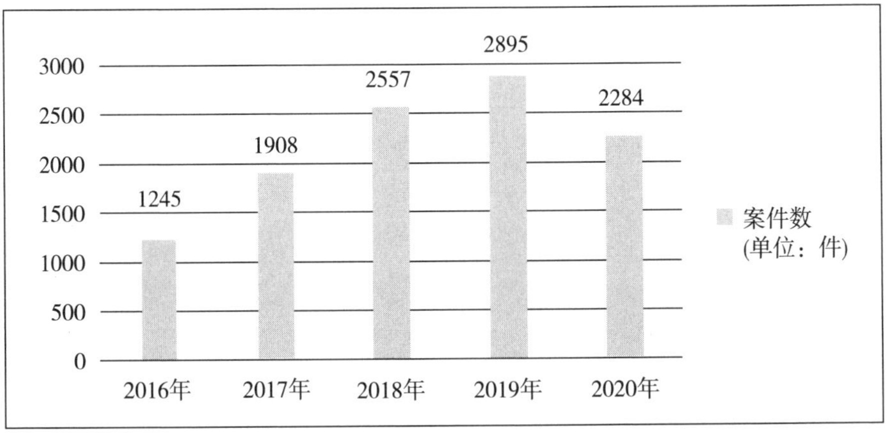

图 1：2016—2020 年行政诉讼中被告不提供或者逾期提供证据的案件数量图

---

① 胡峻峰：《涉第三人行政诉讼被告证据失权制度的完善》，载《中共青岛市委党校青岛行政学院学报》2019 年第 4 期。

2016—2020 年，行政诉讼中被告违反举证期限规则的现象日益增加和明显，成为行政诉讼中重点关注的问题。这也凸显了我国虽然自 2015 年正式确立被告证据失权制度，但在推进法治政府建设的大背景下，该制度并没有达到督促行政机关及时举证的预期效果，行政机关的应诉意识和能力还有待提高。

（二）被告不提供证据和逾期提供证据导致证据失权的案件比较分析

以下分析以笔者从中国裁判文书网通过上述方法检索到的 2020 年贵州省 152 宗涉被告不提供或者逾期提供证据的案件作为样本。其中，被告未在举证期限内提供证据的有 145 件，导致证据失权的有 142 件，其余 3 件系因第三人提供证据被法院依法采纳；被告逾期提供证据的有 6 件，导致证据失权的有 5 件；其余 1 件系被告提供了相应证据但未出庭质证。该现象表明，行政诉讼中行政机关因未提供证据导致证据失权的案件数远多于逾期举证导致证据失权的案件数。

综合分析法院裁判的理由，在被告未提供证据的案件中，被告基本上未对不提供证据作相应说明，除有第三人依法提供证据证明涉案行政行为合法性外，法院大多严格依据行政诉讼被告证据失权的规定，判决撤销涉案行政行为或确认行政行为违法。对于被告逾期提供证据的案件，因该类案件在样本中数量较少，故在下文单独进行抽样分析。

（三）法院对被告逾期举证的法律后果认定不一致

为对法院认定被告逾期举证及其法律效果的标准进行分析，笔者在中国裁判文书网的行政案件中以“被告逾期举证”为检索关键词，从而查到 2019 年至 2020 年共计 119 宗案件用于本次实证分析。其中，法院采纳逾期证据的有 48 件，不予采纳的有 43 件（详见图 2）。

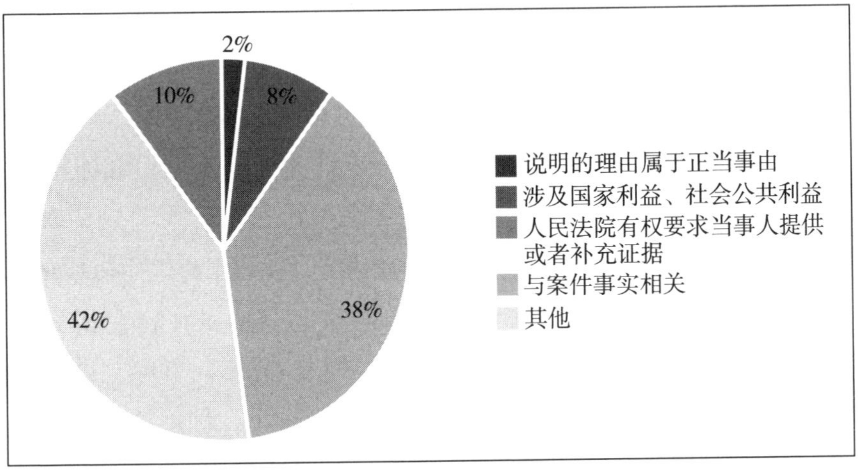

图 2：法院采纳逾期证据的理由分析图

通过对文书所载案件裁判意见进行统计，实践中原告提出被告存在逾期举证，但经法院审查，认定被告没有逾期或者逾期举证有正当事由，不存在逾期举证情形或不发生证据失权法律后果的案件占比 24.37%（29/119）；法院严格适用行政诉讼法证据失权制度，逾期举证直接视为没有证据的案件占比 36.13%（43/119）；法院根据案情的不同具体分析，认为不能僵化适用证据失权制度，需要根据逾期证据与案件事实关联性、是否会影响公共利益、第三人合法权益等因素再做裁判的案件占比为 39.5%（47/119）。另外，被告逾期举证后，向法院说明原因的案件有 3 宗，理由包括工作繁忙、受疫情影响以及证据多等，仅受疫情影响这个理由被法院认定为正当事由，从而采纳了被告逾期提交的证据。

上述数据显示，有的法官侧重于形式审查，只要被告存在逾期举证的情况，就会产生证据失权的法律效果。而有的法官则主要从案件整体情况综合考量。即使是相同的逾期举证类型，也会出现不同法院，甚至不同法官对逾期举证作出不同的认定。法官对被告是否逾期举证及其法律后果进行自由裁量时采取了不同的标准和解释方法，被告证据失权制度在实务中的适用较为混乱，甚至存在冲突。

三、检视：我国行政诉讼被告证据失权制度适用之困境

（一）问题一：行政诉讼被告证据失权制度是否与法院职权探知主义相冲突？

在我国，民事诉讼和行政诉讼均以辩论主义为原则，即法院一般以当事人提供的诉讼资料作为认定事实的依据，并据以裁判，而不依职权主动收集相关诉讼资料。辩论主义意味着法院不能基于当事人未主张的事实作出裁判，只有当事人在诉讼中提出的事实，才能作为法院裁判的基础。① 这种诉讼模式在保证法官中立方面有其独特价值，但是特别有赖于当事人的诉讼意识和诉讼能力，可能导致形式公正掩盖实体公正。尤其是大部分行政诉讼都涉及公共利益，如果仅依靠行政机关提供证据，可能会导致公共利益受损。为此，我国现行行政诉讼法对法院依职权调取证据作了规定。根据《行政诉讼法》第三十九条和第四十条的规定，人民法院有权要求当事人提供或者补充证据，且有权向有关行政机关以及其他公民、组织调取证据。由此可见，我国行政诉讼法的证据体制以当事人主义为基础而辅之以职权探知主义。

作为举证制度的补充规定，在行政诉讼中法院依职权调取证据，有利于全面客观地了解案情，从而合法公正地作出裁判。但是，《行政诉讼法》第三十四条对被告证据失权制度作了严格规定。如果被告在举证期限内未提供或者无正当理由逾期举证，法院能否依据上述规定依职权调查取证，并以该证据作为认定事实的依据，证明被诉具体行政行为的合法性呢？学界有相应的观点，司法实务中确实也有这种做法。但是，如果允许法院在这种情形下依职权调取证据证明被诉行政行为的合法性，那么，行政诉讼被告证据失权制度将在这个问题上遭受破坏，失去其存在的基础。然而，如果每个案件都简单地以行政机关在法定期限内未提供证据而确认违法，甚至撤销，则也有不妥之处，可能有害于公益。在现行的法律、法规以及司法解释中，对这个问题没有明确的解答。虽然《证据规定》第二十二条对法院依职权取证作了限定，仅包括涉及国家利益、公共利益或者他人合法权益以及中止诉讼、终结诉讼等程序性事项，但从该条以及《行政诉讼法》第四十条的规定可以看出，法律赋予了法院调取证据的权利，而调取证据并非法院必须之义务，法

---

① 黄学贤：《行政诉讼中法院依职权调查取证制度之完善》，载《苏州大学学报（哲学社会科学版）》2012 年第 1 期。

官可以行使自由裁量权判断是否需要调取证据，这也导致实践中很难进行统一。因此，如何把握被告证据失权制度与法院职权探知主义之间的关系，是当前迫切需要解决的问题之一。

（二）问题二：我国现行的法律、法规以及司法解释能否保障被告证据失权制度有效运行？

1. 举证期限限制的证据范围不明确

《行政诉讼法》第六十七条将适用15日举证期限的证据限定为行政机关作出被诉行政行为的证据和所依据的规范性文件，但该规定的范围较小。在司法实务中，行政机关除了上述证据，还可能会提交一些程序性证据，如不具有主体资格、超过起诉期限等原告不符合起诉条件的证据，那么，这些证据是否也应当适用15日的举证期限？《行政诉讼法》之所以将主要举证责任分配给被告，以及设置较短的举证期限，是因为行政机关作出行政行为必须符合“以事实为根据、以法律为准绳”的法治理念和“先取证、后裁决”的行政程序规则，故对于行政机关已经掌握的证据，无须转由行政相对人提供，亦不需要大量的时间进行搜集。但是，对于行政机关在诉讼程序启动之后才开始搜集的证据，仍然按照15日的举证期限过于严苛。

2. 正当事由的认定标准不明确

《行政诉讼法》有关证据的规定中经常出现“正当事由”的字眼，被告逾期提交证据或者申请延长举证期限，均需要向法院说明理由，作为法院是否采纳证据或准许延期的判断依据。但何为正当事由，无论是《行政诉讼法》还是《中华人民共和国民事诉讼法》（以下简称《民事诉讼法》），都没有作出明确的界定。《最高人民法院关于民事诉讼证据的若干规定》第五十二条将范围限定为“客观障碍”，仅排除了主观因素。在实践中，法官普遍认定为正当事由的系自然灾害等不可抗力，而其他行政机关说明的理由合理与否直接取决于法官个人的法律素养和职业道德，这很大程度上导致了正当事由认定标准的多样化。

3. 配套措施不完备

被告证据失权制度是行政诉讼制度的组成部分之一，它的有效运行需要其他相关程序和制度的协同，如审前程序、法官的释明权制度等。审前程序能实现整理案件争议焦点、交换和固定证据的效果，可以有效防止新政据和逾期证据的出现，有利于提高庭审效率。[1] 而法官运用释明权，告知行政机关证据失权的严重后果，可以督促行政机关按时提交证据。《最高人民法院关于适用〈中华人民共和国行政诉讼法〉的解释》第三十八条虽然对庭前证据交换及其效力作了规定，但仅限于案情比较复杂或证据数量较多的案件，而且如果仅仅是证据交换而不进行质证，是否能达到固定证据的效果值得商榷。法官的举证释明权已经在《证据规定》第八条中予以明确，该规定表明释明权不仅是法官的一种权利，更是其应当对当事人承担的一种义务。但法律并未对法官不行使或者不当实行该权利时，当事人可以采取何种救济途径予以规定，不利于约束法官自觉履行此项义务。

（三）问题三：对被告怠于举证导致证据失权，法院能否参照《行政诉讼法》第五十九条或《民事诉讼法》第六十五条的规定对其进行惩罚？

《行政诉讼法》第五十九条规定了诉讼参加人实施妨害行政诉讼的行为，法院可以根据情节轻重，采取训诫、责令具结悔过或者罚款、拘留等强制措施，其中与证据相关的系第（二）项，即伪造、隐藏、毁灭证据或者提供虚假材料。从文义上来看，被告未在法定期限内提交证据似乎与“隐藏证据”相关联。但需要注意的是，妨害行政诉讼的行为必须是诉讼当事人具有主观故意实施的行为。而行政机关违反举证期限规则，并非主观上故意隐藏证据，更多是因为其诉讼意识薄弱或应诉能力不足而导致。那么，法院是否可以参照《民事诉讼法》的相关规定对行政机关进行处罚？在（2021）黔司惩复2号某县综合行政执法局申请复议一案中，因该县综合行政执法局在一审未提交其具有法定职权的证据，二审法院以其不提供证据的行为导致一审判决认定事实错误，适用法律错误为由，依据《行政诉讼法》第一百零一条和《民事诉讼法》第六十五条、第一百一十五条之规定，决定对该县综合行政执法局罚款5万元。虽然在复议期间，该县综合行政执法局撤回了行政复议申请，但该处罚决定在法律适用上仍存在以下问题。

首先，《行政诉讼法》第一百零一条对准用《民事诉讼法》的情形作了不完全的列举性规定，其中包括期间、送达、财产保全等诉讼程序制度。根据《民事诉讼法》第六十五条的规定，法院对当事人予以训诫、罚款的前提

---

[1] 邓晓韵：《行政诉讼被告举证期限制度之司法实践现状研究——以135份裁判文书为中心》，载《南海法学》2020年第4期。

系法院采纳当事人逾期提供的证据，一旦法院采纳，该证据经法定程序质证后，则可以作为认定案件事实的依据，直接影响案件的审理情况。因此，该条规定直接关乎案件的实体问题，不属于诉讼程序规定，不能直接在行政诉讼案件中适用；而一旦法院未采纳行政机关逾期提交的证据，亦不符合适用该条的前提条件。其次，《证据规定》第五十二条已经对新证据的范围作了明确限定，不属于行政法律规范没有规定的内容，不能直接参照《民事诉讼法》的规定对行政机关逾期提交的证据进行采纳。最后，《民事诉讼法》中对单位罚款的金额限定在5万元至100万元，已经远远超过了《行政诉讼法》第五十九条规定的1万元以下罚款，如果按照民事的标准对行政机关进行处罚，存在处罚不当、违反比例原则的可能。综上，法院如果要对行政机关未在法定期限内举证的行为进行处罚，不管是适用《行政诉讼法》第五十九条，还是参照《民事诉讼法》第六十五条，都存在诸多障碍。对于行政机关违反举证期限规则的行为，目前只能产生证据失权这一种法律后果，没有其他制裁措施。

四、重构：行政诉讼被告证据失权制度之完善路径

（一）完善被告证据失权制度的自身设计

1. 确定合理的举证期限

被告举证期限不能采用“一刀切”的设置方式，应根据证据类型作出不同的规定。对于《行政诉讼法》中已经明确的适用15日举证期限的证据范围，因该证据在诉前就已经存在，行政机关无须重新搜集，故不需要再调整举证期限；但对于行政机关作出行政行为时并不涉及的程序性证据，行政机关在诉讼启动之前不可能提前预见，且行政机关需要根据相对人在诉讼中所提出的诉讼请求和事实理由去搜集、准备相应的证据材料，很难在较短的时间内完成。而原告提起诉讼前可能已经完成了证据的搜集和整理，行政机关此时处于被动的地位。笔者认为，对于此类程序性证据，应当参照《证据规定》第七条对原告或第三人举证期限的规定，将举证期限延长至开庭审理前或法院指定的交换证据之日。

2. 限定被告证据失权制度的适用范围

证据失权的规范设计要符合谦抑性原则。既然失权只是手段，不是目的，

而失权又的确会导致与案件事实相冲突的后果，对证据失权的认定应当限定在必要的范围之内。[①] 民事诉讼以“与案件基本事实无关”来酌定是否导致证据失权，部分行政审判法官也采取此种标准对逾期举证进行认定，但是行政机关逾期提交作出行政行为时所搜集的证据，必然与案件事实相关，将会导致大量逾期证据进入审判程序。因此，不能以案件事实作为行政诉讼中是否采纳逾期证据的标准。根据上文的分析，如果涉案行政行为涉及国家利益、公共利益或第三人利益时，法院可以依职权调取证据，作为证据失权制度的例外规定。因此，以“是否涉及国家利益、公共利益或第三人利益”作为标准判断是否证据失权更为适宜，既不违反现行的法律规定，也更能保障实体公正的实现。

3. 明确“正当事由”的标准

法律虽然不能完全列举正当事由包括的所有情形，但应当确定范围和标准，以便于法官在认定时有一定的判断方向，减少出现同一情形不同认定的情况。参照民事法律规范，首先应当排除主观因素，必须是独立于个人的行为与意志，是不能预见或难以避免的原因。除了司法实务中普遍认可的不可抗力之外，还应当包括意外事件和其他客观上不能控制的事由。法官在进行认定时，可以从三个方面进行考虑，一是行政机关是否因自身的原因所导致；二是是否为偶然发生的事件；三是行政机关是否当时已经尽到了最大的注意义务以及法定职责，但仍然无法阻止结果的发生。

（二）加强被告证据失权制度的程序保障

证据乃诉讼之王。证据对当事人行使诉讼权利至关重要，目前司法实务中对证据失权的认定标准不一致，折射出证据失权领域下程序控制不足的缺陷。为了使证据失权的适用更具确定性和正当性，必须依赖程序控制对证据失权的自由裁量权进行限制。

首先，法官应该有效行使释明权。审前阶段主要是体现在举证通知书的送达环节，通过书面的方式告知行政机关举证期限、举证范围、逾期举证的后果、新证据的范围等，并且释明形式不仅限于书面，对于案情较为复杂的案件，可以口头向行政机关解释和强调证据失权制度的概念和后果，促使行政机关积极履行举证义务。审理阶段的释明主要体现在对证据失权裁判标准

---

① 吴泽勇：《民事诉讼证据失权制度的衰落与重建》，载《中国法学》2020 年第 3 期。

的释明，若行政机关逾期提交证据，不管法院是否采纳，都应当对双方当事人有所回应，尤其是采纳逾期证据的情况下，更应该对行政相对人做好释法明理的工作，以保证司法公正的实现与司法公信力的建设。需要注意的是，针对法官不及时释明或释明不当，可能会影响裁判公正的，应当属于严重违反法定程序的情形。

其次，行政诉讼法应当确立审前程序的独立地位。在审前阶段中主要以当事人主义为原则，尽量提升诉讼当事人的主动性。明确审前程序的各项规定、扩大证据交换的范围，依据案件复杂程度，在征得双方当事人同意之后，有针对性地确定和安排庭前质证，同时在庭审中就庭前已经质证的证据予以说明，有效固定证据，做好审前程序和庭审程序之间的衔接工作，使诉讼效率和实体公正达到最佳平衡。

最后，根据我国现行的被告证据失权制度，若行政机关逾期提交证据，并不一定导致证据失权的后果，需要满足没有正当事由的前提。但在司法实务中，行政机关由于不了解相关法律规定，在提交逾期证据时，大多数没有一并向法院作出为何逾期提交的说明，而法院直接以无正当事由认定证据失权。为了保障司法的正当程序，法院应责令行政机关说明理由，再针对理由进行判断。

（三）构建多层次被告证据失权的制裁体系

证据失权具有很强的惩罚性和严苛性，往往会导致行政机关败诉的后果。但大部分行政案件都涉及公共利益，法院在实务中认定证据失权较为谨慎，使得该项制度的存在感不强。从另一方面来说，也不能规制行政机关不积极应诉的行为。由此可见，单一的证据失权制度难以与我国司法实践需求相适应，因此构建适合我国法治建设要求和司法环境的证据失权制裁模式十分必要。民事诉讼中对于逾期举证，规定了训诫、罚款、赔偿损失和证据失权的处罚模式，结合行政诉讼的特点，笔者认为，行政诉讼法可以把对被告的制裁方式分为罚款、赔偿损失、司法建议、证据失权和训诫等层次，针对不同的情形适用不同的惩罚措施。

第一，若行政机关不举证或者无正当理由逾期举证，而涉案行政行为涉及国家利益、公共利益和第三人利益，法院应依职权向行政机关调取相关证据来查明被诉行政行为是否合法，此种情形下，尽管法院采纳了该证据，行政机关也应当因不依法举证受到处罚。法院可以对行政机关扰乱行政诉讼的行为进行罚款，罚款金额可以参照《行政诉讼法》第五十九条的规定，即1万元以下。同时，如果行政机关的行为造成原告损失的，可以参照《最高人民法院关于适用〈中华人民共和国民事诉讼法〉的解释》第一百零二条的规定，向原告赔偿因行政机关逾期举证而增加的交通、住宿、就餐、误工、证人出庭作证等必要费用。法院也可以根据行政诉讼法的相关规定，向行政机关及其上级机关或监察机关作出司法建议。需要注意的是，罚款和司法建议可以并用，也可以单独适用。

第二，如果行政机关不提供或无正当理由逾期提供证据，且涉案行政行为不涉及国家利益、公共利益或第三人利益的，法院可以直接认定证据失权，并对行政机关予以训诫，达到警示的作用。多层次的制裁模式不仅有利于保证举证期限制度的运行，还可以提高举证期限制度在司法实践中适用的灵活性。

结语

行政诉讼被告证据失权制度是为了督促行政机关及时举证而引入的一项程序性制裁措施，可以防止诉讼程序阻滞对行政相对人权利救济的影响，保障法院的公正裁判。但该制度在我国适用时面临诸多困境，一方面，制度本身存在缺陷，在立法上对于行政机关提交的程序性证据以及正当事由的认定标准不明确，同时相关配套措施也不能保障该制度的有效运行。另一方面，单一、严苛的被告证据失权制度使法院在审理时常常陷入两难的地步，如果严格适用该制度，将以牺牲案件客观真实为代价；如果采纳行政机关逾期提交的证据，与程序正义的精神相悖，亦无法对行政机关违反举证期限规则的行为进行规制。因此，为了使被告证据失权制度更有效地发挥其制度优势，无论是在立法理论研究上，还是司法实践中均应共同努力探寻完善该制度的路径，只有结合实体和程序两方面的约束，尤其是考虑构建多元化的逾期证据制裁措施，才能实现其立法价值。

（作者单位：贵州省高级人民法院）

行政诉讼举证责任的类型化构建

——以318件行政判决书为研究样本

景象 刘璐 黄晨

【摘要】《行政诉讼法》修改对证据制度有所完善，但举证责任分配仍未完全突破以撤销之诉为主导的模式，难以应对实践需要。剖析法律规范可知，规范层面存在举证责任概念不清、责任分类不合理等问题。以行政判决书为样本考察，存在不同诉讼类型适用相同举证责任、同类案件事实举证责任不同、适用基本原则缺乏统一标准等问题。需从理念、制度、认知和实践层面剖析问题生成原因等。基于促进行政争议实质性化解、适应行政行为多元化、弥合审理规则单一化等考量，解决当前举证责任困境的出路在于以行政职权为中心，借鉴民事诉讼“规范说”，分设主、客观举证责任，按照行政诉讼三种类型分别构建举证责任，为司法实践提供具备可操作性的举证责任标准。

【关键词】行政诉讼　举证责任　类型化

行政诉讼举证责任是行政诉讼证据制度的核心问题，举证责任不仅直接影响诉讼当事人实体权利义务，还关系到行政诉讼价值目标的实现。2015年修正的《行政诉讼法》在吸收《最高人民法院关于行政诉讼证据若干问题的规定》相关内容基础上，进一步完善了行政诉讼举证责任制度，但立法修改仍未完全突破“撤销之诉”的举证责任思路。面对司法实践中日益多元的行政行为，较为原则、简单的立法规定，可能导致审判环节举证责任分配不当，影响行政争议实质性化解。本文从行政诉讼司法实践举证责任面临的困境出发，借鉴规范说为基本框架，探索在行政诉讼类型化基础上构建举证责任，以期为我国行政诉讼证据规则的制度完善提供有益参考。

一、问题提出：行政诉讼举证责任的立法分析

表 1：新旧行政诉讼法中关于举证责任的条文演变

<table>
<tr><th>序号</th><th>2015 年 5 月 1 日起施行的行政诉讼法</th><th>举证责任相关内容</th><th>1990 年 10 月 1 日起施行的行政诉讼法关于举证责任的内容</th><th>评价</th></tr>
<tr><td>1</td><td>第三十四条</td><td>被告对作出的行政行为负有举证责任，应当提供作出该行政行为的证据和所依据的规范性文件。
被告不提供或者无正当理由逾期提供证据，视为没有相应证据。但是，被诉行政行为涉及第三人合法权益，第三人提供证据的除外。</td><td rowspan="2">第三十二条　被告对作出的具体行政行为负有举证责任，应当提供作出该具体行政行为的证据和所依据的规范性文件。</td><td rowspan="4">行政诉讼法中的“举证责任”是以被告负举证责任为主导，修改后的行政诉讼法仅按“作出行政行为”和“不履行法定职责”划分了两类举证责任，无法涵盖行政行为类型，亦不能满足司法实践中对举证责任规则的需求。</td></tr>
<tr><td>2</td><td>第三十七条</td><td>原告可以提供证明行政行为违法的证据。原告提供的证据不成立的，不免除被告的举证责任。</td></tr>
<tr><td>3</td><td>第三十六条</td><td>被告在作出行政行为时已经收集了证据，但因不可抗力等正当事由不能提供的，经人民法院准许，可以延期提供。
原告或者第三人提出了其在行政处理程序中没有提出的理由或者证据的，经人民法院准许，被告可以补充证据。</td><td rowspan="2">第三十四条　人民法院有权要求当事人提供或者补充证据。
人民法院有权向有关行政机关以及其他组织、公民调取证据。</td></tr>
<tr><td>4</td><td>第三十八条</td><td>在起诉被告不履行法定职责的案件中，原告应当提供其向被告提出申请的证据。但有下列情形之一的除外：
（一）被告应当依职权主动履行法定职责的；
（二）原告因正当理由不能提供证据的。
在行政赔偿、补偿的案件中，原告应当对行政行为造成的损害提供证据。因被告的原因导致原告无法举证的，由被告承担举证责任。</td></tr>
</table>

表 2：现行行政诉讼相关司法解释中关于举证责任的条文梳理

序号	法律规范名称	条文内容	评价
1	最高人民法院关于行政诉讼证据若干问题的规定	第一条第一款　根据行政诉讼法第三十二条和第四十三条的规定，被告对作出的具体行政行为负有举证责任，应当在收到起诉状副本之日起十日内，提供据以作出被诉具体行政行为的全部证据和所依据的规范性文件。被告不提供或者无正当理由逾期提供证据的，视为被诉具体行政行为没有相应的证据。	相关内容已被 2015 年 5 月 1 日起施行的行政诉讼法吸收，其实质仍强调行政诉讼中被告“负举证责任”，原告只是“提供证据”。
		第二条　原告或者第三人提出其在行政程序中没有提出的反驳理由或者证据的，经人民法院准许，被告可以在第一审程序中补充相应的证据。	
		第四条　公民、法人或者其他组织向人民法院起诉时，应当提供其符合起诉条件的相应的证据材料。 在起诉被告不作为的案件中，原告应当提供其在行政程序中曾经提出申请的证据材料。但有下列情形的除外： （一）被告应当依职权主动履行法定职责的； （二）原告因被告受理申请的登记制度不完备等正当事由不能提供相关证据材料并能够作出合理说明的。 被告认为原告起诉超过法定期限的，由被告承担举证责任。	
		第五条　在行政赔偿诉讼中，原告应当对被诉具体行政行为造成损害的事实提供证据。	
		第六条　原告可以提供证明被诉具体行政行为违法的证据。原告提供的证据不成立的，不免除被告对被诉具体行政行为合法性的举证责任。	
2	最高人民法院关于适用《中华人民共和国行政诉讼法》的解释	第四十七条　根据行政诉讼法第三十八条第二款的规定，在行政赔偿、补偿案件中，因被告的原因导致原告无法就损害情况举证的，应当由被告就该损害情况承担举证责任。 对于各方主张损失的价值无法认定的，应当由负有举证责任的一方当事人申请鉴定，但法律、法规、规章规定行政机关在作出行政行为时依法应当评估或者鉴定的除外；负有举证责任的当事人拒绝申请鉴定的，由其承担不利的法律后果。 当事人的损失因客观原因无法鉴定的，人民法院应当结合当事人的主张和在案证据，遵循法官职业道德，运用逻辑推理和生活经验、生活常识等，酌情确定赔偿数额。	已开启按诉讼类型规定举证责任的模式，但仅限于行政补偿、行政赔偿类案件。

如上表所示，2015 年《行政诉讼法》修改从立法层面对举证责任制度的完善进行了尝试，但现行行政诉讼举证责任分配体系仍存在以下不足：

（一）举证责任分类不符现状

现行行政诉讼举证责任体系是按照审判对象不同进行构建的，分为复审性行政诉讼的举证责任与非复审性行政诉讼的举证责任。前者是原告对被告按照行政程序作出的具体行政行为提起诉讼，法院则对该行为的合法性进行复审；后者主要是对被告是否应当作出行政行为（作为）或者是否应当承担赔偿责任进行审查。[①] 以此划分的两类行政诉讼举证责任分配原则及其背后的法理根据、价值取向与行政诉讼的发展现状存有差异，如“事实行为”难以用“复审行政行为”与“非复审行政行为”进行区分，某些“行政给付”行为则兼具“复审行政行为”与“非复审行政行为”特性等，均不能被现行行政诉讼的举证责任体系所涵盖。

（二）举证责任概念尚未明确

《行政诉讼法》及相关司法解释并未明确阐释“举证责任”的含义，且法律规范条文中将“举证责任”“应当提供证据”“可以提供证据”等提法混合并用，既不是按照英美法系以说服责任与提供证据责任来进行责任类型区分，亦不能归入大陆法系中分为客观证明责任与主观证明责任的概念范畴[②]，其理解与适用难免存在争议。理论研究和实践领域对行政诉讼法中“举证责任”概念众说纷纭的现状会导致司法裁判的两级分化，同案异判的情形较为严重，“澄清证明责任相关概念及属性当是首要问题”。[③]

（三）原告举证责任规定过于简单

“举证责任”在《行政诉讼法》及其相关司法解释中主要是对被告科以义务，如被告对于其作出的行政行为须负“举证责任”；而对于原告仅要求“提供证据”，如原告提起行政赔偿诉讼，须对行政行为对其造成的损害“提供证据”。行政机关虽在多数情况下占据证据上的优势地位，但在某些特定情

---

① 孔祥俊主编：《行政诉讼证据规则与法律适用》，人民法院出版社 2005 年版，第 34 页。

② 《最高人民法院关于行政诉讼证据若干问题的规定》在起草过程中原打算为“举证责任”下定义，但是正式稿中对此内容进行了删除，参见孔祥俊主编：《行政诉讼证据规则与法律适用》，人民法院出版社 2005 年版，第 34 页。

③ 王振宇、阎巍：《行政诉讼证明责任的重构》，载《法律适用》2014 年第 11 期。

境中，并不适合或者有能力进行举证。“在行政行为种类越来越复杂的背景下，无论何种样态的行政行为均由行政机关举证，极不合理，也不科学。”[①]部分法官以感性的认识或基于对法律原则的把握对原告分配举证责任，但由于法律并无相应规定，作出的裁判缺乏足够的说服力。

二、现状检视：行政诉讼举证责任的实证考察

笔者在裁判文书网上以“行政诉讼”“举证责任分配”为关键词进行检索，共搜索到案件 2537 件，以法院审级、地域、行政诉讼三种诉讼类型为筛选标准，从中选取案件 318 件作为分析样本[②]，深入考察审判实践中行政诉讼举证责任分配的现实境况，发现行政诉讼举证责任适用中存在以下问题：

（一）不同诉讼类型，举证责任相同

行政诉讼不同诉讼类型决定了审理对象的不同，审理对象的差异自然会导致原、被告在举证责任上的差别。《行政诉讼法》第三十四条规定的被告对行政行为负举证责任，仅适合撤销之诉，未能体现确认之诉、给付之诉的举证要求。行政案件关涉私人权利与公共利益，举证责任的设置必须对此予以平衡。若审理行政案件无视诉讼类型，不辨别审理对象，一概由行政机关承担举证责任，则难以均衡私人权利和公共利益，终将导致公共利益受到威胁。

---

① 江必新：《完善行政诉讼制度的若干思考》，载《中国法学》2003 年第 3 期。

② 检索案件期间为 2015 年修正后的《行政诉讼法》实施至 2020 年 6 月。随机选取的 318 件案件中，一审 134 件，二审 102 件，再审 82 件，涵盖基层法院到最高人民法院；地域分布于浙江省、四川省、北京市、重庆市等 20 个省、自治区、直辖市；诉讼类型上，撤销之诉 109 件，确认之诉 105 件，给付之诉 104 件，以此为样本分析立法修改后行政诉讼举证责任分配基本情况，基本实现统计样本的客观性与科学性。

表 3：不同诉讼类型适用相同举证责任分配方式的典型案例

诉讼类型	案号	案情	双方当事人争议焦点	裁判结果	举证责任	评析
撤销之诉	(2020)渝01行终279号	杨某因停车事宜与雷某发生冲突，区公安分局对杨某作出行政处罚，杨某诉请撤销该行政处罚	行政处罚是否合法	判决驳回原告的诉讼请求	法院根据《行政诉讼法》第三十四条的规定，由区公安分局举示证据证明行政处罚合法性	给付之诉、确认无效之诉中原告应担负相应举证责任，但法院均按撤销之诉模式，要求被告对案涉事实举示证据
给付之诉	(2016)粤08行终16号	高压电器公司因职工工伤向区社保局申请工伤保险待遇给付，因区社保局未完全给付，高压电器公司诉请给付25290元	工保待遇给付金额	判决撤销一审判决，发回一审法院重审	法院根据《行政诉讼法》第三十四条的规定，由区社保局证明给付工保待遇的具体金额	
确认之诉	(2016)赣0829行初14号	乡政府与村委会就征用土地签订了协议，村三、四、五组诉请确认该征用土地的行政行为无效	征地行为是否无效	判决确认案涉土地征用行为无效	法院根据《行政诉讼法》第三十四条的规定，由乡政府证明征地行为并非无效行政行为	

（二）同类案件事实，举证责任不同

因缺乏行政诉讼类型化下对举证责任分别进行规制，对同类型案件事实，不同的法官基于法律适用、法律解释甚至生活经验的不同，在举证责任分配上采用不同标准，导致行政审判中对同一类案件适用不同的举证责任分配标准，进而造成裁判结果相异。如表 4 中，同为工伤认定、行政给付或强制拆除案件，针对相同的案件事实，但由于举证责任分配存在差异，导致裁判结果截然不同。这种“同案不同判”现象，极大影响了行政诉讼的公信力。

表 4：同类案件事实举证责任不同的典型案例

诉讼类型	案由	案情	案号	举证责任	裁判结果	评析
撤销之诉	工伤认定	员工在上班途中遭遇交通事故受伤，人社部门不予认定工伤，员工起诉撤销不予认定决定书	（2016）湘 0102 行初 224 号	原告（受伤员工）应对其在交通事故中承担责任的相关事实举示证据	判决驳回原告的诉讼请求	同类事实，举证责任不同，裁判结果迥异
			（2016）鲁 05 行终 11 号	被告（人社部门）应当对受伤员工在交通事故中承担的责任负调查和举证责任	判决撤销不予认定决定书；责令人社局重作	
给付之诉	行政给付	工伤员工向人社部门提出先行支付申请，人社部门不予先行支付，员工提起行政给付诉讼	（2019）云 0103 行初 11 号	原告（受伤员工）应对符合先行支付条件的给付金额举示证据	判决驳回原告诉讼请求	
			（2019）闽 01 行终 72 号	被告（社保中心）应对申请先行支付中符合规定的金额举示证据	判决对先行支付申请依法审核支付	
确认之诉	强制拆除	原告房屋位于征收范围之内，被强制拆除后，原告起诉确认区政府强制拆除行为违法	（2016）鲁行终 865 号	原告（被征收人）提供的证据不能证实行政机关组织或实施了对涉案房屋强制拆除的行为	裁定驳回原告的起诉	
			（2015）浙金行初字第 19 号	被告（征收人）举证证明被征收人的合法房屋系其他主体拆除	判决确认强制拆除行为违法	

（三）适用基本原则缺乏统一标准

司法实践中经常出现行政诉讼现有举证责任规则无法与案情相适应的情况，致使裁判者不得不在法定举证规则之外，凭借基本原则、一般原理来对各方当事人的举证责任予以分配，并以此为基础裁判案件。但适用何种原则处理哪种类型的案件，并无统一标准，不仅使裁判者困惑，更为事实认定、法律适用等审理事项带来困扰，凸显出行政诉讼举证责任规则遭遇现实瓶颈的问题。

表 5：适用原则分配举证责任的典型案例

案号	举证责任分配参考标准	案情	举证责任分配情况	裁判结果
(2016)最高法行申 4678 号	一般原理	边某等三人申请政府信息公开。区政府答复：申请的信息，非区政府下发文件，无备案件。边某等三人诉请撤销答复判令公开。	法院认为，依照举证责任分配的一般原理，主张争议事实存在的当事人承担举证责任，并在争议事实真伪不明的情况下承担不利的诉讼后果。确定由边某等三人举示证据证明行政机关已制作或者保存了其所申请公开的信息。	裁定驳回再审申请
(2018)最高法行申 6438 号	公平原则和诚实信用原则	魏某等三人的涉案房屋被强制拆除。魏某等三人诉请确认强行拆除其房屋的行政行为违法。	法院认为，行政诉讼法及司法解释对于本案中确认被诉的强制拆除行为实施主体由谁负举证责任，没有明确规定。在穷尽法律规定的情况下，法院亦应根据公平原则和诚实信用原则，结合当事人的举证能力分配举证责任。确定由具有优势举证能力的案涉行政机关承担举证责任。	裁定驳回再审申请
(2019)苏 06 行终 227 号	谁主张、谁举证	王某属于补助款发放对象，但其并未领取该款项，王某诉请判令街道办向其发放 15000 元救助款。	法院认为，谁主张、谁举证是举证责任分配的基本原则。主张积极事实的一方负有举证责任，主张消极事实的一方不负举证责任。主张消极事实的一方当事人所作的反驳不能成立时，并不免除主张积极事实一方当事人的举证责任。确定由街道办举证证明发放补助款相关事实。	判决街道办给付王某补助款

三、溯源思辨：行政诉讼举证责任的困境解析

现有行政诉讼举证责任规则已难以满足司法实践需求，全面健全机制成为解决实践困境的必然选择，而深度解析实践困境产生的根源，才能找准症结更好地促进制度完善。

（一）理念层面：传统思维的纠偏

在行政诉讼传统观念中，行政相对人属于被管理者，居于弱势地位，而行政机关无论是在心理还是能力上都显得相对强势。起草行政诉讼法时，我国行政诉讼制度刚刚确立，行政机关不应诉、不主动向人民法院提供其作出

被诉行政行为时的证据的情况较多。[①] 行政主体和行政相对人在行政法律关系中的地位和作用存在差别，为纠偏这种失衡状态，行政诉讼法立法时在举证责任分配的设计上，偏向对行政机关赋予更多的义务、施加更严格的要求，在显性层面表达出对行政相对人权益的保护。这种举证责任分配思路适应“高权行政”的基本特点，即行政法以保障私权、控制公权为主要使命，行政权行使范围受到严格约束。[②] 而当前以“合作与对话”为主要特征的“协商行政”更加强调权利与权力的良性互动。[③] 两种不同行政执法手段对于行政程序中举证责任的分配有着重要影响，前者基于监督约束权力的需要而对行政机关赋予较多的举证责任，后者更强调行政主体与相对人通过协商对话的方式进行利益表达，在举证责任分配上更注重双方对等。在行政机关“高权行政”的执法思维亦尚未完全转变的背景下，立法只得借助对行政机关赋予主要举证责任来规制权力滥用。

（二）制度层面：单一举证模式占主导

举证责任是行政诉讼立法目的实现的重要方式，为保障行政权合法运行，《行政诉讼法》将防止行政权力滥用作为立法政策和行政导向的考量，确立了行政行为违法推定的基本原则，并依照撤销之诉的逻辑设计了行政诉讼举证责任分配的基本模式。但行政诉讼本身承载的使命具有多重性，甚至不同目标之间存在一定冲突，这就使举证责任分配显得更为复杂，其目的并非仅寻求个案中的事实真相以确认行政行为的效力，还应当结合行政法律关系的特殊性，充分考虑不同利益诉求，在相互冲突的价值取向中寻求最大限度的认可与共识，从而确立当事人应遵循的行为准则，促进社会资源公正和有效率的分配。[④] 以撤销之诉为主导的单一举证责任分配方式，其考虑的主要因素是对行政行为合法性的评判，在初创期间虽然起到了积极作用，但随着行政行为类型日趋多元，这种“一刀切”的方式难以涵盖确认之诉、给付之诉等诉讼类型，也难以解决和协调行政诉讼所承载的多重目标。尽管行政诉讼

① 参见李国光主编：《最高人民法院关于行政诉讼证据若干问题的规定释义与适用》，人民法院出版社 2002 年版，第 197 页。

② ［英］卡罗尔·哈洛、理查德·罗林斯：《法律与行政》，杨伟东等译，商务印书馆 2004 年版，第 182 页。

③ 吴明熠：《协商治理的行政法治逻辑探析》，载《陕西行政学院学报》2019 年第 2 期。

④ 何海波：《举证责任分配：一个价值衡量的方法》，载《中外法学》2003 年第 2 期。

法修改在判决方式上采取了类型化的逻辑，但诉讼类型化的模式仍旧未能建立，行政诉讼类型化缺失与实践中行政行为类型多元的冲突，并未能在现有立法框架内建立有效的解决方式。

（三）认知层面：客观举证责任缺失

从证据规则的角度来看，举证责任本身包含多重含义，当事人应提出证据的行为责任，称为主观的举证责任；若涉及事实无法查清时的不利后果的承担，则为客观的举证责任。当穷尽所有方法仍然无法确定要件事实是否存在时，法官应以事实真伪不明判决承担客观举证责任的一方败诉，此为客观举证责任要解决的首要问题。但在行政诉讼中，大多数裁判者未能明确客观举证责任的概念，当审理的案件确实无法再现“客观真实”时，只将举证责任分配与当事人身份地位画等号，或是基于被告的强势地位，或是鉴于原告权益需要保护等原因，以此加重被告的举证责任，若行政机关能够证明事实真伪，则以此作为裁判的依据；若行政机关无法证明事实真伪，则由其承担不利的后果。此类做法的实质是裁判者对于举证责任概念的认知不清，并未区分“主观举证责任”与“客观举证责任”，以裁判结论的预设倒推举证责任的承担。

（四）实践层面：加重被告举证成惯性

行政程序证明责任是行政执法过程中如何进行责任承担的分配方式，与行政诉讼法意义上要求行政行为“事实清楚、证据确凿”存有一定差距。现阶段，两种程序中的证明责任未能建立有效衔接机制，司法机关对两种程序中的“证明主体”“证明责任对象”“证明标准”等均呈现出不同程度的误读误用，导致裁判者在“证明责任”上仍旧固守行政诉讼法的认定规则，一旦审判中出现事实不清的情况，便认定系被告行使调查职责存在缺漏所导致，须由其承担未尽举证责任的后果。此外，行政诉讼从之前的强职权主义不断朝着当事人主义方向迈进，在此背景下的诉讼程序掺杂两类诉讼模式相悖之处，呈现出妥协与进步交织的状态。[①] 在举证责任方面，法院依职权调取证据本应以当事人举证责任分配为前提，但在缺乏规则的前提下，裁判者极易教条化地将“不得为证明行政行为的合法性调取被告作出行政行为时未收集

① 胡煜：《我国行政诉讼模式的理论探讨及制度重塑》，载《理论月刊》2018 年第 6 期。

的证据”演变为“被告不得在诉讼中补充证据”，而不是立足案件实际划分诉讼类型后，再按举证责任调取证据、补强证据，这不仅影响了举证责任制度的施行，更在审判中加重了被告的举证责任。

四、进路求索：行政诉讼举证责任类型化建构的必要性与可行性

制约行政诉讼举证责任制度的诸种因素，究其根源是现有举证责任体系设置不足导致的。通过对制度细节性的查漏补缺，已不能从根本上解决当前举证责任面临的困境，须以行政诉讼类型化为基础，构建与之相应的举证责任标准。

（一）必要性分析

1. 行政争议实质性化解的应然要求

行政诉讼的目的是构建行政诉讼制度的基点，这不仅关系到行政诉讼制度的定位，更关系到各项行政诉讼制度的具体安排、运转和实际成效。2015年施行的《行政诉讼法》围绕主观公权利保障与客观法秩序维护两项原则，确立了解决行政争议、保护合法权益、监督依法行政三个行政诉讼目标。从本质上讲，后两类立法价值与目标的实现均有赖于纠纷实质性解决，而“实质性化解行政争议”的实现则需要各类诉讼类型予以支撑。审判实务中对举证责任的合理配置将直接影响纠纷化解的实效性，进而与行政诉讼目的实现与否相关联。不区分诉讼类型一律适用“被告承担举证责任”，表面上看似是对相对人权益保障的最大化，实际上却忽视了不同诉讼类型中各类权利的实质性要求，对化解纠纷并无益处。

2. 适应行政行为多元化的客观需要

行政行为最初多为国家权力行使引发，并体现出较强的单方色彩；与之相应，举证责任倾向于由行政机关举证的一元化设置。当前，行政领域的改革方向表现为由强制性、单方性向协商性、合作性发展，在此背景下产生的新类型行政行为，也给行政诉讼举证责任带来了新的影响。行政相对人的弱势地位逐步提升，举证能力也随之增强，若仍然过于强调行政机关的举证责任，则可能导致行政机关陷入举证不能的困境。如在给付类行政行为中，行政相对人不再是被动的被支配者而是以主动的姿态参与其中，在资料收集、

申请情况等方面可能拥有比行政机关更强的举证能力。[①] 而以行政诉讼类型化为基础构建类型化的举证责任分配机制，才能使行政诉讼与新类型行政行为有效对接，适应不断扩展丰富的行政行为种类，同时依托举证责任的合理分配对各类行政行为形成有效司法指引，回应当事人权利诉求。

（二）可行性论证

1. 符合行政诉讼类型化的发展趋势

行政诉讼类型的差异将使案件在审理规则、裁判方式等方面存在区别。2015 年的《行政诉讼法》及其司法解释的出台，亮点之一即在于结合行政诉讼类型化理论，对行政诉讼受案范围、诉讼请求、判决类型等方面进行类型化尝试，使行政诉讼体系显现出类型化的发展趋势。行政诉讼的类型化必然需要构建类型化的审理规则，包括举证责任分配规则也须与之契合，才能实现行政诉讼类型化的基本目标。如撤销之诉审理对象为已生效行政行为的合法性，诉讼中应由被告承担行政行为合法性的证明义务；给付诉讼的审查重点为行政相对人的诉讼请求是否成立，举证责任也主要由原告承担。因此，在行政诉讼类型化的发展趋势下，科学构建类型化的举证责任不仅有制度根基，而且能够更好地解决不同类型行政纠纷，避免司法实践中因适用举证责任规则不统一导致案件审理流程不明确、同案不同判的情况。

2. 契合行政诉讼举证责任的立法演变

《行政诉讼法》及其司法解释历经数次修改，在被告举证责任之外，亦规定了原告承担举证责任的情形，尽管立法尚未以类型化进路构建整体的举证责任分配逻辑，但实际上已彰显了立法者意图突破只能由行政机关承担举证责任限制的倾向。自 2000 年《最高人民法院关于执行〈中华人民共和国行政诉讼法〉若干问题的解释》开始，便对原告使用了“应当提供证据”的提法，从 2002 年《最高人民法院关于行政诉讼证据若干问题的规定》到 2015 年《行政诉讼法》，关于原告“应当提供证据”的相关规定一直延续，实际上便蕴含着原告承担客观证明责任的情形。可见，在举证责任的路径选择上，立法及司法解释的基本态度是，由行政机关独自承担举证责任转向由多元主体承担举证责任的分配模式，而多元分配模式的构建理应在类型化下才能厘清。由此，在规范层面逐渐实现举证责任从粗放式向精细化的演进，并切合

① 石珍：《给付行政模式下行政诉讼证明责任之解构与重塑》，载《法律适用》2012 年第 6 期。

类型化发展趋势逐步完善举证责任规则的技术细节。

五、体系构建：行政诉讼举证责任分配类型化的实现路径

（一）基本前提

1. 设置两类举证责任，补强现有举证责任制度

（1）划分主观举证责任与客观举证责任。大陆法系的证明责任是以客观证明责任为核心，证明责任的分配取决于案件审理所要适用的法律规范。作为成文法国家，我国在行政诉讼中引入大陆法系以法律规范为基础的主观证明责任与客观证明责任体系较为符合国情。[①] 行政诉讼可以通过主观举证责任推进审判有序进行、有效查清案件事实；通过客观举证责任避免在“事实真伪不明”的情境下，法官无法达到“事实清楚、证据确凿”致使裁判受阻的僵局，亦能在诉讼类型化中依据不同案件合理分配当事人的举证责任，更为规范化地审理案件。

（2）以“被告对作出的行政行为负有举证责任”为前提细化各类型举证责任规则。举证责任作为诉讼法的基本准则，“应当具备一般的抽象形式，同时还需具备普适性和明确性”。[②] 在我国“高权行政”影响依然强大的现实背景下，“被告对作出的行政行为负有举证责任”这一举证责任分配规则有其现实意义，应当作为基本原则予以保留。但行政诉讼涉及行政领域广泛、行政法律关系复杂，在当事人之间分配举证责任时，需要平衡监督行政机关依法行政与保护当事人合法权益两种价值。在不突破现有举证制度的前提下，应按诉讼类型化对相关事实的举证责任细化步骤环节、重新进行分配、合理拟制规则，以期有效分配诉讼资源，体现实质公正。

2. 以行政职权为中心，实现“规范说”的价值转向

（1）以行政实体法特质改造“规范说”。就“规范说”在审判实务中的操作而言，主张权利的一方与主张义务的一方，其对抗并不因主张源自公法抑或私法而有所不同。在此类似的结构下，适用“规范说”需考量行政实体法的特质进行转化，“因行政实体法并非以行政诉讼原告的权利作为其法律效果，而是以行政职权的形成、妨碍、消灭或者排除作为其法律效果，并规定

---

① 王振宇、阎巍：《行政诉讼证明责任的重构》，载《法律适用》2014 年第 11 期。

② 江必新、徐庭祥：《行政诉讼客观证明责任分配的基本规则》，载《中外法学》2019 年第 4 期。

产生这些法律效果的构成要件事实。”[①] 民事诉讼中原告依据实体法主张权利的诉请，行政诉讼中则转化为原告依法要求行政机关作为或不作为的诉请。由此，行政诉讼应以原告诉请中的行政行为为基准，主张行政行为形成的一方对基本规范举示证据，主张行政行为不成立的一方对对抗规范举证。因行政行为存在诸多类型，故基本规范与对抗规范不与原被告固定关联，而是按诉讼类型划分联接。

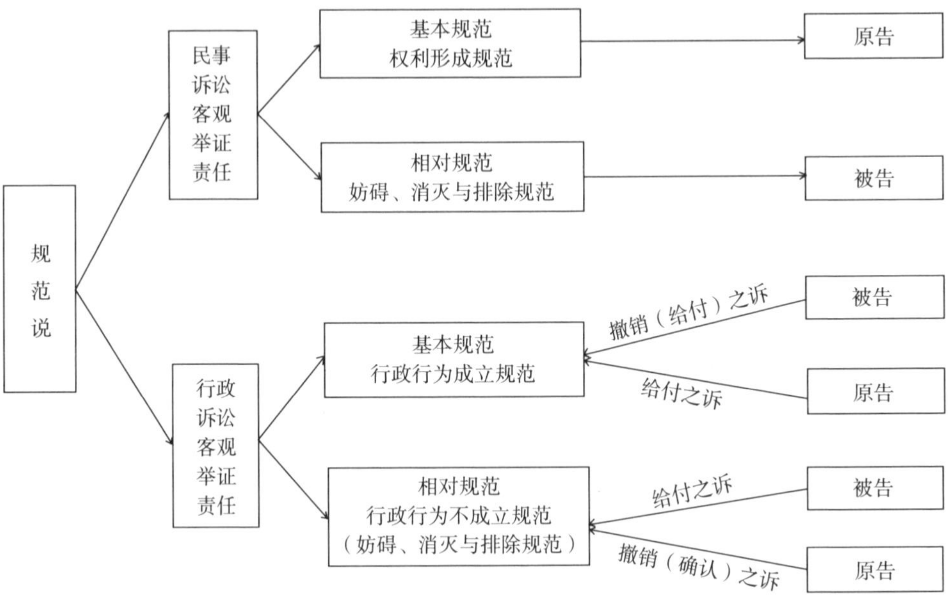

图 1：适用行政实体法特质下的规范说

（2）从结构提升到价值完善“规范说”。“规范说”因其对抗结构的共性可以在行政诉讼中适用，但其适用难点在于行政法律关系往往混淆多种利益纠葛且需经过衡量程序才能予以评判；且行政法处理的是行政机关与行政相对人之间的关系，双方地位确系不平等，为在诉讼上使其居于平等地位，必须将“规范说”中蕴含的理论从单纯的规范结构理论提升到规范价值理论。[②] 即以依法行政为价值取向，考虑行政各法域的立法目标，在适用“规范说”的基础上，根据具体案情需要，结合盖然性原则、保护原则、社会风险分配

① 江必新、徐庭祥：《行政诉讼客观证明责任分配的基本规则》，载《中外法学》2019 年第 4 期。
② 吴东都：《行政诉讼之举证责任》，学林文化事业有限公司 2001 年版，第 273 页。

原则等基本原则，综合适用举证责任。

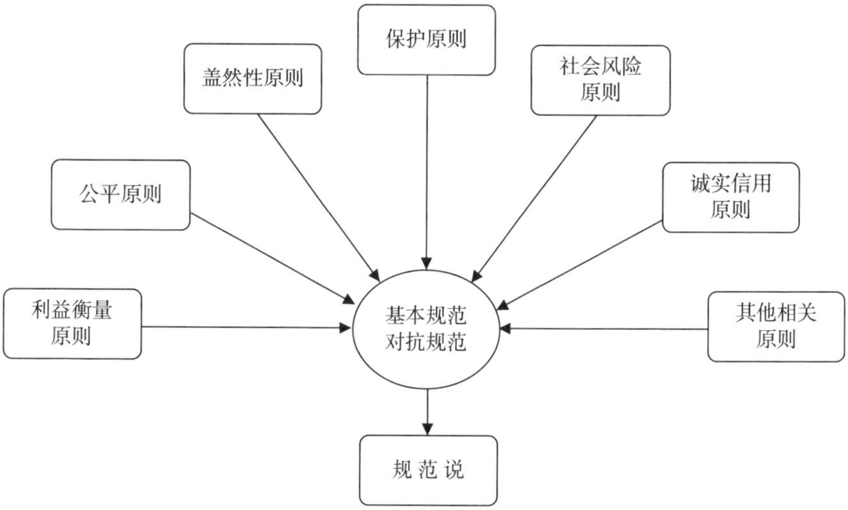

图 2：规范价值理论

（二）制度设计

以原告诉讼请求出发，对应行政诉讼中“撤销之诉、给付之诉、确认之诉”三大诉讼类型模式，再以不同的诉讼类型分别构建相应的举证责任分配模式。首先，在主观举证责任方面，当事人各自对有利于自身的事实承担举证责任；在客观举证责任方面，基本规范为行政行为的成立规范即行政行为职权、内容、程序、法律适用的合法性要件；对抗规范为行政行为不成立规范，即行政行为形成的妨碍要件、消灭要件、排除要件；基本规范与对抗规范按照诉讼类型分别由原、被告负担。其次，根据各类行政诉讼类型特点，增添例外情形的举证责任分配情况。

1. 撤销之诉的举证责任分配

（1）分配原则

撤销之诉的诉讼请求为原告请求法院判决撤销或者变更行政行为。[①] 客观举证责任按如下方式分配：被告对基本规范的事实要件举示证据，原告对对抗规范的事实要件举示证据（见表 6）。

① 本文中的撤销之诉对应形成之诉，形成之诉包含撤销之诉与变更之诉，但变更之诉的前提亦需要撤销行政行为，故在行政诉讼类型化中一般以撤销之诉对之予以统称。

表 6：撤销之诉的举证责任规则

<table>
<tr><td rowspan="2">诉讼类型</td><td rowspan="2">主观举证责任</td><td colspan="6">客观举证责任</td></tr>
<tr><td colspan="2">原则性规定</td><td colspan="4">具体规定</td></tr>
<tr><td rowspan="8">撤销之诉</td><td rowspan="8">当事人各自对有利于自身事由负举证责任</td><td rowspan="4">被告</td><td rowspan="4">行政行为成立规范的事实要件</td><td rowspan="2">撤销羁束行政行为之诉</td><td colspan="2">被告</td><td>羁束行政行为合法性的事实</td></tr>
<tr><td colspan="2">原告</td><td>羁束行政行为违法性的事实</td></tr>
<tr><td rowspan="2">撤销裁量行政行为之诉</td><td colspan="2">被告</td><td>裁量行政行为合法性的事实</td></tr>
<tr><td colspan="2">原告</td><td>行政行为超越职权或者滥用职权的事实</td></tr>
<tr><td rowspan="4">原告</td><td rowspan="4">行政行为不成立规范的事实要件</td><td rowspan="4">撤销行政协议之诉</td><td rowspan="2">依据行政法律规范撤销行政协议之诉</td><td>被告</td><td>行政协议成立规范的事实要件（具有法定职权、履行法定程序、履行相应法定职责以及订立、履行、变更、解除行政协议等行为合法性的事实）</td></tr>
<tr><td>原告</td><td>请求撤销、解除行政协议的，对撤销、解除行政协议的事实</td></tr>
<tr><td rowspan="2">依据民事法律规范撤销行政协议之诉</td><td>原告</td><td>撤销、变更行政协议所依据法律规范的事实要件</td></tr>
<tr><td>被告</td><td>撤销、变更行政协议的妨碍、消灭或者排除规范的事实要件</td></tr>
</table>

（2）注意事项

第一，行政协议中的举证责任。行政协议不仅体现行政机关的行政管理职能，也是协议双方意思自治的体现，行政协议的上述特性要求审判者须对行政机关履行职权职责的“合法性”和协议约定权利义务的“合约性”均进行审查。以撤销行政协议之诉为例，原告撤销的诉由，或是对应行政诉讼中的“撤销”事由，如认为签订协议行政机关的职权违法、程序违法等；或是对应民事法律规范中的“撤销”事由，如认为因重大误解订立了协议、订立协议显失公平等。与此关联的举证责任自然因适用法律规范的不同而应有所区分。

第二，代表诉讼中的原告举证责任。撤销诉讼具有代表诉讼或者客观诉讼的性质，如国有土地上房屋征收决定，此类决定针对的是被征收区域内所有房屋的产权人；与之对应，司法机关对征收决定作出的裁判，则会对该区域内所有房屋的产权人产生效力。原告与其他被征收人均受撤销之诉判决效力的羁束。若嗣后其他被征收人亦提起撤销征收决定之诉，法院不再进入实体审查，而是以该案受生效裁判羁束为由裁定驳回起诉。在举证责任规则上，当其他被征收人提出不同于前案的违法事由，或行政行为对其处理不同时，原告须对上述事项负举证责任。

2. 给付之诉的举证责任分配

（1）分配原则

给付之诉的诉讼请求为请求判决行政机关履行特定法定职责或者给付义务。客观举证责任分配应为：原告对基本规范的事实要件举示证据，被告对对抗规范的事实要件举示证据（见表 7）。

表 7：给付之诉的举证责任规则

<table>
<tr><th rowspan="2">诉讼类型</th><th rowspan="2">主观举证责任</th><th colspan="5">客观举证责任</th></tr>
<tr><th colspan="2">原则性规定</th><th colspan="3">具体规定</th></tr>
<tr><td rowspan="10">给付之诉</td><td rowspan="10">当事人各自对有利于自身事由负举证责任</td><td rowspan="6">原告</td><td rowspan="6">给付行为成立规范的事实要件</td><td rowspan="2">依申请的给付行为之诉</td><td>原告</td><td>已提出申请及符合给付条件的事实</td></tr>
<tr><td>被告</td><td>在法定期限内不作为合法性的事实</td></tr>
<tr><td rowspan="2">依职权的给付行为之诉</td><td>原告</td><td>符合给付条件的事实</td></tr>
<tr><td>被告</td><td>在法定期限内不予给付合法性的事实</td></tr>
<tr><td rowspan="2">行政补偿之诉</td><td>原告</td><td>受到损害的事实及数额</td></tr>
<tr><td>被告</td><td>不予给付合法性的事实</td></tr>
<tr><td rowspan="4">被告</td><td rowspan="4">给付行为不成立规范的事实要件</td><td rowspan="2">行政赔偿之诉</td><td>原告</td><td>受到损害的事实及数额</td></tr>
<tr><td>被告</td><td>行政行为与损害结果之间无因果关系的事实</td></tr>
<tr><td rowspan="2">行政协议给付之诉</td><td>原告</td><td rowspan="2">对行政协议是否履行发生争议的，由负有履行义务的当事人对其已经履行义务的事实负证明责任</td></tr>
<tr><td>被告</td></tr>
</table>

（2）注意事项

第一，以财物为内容的给付请求的诉讼流程。若一般给付之诉涉及金钱、财物等给付内容的，原告应举证证明请求金钱给付的金额已经确定；若须由行政机关事先作出一个行政决定核定给付内容，则应经由提起一个课予义务之诉实现其权利要求，举证责任则随之不同。

第二，给付之诉与撤销之诉、确认之诉重叠时的举证责任。行政过程中，行政机关针对当事人的给付请求，作出了相应行为，但该行为并非相对人要求给付的行为；或是针对当事人的给付请求作出行为。此时当事人提起给付诉讼，一般为“要求撤销行政行为并按申请作出给付”“确认不履行职责行为违法并按申请作出给付”，审理中会面对撤销之诉、确认之诉和给付之诉重叠的情况，但就举证责任而言，“作为或不作为”的合法性事由仍由行政机关负责举证。

3. 确认之诉的举证责任分配

（1）分配原则

确认之诉的诉讼请求为请求判决确认行政行为违法；请求判决确认行政行为无效等。确认之诉客观举证责任的原则性规定与撤销之诉相同，在具体规定上因诉讼标的、适用法律等方面不同而略有差别（见表 8）。

表 8：确认之诉的举证责任规则

<table>
<tr><th rowspan="2">诉讼类型</th><th rowspan="2">主观举证责任</th><th colspan="6">客观举证责任</th></tr>
<tr><th colspan="2">原则性规定</th><th colspan="4">具体规定</th></tr>
<tr><td rowspan="2">确认违法之诉</td><td rowspan="2">当事人各自对有利于自身事由负举证责任</td><td>被告</td><td>行政行为成立规范的事实要件</td><td colspan="4" rowspan="2">现行法定的确认违法判决有以下几种类型：情况确认之诉，是《行政诉讼法》第七十四条第一款规定的确认违法判决类型，即对行政行为合法性进行否定性评判，认可其效力；继续确认之诉，《行政诉讼法》第七十四条第二款规定的不需要判决撤销或者无法判决履行，从而判决确认违法的情形。由此，确认违法之诉系撤销之诉的补充诉讼类型，故两者的举证责任应当相同</td></tr>
<tr><td>原告</td><td>行政行为不成立规范的事实要件</td></tr>
<tr><td rowspan="6">确认无效之诉</td><td rowspan="6">当事人各自对有利于自身事由负举证责任</td><td rowspan="3">原告</td><td rowspan="3">行政行为无效所依据法律规范的事实要件</td><td rowspan="2">确认行政行为无效之诉</td><td colspan="2">原告</td><td>行政行为无效所依据法律规范的事实要件</td></tr>
<tr><td colspan="2">被告</td><td>行政行为成立的事实要件</td></tr>
<tr><td rowspan="4">确认行政协议无效之诉</td><td rowspan="2">依据行政实体法规范确认行政协议无效</td><td>原告</td><td>行政行为无效所依据法律规范的事实要件</td></tr>
<tr><td rowspan="3">被告</td><td rowspan="3">行政行为成立规范的事实要件</td><td>被告</td><td>行政行为成立的事实要件</td></tr>
<tr><td rowspan="2">依据民事法律规范确认行政协议无效</td><td>原告</td><td>协议无效形成规范的事实要件</td></tr>
<tr><td>被告</td><td>协议无效的妨碍、消灭或者排除规范的事实要件</td></tr>
</table>

（2）注意事项

第一，确认事实行为违法的举证责任。《行政诉讼法》对此并无规定，在司法实践中，较为常见的是原告提起的要求确认行政事实行为违法诉讼，如征地范围内的强制拆除、强制搬离等。此类行为中，原告只需提供初步证据，证明事实行为存在且极有可能系被告实施，即应视为履行了相应的举证责任。其后应由被告承担所作行为合法性的举证责任，或是由被告证明该行为系何机关、组织所作。此类案件举证责任分配是为了平衡双方在举证能力方面的巨大差异，以达到保护行政相对人合法权益和促进依法行政之目的。

第二，确认行政行为无效的客观举证责任。《行政诉讼法》规定“无效行政行为”，系实施主体不具有行政主体资格或者没有依据等重大且明显违法情形。所谓“重大”，即行政机关所作行为与法律法规规定相悖，危及公共利益、社会利益与他人利益；“明显”则是行政机关所作行为的错漏非常明显，具备正常理性的人都能轻易识别；对于无效行政行为，原告可以在任何时间提起“确认无效之诉”。为避免原告随意提起诉讼、引发程序空转、增加各方诉累，且鉴于正常理性人都能识别无效行政行为的特性，确认无效行政行为所依据法律规范的事实要件应由原告负客观举证责任。

结语

举证责任实质上是通过在当事人之间合理分配诉讼风险，以实现当事人权益保护、促进诉讼公平正义。在诉讼类型化立法缺位和行政行为类型多元化的背景下，行政诉讼举证责任分配方式的重新构建已成为健全行政诉讼制度的重要内容。本文以行政诉讼类型化为框架，对行政诉讼举证责任类型化构建的具体方案进行探讨，试图在理论和实践之间寻找举证责任的改进路径，以期为行政诉讼制度的完善发展引发更有价值的思考而抛砖引玉。

（作者单位：重庆市第一中级人民法院）

从经验到规则：行政诉讼一般性证明标准的构建

——以行政争议实质性化解为研究进路

杨 旸

证明是诉讼程序的核心，没有证明就没有诉讼。证明活动是一种逻辑学上的盖然性推理过程，证明标准的把握则是这一活动的关键。证明标准是指由证据性事实推理得出适用法律规范所必备的要件性事实所依据的特定社会群体的共同观念和一般经验。[①] 在诉讼活动中达到证明标准，表明法官对案件事实已形成内心确信。证明标准作为能否达到内心确信的尺度，显然极为重要，但即便是经验丰富的裁判者也常常感到这一关涉证据证明力标准的权衡“只可意会，不可言传”。

刑事诉讼中，比较公认的证明标准是排除合理怀疑。《公民权利和政治权利国际公约》第十四条确立了国际社会公认的公正审判权的一般国际标准，其中包括对指控的证明达到超出合理怀疑的程度之前，不能推定任何人有罪。我国也将该标准写进了2012年修正的《刑事诉讼法》第五十三条。[②] 民事诉讼中，2015年最高人民法院颁布实施的《最高人民法院关于适用〈中华人民共和国民事诉讼法〉的解释》确立了高度盖然性的一般证明标准，同时规定对欺诈、胁迫、恶意串通、口头遗嘱或者赠与等事实的证明适用排除合理怀疑标准。[③] 而行政诉讼中，修改后的《行政诉讼法》和《最高人民法院关于适用〈中华人民共和国行政诉讼法〉的解释》未对证明标准问题作出明确规定，《最高人民法院关于行政诉讼证据若干问题的规定》（以下简称《行政诉讼证据规定》）第五十三条、第五十四条和第六十七条概括性、原则性地涉

---

① 阎巍：《行政诉讼证据规则原理与规范》，法律出版社2019年版，第64页。

② 该条在《中华人民共和国刑事诉讼法》2018年修正后变更为第五十五条。

③ 《最高人民法院关于适用〈中华人民共和国民事诉讼法〉的解释》第一百零八条、第一百零九条。

及行政诉讼证据证明标准问题。

一、理想与现实的偏差——权利基准理论在审判实践中的运用

理论界对于行政诉讼的证明标准，多主张采多元论，具体分层上有五分说、四分说、三分说等，基本都认为根据不同的行政案件所涉及的权益大小及所适用的程序繁简各不相同，从而匹配不同的证明标准。司法实践中，最高人民法院文件中明确，由于被诉具体行政行为的类型多样化，与刑事诉讼和民事诉讼相比，行政诉讼证据的证明标准也不是单一的，因此因具体行政行为性质的不同而应适用不同的证明标准……从目前的审判实际看，对于涉及限制人身自由、大额罚没等对行政相对人人身、财产权益影响较大的具体行政行为的案件，可以比照适用类似于刑事案件的证明标准；对于行政裁决类行政案件和其他行政案件，可以比照适用类似于民事案件的证明标准。①

不难看出，证明标准源于审判实践，是依据审判实践经验积累形成的裁判者的共识。故欲准确把握证明标准的共识，自然应当回归审判实践找寻答案。首先，我们客观回顾最高人民法院有关负责人所推崇的上述证明标准在近些年实践中的运行情况，以判断权利重要性为设立证明标准基础因素的观点是否得到普遍认可，是否在审判实践中得以广泛应用，笔者从中国裁判文书网以“证明标准”为关键词选取了 2015 年至 2020 年 6 月 30 日的 983 份行政裁判文书为样本。

① 参见李国光：《努力开创行政审判工作新局面，为全面建设小康社会提供司法保障》，载《最高人民法院公报》2003 年第 2 期。

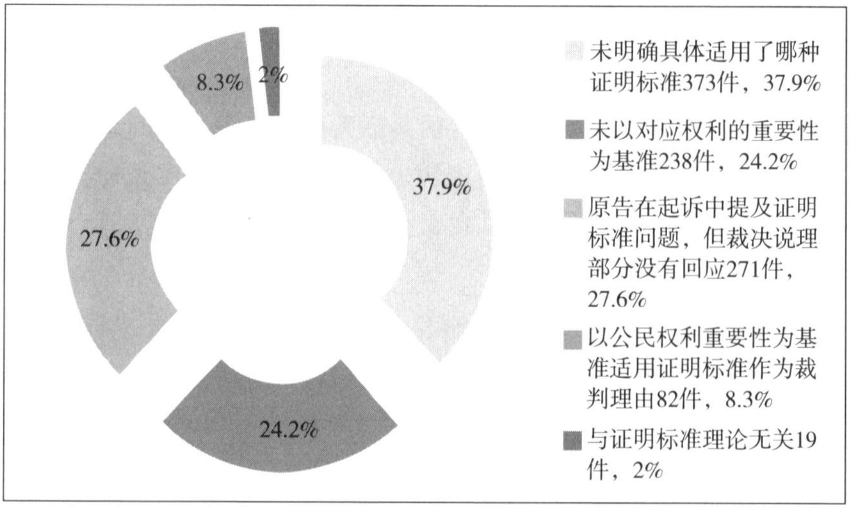

图 1：2015—2020 年行政诉讼证明标准适用情况

通过对上述行政裁判文书进行分析发现：第一，提及“证明标准”字眼，但并未明确具体适用了哪种证明标准的裁判文书占比为 37.9%，具体表述方式有证据达到证明标准、证据未完全达到证明标准、达到了确凿的证明标准等。第二，法院主动适用相关证明标准，但相关证明标准如何对应权利的重要性为基准并不明确的占比为 24.2%。第三，原告在起诉的事实和理由中提及证明标准问题，但裁判说理部分没有回应的占比为 27.6%。第四，法官以公民权利重要性为基准适用证明标准作为裁判理由的裁判文书占 8.3%，共计 82 份裁判文书；其中与最高人民法院力推的证明标准一致的仅占 1/3，共计 29 份。第五，虽提及证明标准字眼，但实际与证明标准理论无关的文书占 2%。统计数据在一定程度上说明，最高人民法院所提倡的以公民权利重要性为基准的分层次证明标准理论在当前的司法实践中尚未被普遍适用。并且，仔细推敲有限的主动适用最高人民法院证明标准理论的裁判文书，在证明标准的具体适用上仍存在一些问题。例如，同一权利种类的案件证明标准不同；同一类型案件，证明标准相同，然而裁判结果不同；同一证明标准，然而适用时的内涵又有所出入；同一案件适用多种证明标准等情形。①

① 参见罗重海、禹楚丹、石瑞婷：《反思与重构：论行政诉讼证明标准的类型化构建——以 255 份裁判文书为研究样本》，载《深化司法改革与行政审判实践研究（下）——全国法院第 28 届学术讨论会获奖论文集》第 1440 页。

二、现实与理论的错位——相关指导性案例对证明标准适用的评析

以对审判实践具有示范指导意义的最高人民法院指导案例及公报案例为研究样本，全面检视这些案例中对证明标准适用的基本尺度和标准，对总结提炼行政诉讼的一般性证明标准具有重要价值。

（一）不同证明标准的适用

1. 排除合理怀疑证明标准的适用

所谓排除合理怀疑证明标准，简单而言，就是指在排除合理怀疑的证明程度下，理性人对于事实的认定虽尚有疑虑，但该疑虑完全可以忽略不计，从而处于确信没有疑虑的状态。如以下两个案例：

案例1：刘某不服某市公安局治安行政处罚决定案。[①] 该案中，公安局作出对刘某行政拘留15天的处罚决定，是以认定其燃放爆竹引燃花炮摊位并导致花炮市场爆炸着火，尚未造成严重后果不够刑罚为事实依据。公安局提交的证据中，仅有受损摊位摊主的指认，且证言内容存在明显矛盾，同时还有其他证人证言证明刘某在选购当时不可能燃放爆竹，另有多位证人证实现场混乱有他人被指认为肇事者并遭殴打的情况。此外，公安局未提交火灾事故调查认定方面的证据。法院认为，公安局提交的证据存在矛盾，不能排除合理怀疑，判决撤销被诉处罚决定。

案例2：王某诉某市房管局房屋行政登记案。[②] 该案中，第三人王某之子王小某称2001年办理王某名下房屋转移登记时，王某与其一同来到登记机关，因有事未签名就提前离开了，故代替王某签名办理了转移登记。房管局主张王某2001年知道或应当知道其房屋权属已办理转移登记，2007年才提起本案之诉超过起诉期限。法院认为，诉权是相对人一项重要的权利，应当给予更周延的保护。被告或者第三人认为原告在某一特定时间知道行政行为内容应提交能够排除合理怀疑的证据。

2. 明显优势证明标准的适用

所谓明显优势证明标准是指，在判断由一种现象可能产生的另外一些现象时，就会存在多种可能性；其中的一种联系是所有联系中可能性最大的或

---

① 北京市朝阳区人民法院（2005）朝行初字第290号。

② 内蒙古自治区兴安盟乌兰浩特市人民法院（2009）乌行初字第10号。

是在可能性上具有绝对优势的。这个可能性尽管不是唯一的或排他的，但能够成为众多可能性中的最佳解释并被人们所接受。证据证明力达到上述状态即满足了优势证据标准。

案例3：杰杰有限公司诉国家工商行政管理总局商标评审委员会商标异议复审案。[①] 被异议商标为“TOOFACED及图”商标，由百姿公司于2006年申请注册。在初审公告期内，杰杰有限公司提出注册异议。商标局裁定其异议理由不成立，核准被异议商标在指定商品上的注册申请。杰杰有限公司不服，向商标评审委员会申请复审。商标评审委员会认为，杰杰有限公司提交证据不能证明其对被异议商标中所涉的图形享有在先著作权，故裁定被异议商标予以核准注册。法院认为，当事人以商标标志构成受著作权法保护的作品，主张诉争商标损害其在先著作权的，需要综合考量相关证据予以认定。在著作权登记证明晚于诉争商标申请日时，可以结合诉争商标申请日前的商标注册证、包含商标标志的网站页面、报刊内容、产品实物等证据，确认商标标志的形成时间早于诉争商标申请日的事实。在仅凭商标注册证不足以证明在先著作权时，可以综合考量全案证据，在确认相关证据相互印证，已形成完整的证据链时，可以认定当事人对该商标标志享有在先著作权。最高人民法院撤销了一、二审判决及商标评审委员会的复审裁定书并判决商标评审委员会重新作出复审裁定。

明显优势标准不同于民事诉讼领域的优势证明标准以及刑事诉讼领域的排除合理怀疑标准，在标准的严苛程度上位于前述两个标准之间。该标准的要求是能够达到明确而令人信服的程度，兼顾了对行政机关执法公平和效率的要求，采取该标准裁判的具体案例不在少数，在行政诉讼实践和理论中具有相当基础。

3. 优势证明标准的适用

所谓优势证明标准是指，在判定特定事实是否存在时，对该问题所具有的经验或习惯并非唯一，同时与该特定事实对应的经验和习惯相对于其他经验和习惯而言占优，但没有形成明显优势，因此也就不能让基于其他经验和习惯产生的可能性保持沉默，更不能排除其他经验和习惯的存在，这时我们就认为对该特定事物的认定达到了优势证据标准。

---

① 最高人民法院（2017）最高法行再35号。

案例4： 廖某诉某公安局交通支队道路交通管理行政处罚决定案。[①] 涉案道路隔离带处有一缺口，此处立有禁止左转弯的交通标志，廖某无视禁转标志在此处违规驾车左转弯。法院认为，虽本案只有当日在岗执勤交警陶某一人的陈述证实，但只要陶某是依法执行公务的人员，其陈述的客观真实性得到证实，且没有证据证明两人之间存在利害关系，陶某一人的陈述就是证明廖某有违反禁令左转弯行为的优势证据，应当作为认定事实的根据。

该案中诉辩双方的证据种类、证据数量都是“一对一”，法院判决明确该案证明标准为优势证据标准，并阐释因交通违法行为的瞬时性特征导致取证困难，故必须降低证明标准，否则不利于维护道路交通安全秩序。该案为道路交通行政处罚简易程序案件的司法审查，引入了优势证据标准。同时，针对违章拐弯、压黄线、鸣喇叭、超速驾驶等违反交通信号灯、交通标志、交通标线和交通警察的指挥等数量众多、情节轻微的行为，行政执法机关和人员在适用简易程序时，也可遵循优势证据标准[②]。

4. 证明妨碍的适用

所谓证明妨碍是指因一方当事人的过错，使本来负有证明责任的一方当事人无法完成其应当达到的证明标准。由于证明妨碍是人为造成的证明困境，具有权利侵害性，应出于对存在过错一方的惩罚考虑，对对方证明活动适当降低证明标准。所以，证明妨碍不是一种特定的证明标准，而是适用降低后的证明标准的特殊情形。

案例5： 某公司诉市规划局行政强制拆除案。[③] 某公司经批准征用土地用于建立综合农场发展三高产业。规划局调查获知，该公司在征地范围内并未发展三高产业，而是以“农庄”名义对外经营餐厅、住宿，遂以违法建设为由发出《通告》要求其自行拆除，但未告知相关事实、理由、依据及陈述、申辩的权利，也未将《通告》依法送达。后规划局组织强拆，未申请公证机构对现场拆除情况、财产清点情况进行证据保全和临时保管，亦未出具任何财务交接手续。法院认为，由于行政机关在实施强拆时没有依法对涉案财物进行公证保全代管，且建筑物已经被拆除，导致原告难以举证证明其损失，

---

① 《最高人民法院公报》2007年第1期（总第123期）。

② 宋华琳：《当场行政处罚中的证明标准及法律适用》，载《交大法学》第1卷（2010年）。

③ 广东省广州市中级人民法院（2003）穗中法行初第27号。

而根据该公司提供了公证材料和物品清单并结合经营实际，该公司主张物品及数量均在合理范围，规划局也未能提供反证，故判决被告承担全部赔偿责任。

（二）归纳与总结

通过梳理不难发现，从盖然性高低上进行区分，指导案例及公报案例中适用的证明标准从高到低依次为：排除合理怀疑证明标准、明显优势证明标准和优势证明标准。但是不同的证明标准果真如案例分析中所言那么泾渭分明吗？

案例1和案例2两个指导案例被明确为适用排除合理怀疑的证明标准代表性案例。前者将该标准用在了限制人身自由的治安行政处罚类案件中，后者将该标准用在了判断原告诉权成立与否的事实认定中。但笔者认为即便适用较低的证明标准，从被告行政机关一方提交的证据来看，无论是从证据数量、证明能力和证明力角度来看均达不到足以证明相关事实成立的标准，裁判者依靠一般的逻辑推理和生活经验就可以得出裁判观点，而无须依靠所谓"排除合理怀疑"的证明标准才能实现。对此，值得探讨的一个问题是，行政诉讼的"排除合理怀疑"与刑事诉讼的"排除合理怀疑"是否为同一概念，对两者缺乏明确的划分容易导致裁判者依个案自由裁量，进而导致对证明标准适用问题缺乏应有的监督等连锁问题。

对于案例4，笔者认为因一方主张为"真"所带来的有利影响要大于另一方主张为"真"所带来的有利影响，从而适用降低证明标准的法理基础是值得商榷的。比较《行政处罚法》关于简易程序和一般程序的规定，不难发现简易程序要求的证明标准相对较高。简易程序中往往无法苛求行政机关按照严格证明和法定证据形式收集证据，本案例即查处交通违法过程中容许行政机关执法人员"眼见为实"。为保障查清事实和实质正义，因为证明方式和证据形式上的"降低"，反过来要求在证明标准上的"提高"，《行政处罚法》第三十三条明确规定行政机关工作人员只有在认为证据确凿时方能当场处罚。对此，有学者主张无须降低证明标准而应当引入表见证明理论[①]，即在自由心证的范围内，由基于日常生活经验得出的典型事实经过，推定待证事实存在，其法律依据在于《行政诉讼证据规定》第六十八条第一款第

① 参见徐庭祥：《论构建我国行政诉讼的一般证明标准》，载《政治与法律》2019年第12期。

（五）项的规定，根据日常生活经验法则推定的事实法庭可以直接认定。

对于案例5，笔者认为以惩罚性为特征设立证明标准，并非简单降低证明标准，而是将证明责任转移给过错方，让本来负有证明责任的受害方只承担初步的证明责任即可。

三、他山之石：域外对行政诉讼证明标准的相关理论与实践

证明标准服务于诉讼活动中的事实认知，它对裁判者的内心确信发挥决定性的作用。《行政诉讼证据规定》第五十五条确立了我国行政诉讼领域的自由心证原则。然而自由心证的内容是什么，大陆法系和英美法系对此的理解似乎有所差异。研究我国行政诉讼的证明标准，不能忽略域外相关实践及理论。

（一）英美法系的盖然性确信的理论及实践

盖然性确信理论认为，事实认定仍为法官的内心确信，但法官不是对待证事实为真实形成内心确信，而是对待证事实达到一定程度的盖然性形成内心确信。“主张盖然性证明论者认为，所有之证明均属盖然性证明，亦即，证明活动仅系为求得一盖然性之确信而已，非以对真实有所确信为目的。”①

这一理论的形成并非一蹴而就。在《美国联邦行政程序法》制定之前，联邦最高法院长期对行政行为的审查标准是“可定案”标准，也有称之为“实质性证据”标准。联邦最高法院1938年的一份判决指出：实质性证据不是一现即逝的闪光，它是关于这样的证据，即一个合理的人可能接受作为一个结论的正当支持。② 这种标准体现了司法机关对行政机关就事实问题所作判断的尊重，只要后者的决定所依据的事实合理就可以。《美国联邦行政程序法》出台之后，其第556条第4款规定：除非具有可靠的有证明力的、可定案的（实质性的）证据，不得实施任何制款，不得签发规章或者裁决令。何谓“实质性”，立法未予明确。议会所作的立法报告认为：“如果承担该证明负担的一方当事人提出了表面的可定案的理由，除非其证据遭到反驳或不可信，该方当事人就赢了。在任何案件中行政机关都必须根据证据作出决定。如果具有反证和本证，行政机关必须进行权衡，并根据占优势的一方的证据

① 姜世明：《举证责任与证明度》，厦门大学出版社2017年版，第95页

② 李玉华等：《诉讼证明标准研究》，中国政法大学出版社2010年版，第203页。

作出决定。”[①] 联邦最高法院1981年在一个证券交易处罚案件中明确了行政诉讼一般的证据标准即为“优势证据”标准。1971年，美国证券交易委员会在经过长期的调查后，以优势证据标准断定斯特德曼触犯了联邦证券法有关欺诈、报告、利益冲突和代理的规定，因此作出裁决，永久禁止其加入任何投资咨询公司，从而禁止他从业。斯特德曼认为由于案情严重，甚至可能被判刑，应当使用更为严格的、明确而令人信服的标准起诉到法院。但是上诉法院和联邦最高法院都不同意这一主张。[②] 至此，占优势的盖然性标准成为美国行政程序和行政诉讼的一般证明标准，适用于绝大多数行政案件，除非行政机关的行为不受《美国联邦行政程序法》的调整，则法院可以根据案情适用适当的（通常是更高的）证明标准。例如，在1996年的一个驱逐出境案件中，联邦最高法院认为移民局作出驱逐出境的决定必须提供“清楚的、明确的、可信的证据”，即明显优势标准。联邦最高法院认为，议会法律对这类案件没有确立证明标准，对驱逐出境案件适用“清楚的、明确的、可信的证据”证明标准，是因为这种案件会导致“严厉的剥夺权利”和“即刻的生计困难”，会侵犯公民、法人或者其他组织的基本权利，优势证据标准对这类案件缺乏应有的严肃性，因而不能适用。受联邦最高法院的这一案件的影响，联邦地方法院也在比较严重的案件中普遍适用明确而令人信服的明显优势证明标准。但是，这导致了该标准的适用范围被无限地扩大化，行政机关的许多处理决定因此被撤销，行政效率因此受到严重妨碍。鉴于这种情况，从20世纪80年代开始，联邦最高法院开始采取放松证明标准的做法，认为除非案件性质特别严重，或法律明确规定适用明确而令人信服的明显优势证明标准，法院应当适用占优势的盖然性标准对行政行为进行审查。

（二）大陆法系内心确信的理论及实践

大陆法系国家遵照“内心确信”的证明标准。《德国行政法院法》第108条第1项规定：“法院依据其由诉讼程序中获得的整体结果，按其自由之确信作出裁判。在判决中必须说明得出其判断的理由何在。”在法律明确规定和法院予以适当解释的情况下，证明标准可以被降低。例如，《德国财务法院法》

---

① 纪敏主编：《证据全书》，中国民主法制出版社1999年版，第2198页。

② ［美］肯尼思·F·沃伦：《政治体制中的行政法》（第三版），王从虎等译，中国人民大学出版社2005年版，第360页。

第 96 条第 1 项的准用《税法通则》第 162 条第 1 项的规定载明：稽征机关无法调查或者计算课税基础时，应估计之。估计课税基础时，应斟酌切对估计具有主要性之情形。该条明确了法院在通过调查无法获得精确的税额时，可以依据稽征机关的合理估计作出判决。《日本民事诉讼法》第 247 条表述上与《德国民事诉讼法》第 286 条第 1 款类似，理论通说认为日本民事诉讼证明标准采真实确信理论，“法官对提供的一切资料依自由心证作出评判，直到确信当事人的事实主张，才认定该事实。所谓的‘确信’即指社会上普通人的不夹杂任何疑念的相信。如果不能确信便不能认定该事实，遵循立证责任分配原则，将不利结果归之于当事人某一方”。[①] 我国台湾地区的行政诉讼理论通说同样采真实确信理论，“在行政诉讼上以及税务诉讼上，一般通说认为应使法官完全确信其事实上之主张为真实之程度……亦即采取所谓‘原则的证明程度’……上述‘原则的证明程度’也可谓是采取‘真实确信理论’”。[②]

笔者认为尽管在行政指导案例、公报案例以及最高人民法院相关文件中，均提倡多元论的证明标准，但是通过上文的实证研究和比较研究可知，证明标准多元论下不同标准的内涵、外延及适用条件等均未得到明确，而因缺失统一明确的证明标准，直接导致法官依个案自由裁量，进而导致在审级监督中上级法院恣意判断下级法院适用证明标准错误。对事实认定是否正确以及是否存在枉法裁判的情形均无法作出具有说服力的判断，将会降低行政诉讼的法治化水平。

四、标准构建：以行政争议实质性化解为进路建立符合我国行政诉讼证明的一般性标准

实质性化解行政争议是行政诉讼的最终目的。一个诉讼制度如果不能够定分止争，这个制度注定不可能在实践中获得生命力。修改后的《行政诉讼法》不仅在行政诉讼目的上增加“解决行政争议”的内容，而且在审判的各个环节，都相应增加有效解决行政争议的具体制度措施。如何实质性化解行政争议？首先，要满足法之安定性属性要求。故证明标准原则上应当固化，

① ［日］中村英郎：《新民事诉讼法讲义》，陈刚、林剑锋、郭美松译，法律出版社 2001 年版，第 199 页。

② 陈清秀：《行政诉讼法》，法律出版社 2016 年版，第 534 页。

而不是基于个案情况决定具体证明标准。基于法律的安定性，发挥证明标准的可预见性和平等适用的属性，从而对公民守法和运用法律维护自身合法权益、行政机关依法行政以及司法机关裁判提供指引和规范。其次，要坚持全面合法性审查，对被诉行政行为的合法性进行全面审查、不受原告诉讼请求和理由的限制。再次，依法充分保护公民、法人和其他组织的合法权益，让受到被诉行政行为侵害的合法权益得到切实补偿或赔偿。同时，在审理中要善于运用这些法定的审理方式，有效化解行政争议。最后，应采取更有利于纠纷实质化解的判决方式作出裁判。实质性化解行政争议的价值追求折射到行政诉讼证明标准领域，建构一般性证明标准，可以具体化为以下三点原则：

首先，以“证据确凿”为制度资源。《行政诉讼法》第六十九条规定：“行政行为证据确凿，适用法律、法规正确，符合法定程序的，或者原告申请被告履行法定职责或者给付义务理由不成立的，人民法院判决驳回原告的诉讼请求。”由此可见，行政行为对事实的认定，必须达到证据确凿的程度才能被法院所认可，这是典型的对证明标准的法律规定，而这样的规定亦符合我国的法治传统。我国的法律体系和基本制度滥觞于大陆法系。行政诉讼的事实调查是以查明法规范的要件事实存在与否为中心任务。只有法律规范规定的要件事实被证明真实存在时，才能适用法律。法律从来没有规定过，当要件事实呈现一定的盖然性时也可以适用法律。而盖然性的存在空间只在于法律规定本身，如《反洗钱法》第二十三条至第二十五条对“可疑交易活动”进行调查的规定，《反垄断法》第三十八条对“涉嫌垄断行为”进行调查的规定，《税收征收管理法》（2013 年修正）第三十八条关于纳税人逃避纳税义务行为的判断依据等。

其次，以合法、公正、高效为原则。行政审判具有复审性的属性特征，通过诉讼程序监督行政机关依法行政，对行政程序中违法失衡的行政行为纠错纠偏，寻求行政权代表的公权力和公民个人的私权利之前的互动与平衡，实现有效的社会治理和良好的行政秩序。“证据确凿”长期以来作为司法机关审理行政案件的事实审查基本准则具有法治环境的土壤和存在的合理性。区别于刑事诉讼，行政诉讼更加强调行政效率和行政行为效力的稳定性；区别于民事诉讼，行政诉讼更加关注行政行为的公正性。行政诉讼证明标准具有区别于二者的独立价值。然而“证据确凿”本身并非确定的法律概念，应当通过司法解释或者权威理论阐释对“证据确凿标准”予以明确和细化，注入大陆法系真实确信的理论内涵。

最后，体现制度公平，实现对受损权益的救济和补偿。任何证明标准都不应当是僵化的，在出现证明妨碍或者证明困境时，应当降低证明标准，符合公平、正义原则；对存在过错的一方设定具有惩罚性的标准，让本来负有证明责任的一方只承担初步的证明责任，这样能够促使各方当事人积极提供支持自己主张的证据材料，从而最大限度地查明案件事实，实现实体正义和程序正义。

法定性源于司法实务统一适用证明标准的需要。在诉讼中，必须有一个统一的标准来指导裁判者对事实的认定，来审查和检验裁判者对事实的认定是否正确。综上所述，未来我国行政诉讼的证明标准可作如下类似规定：

人民法院审查案件事实，相关要件事实证据确凿，能够使法官心证达到实际生活中必要程度的确信，使心中怀疑沉默，但无须排除，应当认定该事实存在。

如因对方当事人的过错，使得负有举证责任的一方当事人无法达到一般证明标准的状态，在负有举证责任的一方当事人能够初步证明其主张的事实具有存在的可能性且无相反证据予以推翻的情况下，人民法院可以对该事实予以认定。

（作者单位：北京市第三中级人民法院）

理论探索

浅析行政协议的非诉执行制度

章文英

【摘要】行政协议案件属于特殊的行政诉讼，仍应遵循行政诉讼被告恒定原则，即非行政主体不能成为行政诉讼的被告。在行政协议相对人不履行行政协议约定的义务时，行政主体不能以行政相对人为被告提起行政诉讼。但此类争议又客观存在，在众多可能解决争议的路径中，由行政主体申请非诉执行属于现行法律规定下的最佳选择。但行政协议非诉执行如何执行，尤其是在没有更明确更详细规定的情形下，如何参照普通非诉执行制度是当前亟须解决的问题。另外，基于行政协议诉讼与普通行政诉讼之间的差别，在具体参照时将会遇到难以对应适用的相关问题，在实践经验积累成熟的基础上，要进一步合理设计具体的行政协议非诉执行制度。本文将就行政协议司法解释有关行政协议非诉执行规定为依据，分析具体执行过程中应当注意的问题，并为进一步设计行政协议非诉执行制度提供些许思考。

【关键词】行政协议　非诉执行　法律适用　制度设计

一、行政协议非诉执行的必要性及可行性

按照司法惯例，行政协议纠纷在2015年新修改的《中华人民共和国行政诉讼法》（以下简称新法）实施之前被纳入民事诉讼的受案范围。新法将其调整为行政诉讼受案范围之后，尽管仍大量延续适用调整前的民事合同规则，但因诉讼类型发生变化而不再适用的相关事项，在具体规定方面将表现出根

本性的改变。如非行政主体的协议相对人[①]不履行行政协议约定的义务而引发的纠纷，如何保障行政主体的合法权益，有效解决现实中的行政争议，已成为争论较大的难题。在行政协议专门司法解释征求意见过程中，收到来自各方的多种建议方案：一是由行政主体主动提起行政协议诉讼，请求协议相对人履行协议约定的义务。二是由行政主体采取制约行政协议相对人的有关措施，迫使协议相对人主动提起行政协议诉讼，行政主体在该诉讼中提起反诉主张协议相对人未履行协议约定的义务。三是由行政主体直接行使行政优益权或相应的法定职权，迫使协议相对人履行协议约定的义务。四是由行政主体沿用新法之前的模式，即行政主体以协议相对人为被告提起民事诉讼。五是由行政主体参照非诉执行制度申请人民法院强制执行。《最高人民法院关于审理行政协议案件若干问题的规定》（以下简称《行政协议解释》）最终采纳了最后一种意见即行政协议的非诉执行。

相比而言，行政协议的非诉执行属于以上方案中的最佳选择，主要理由有：第一，在行政协议解释制定过程中，关于行政协议诉讼的定性以及行政主体是否具备原告主体资格可主动提起行政协议诉讼等问题，在实务界和学术界都存在较大争议。经过多轮征求意见、讨论研究，目前已达成较为广泛的共识，即行政协议诉讼仍属于行政诉讼的一种，虽在部分具体操作方面具有特殊性，但仍需遵循行政诉讼的合法性审查等原则，不能突破非行政主体不能作为行政诉讼被告的基本原理。因此，第一种方案不宜采纳。第二，行政主体提起反诉与行政主体作为原告主动提起诉讼在诉讼地位上并无本质区别，而且在协议相对人不提起行政协议诉讼、履行协议约定义务有必要性而又不予以履行的情形下，行政主体提起反诉根本难以实现其预设目的。因此，第二种方案也不宜采纳。《行政协议解释》第六条对此亦作出专门规定，即“人民法院受理行政协议案件后，被告就该协议的订立、履行、变更、终止等提起反诉的，人民法院不予准许。”第三，赋予行政机关直接的强制权，必须由行政强制法作出相应规定。另外，可能签订行政协议的行政主体范围较广，对行政强制法进行修改赋予不特定多数的行政主体行政强制权，不具有合理性。第三种方案不具有现实可操作性。第四，若行政主体按照新法之前提起民事诉讼的方式，将与新法将行政协议争议纳入行政诉讼受案范围的立法目

---

① 本文所指协议相对人是指与行政主体签订行政协议的另一方主体，通常为非行政主体。

的不相符，也导致同一行政争议由两种不同诉讼类型解决所引发的一系列问题。因此，第四种方案也不宜采纳。第五，非诉执行制度实际解决的问题是行政相对人不履行义务又不起诉的情形。在行政协议法律关系中，行政主体通常也不具有强制协议签订另一方履行义务的法定职权，通过非诉执行实现协议相对人履行行政协议约定的义务，这与普通非诉执行情形并无不同。行政主体不能提起行政协议诉讼，但相应的纠纷又客观存在，与突破行政诉讼基本原则相比，现行非诉执行制度可以基本对应相关纠纷以及可能面临的各类问题，参照现有的非诉制度解决此类纠纷的效果最佳。此种方案，亦是立法机关的意见。

二、行政协议非诉执行的制度设计

在确定行政协议非诉执行路径之后，如何设计具体制度也是制定行政协议解释的难点之一。由于当前有关行政协议案件的审判实践经验的积累仍不足，而涉及相关的法律问题较多，行政协议专门司法解释的制作仅能分阶段进行，先就普遍达成共识、实践经验相对成熟、适用较为频繁的内容及时予以规范。因此，就行政协议解释的首次制定工作而言，因条文有限、时间紧迫，不可能就如何具体实施行政协议的非诉执行制度作出具体、详细的规定，而只能作出一般性的规定，即原则性规定行政协议相对人不履行协议约定义务的，行政主体可以参照非诉执行制度执行。行政协议解释经过多稿修改后，其征求意见稿曾就行政协议非诉执行问题规定了一条三款。第一款规定："行政协议约定强制执行条款，公民、法人或者其他组织未按照约定履行义务，经催告后仍不履行，行政机关向人民法院申请强制执行该协议，人民法院经审查认为协议合法有效、内容明确且具有可执行性、符合协议约定执行条件的，应当作出准予执行的裁定。"第二款规定："行政协议未约定强制执行条款，公民、法人或者其他组织未按照约定履行义务，经催告后仍不履行，行政机关作出要求其履行协议的书面决定，公民、法人或者其他组织收到书面决定后在法定期限内未申请行政复议或者提起行政诉讼，又不履行，行政机关向人民法院申请强制执行，协议内容具有可执行性的，人民法院应当依法受理。"第三款规定："法律、行政法规规定行政机关对行政协议享有监督协议履行的职权，公民、法人或者其他组织未按照约定履行义务，经催告后仍不履行，行政机关依法作出处理决定，公民、法人或者其他组织在收到该处理决定后在法定期限内未申请行政复议或者提起行政诉讼，又不履行，行政机关向人民法院申请强制执行，协议内容具有可执行性的，人民法院应当依法受理。”根据前述规定，行政协议非诉执行在制度设计时，区分三种情形：一是以行政协议直接作为执行名义。二是以行政机关作出的履行协议决定作为执行名义。三是以行政机关作出的处理决定作为执行名义。但 2019 年 11 月 12 日最高人民法院审议通过的《行政协议解释》第二十四条规定最终采纳了后两种情形，未规定约定强制执行条款、直接执行行政协议的内容。笔者认为，其主要考虑为：第一，行政诉讼法目前关于非诉执行的规定中，非诉执行的依据为行政主体作出的具有单方性、强制性的行政行为。将具有双方性、合意性的行政协议直接作为非诉执行依据，没有明确的法律依据。若《行政协议解释》直接作出新的规定，将与司法解释对法律进行解释而非创设法律的定位不相符。第二，由于现行有关普通非诉执行案件的具体操作规定都是针对单方行政行为设计而成，行政协议非诉执行制度在参照普通非诉执行制度具体实施时，直接将行政协议作为执行依据将遇见一系列难以克服的问题，具体问题将在下文中予以阐述。

需要注意的是，尽管《行政协议解释》未采纳第一款规定，但这并不代表协议双方当事人之间不能约定强制执行条款。第一，是否约定强制执行条款，在法理上仍属于协议双方当事人自愿选择的权利。第二，行政协议解释已明确规定约定了强制执行条款与未约定强制执行条款的情形相同，均遵循同一非诉执行申请程序，即行政主体作出处理决定、催告、申请非诉执行。因此，约定强制执行条款并不会损害协议双方当事人的合法权益。此外，协议当事人之间约定强制执行条款的，行政主体可以更加明确地按照条款约定的内容作出处理决定以及申请；人民法院在审查非诉执行申请时，在确认强制执行条款已生效的情况下，更有助于作出准许执行的裁定。

三、行政协议非诉执行制度的具体执行

根据《行政协议解释》第二十四条规定，行政协议非诉执行的具体操作参照普通非诉执行制度，但行政协议争议与普通行政诉讼案件仍存在多方面的差异，就行政协议非诉执行案件的法律适用而言，应当分两个层次：一是

先就性质、内容等方面与现有非诉行政执行规定中最为接近的条文对应适用。二是对于没有可参照条文，或者因性质、特征等不同而不宜参照适用的，则应当根据相关法律精神或原则推断适用。

（一）适用范围

非诉执行制度仅适用于协议相对人未提起行政诉讼的情形，对于协议相对人已经提起行政诉讼，人民法院未支持协议相对人诉讼请求的，行政主体不能通过申请非诉执行方式促使协议相对人履行义务，而应当适用《最高人民法院关于适用〈中华人民共和国行政诉讼法〉的解释》（以下简称《行诉解释》）第一百五十二条第一款的规定，申请人民法院强制执行。对于协议相对人未提起诉讼的，行政主体对协议相对人的相关行为有异议的，也并非所有都需要或可以通过非诉执行予以解决。非诉执行仅适用于行政相对人不履行行政行为的情形。行政主体仅能针对已签订行政协议、协议相对人未按照协议履行义务的情形申请非诉执行。需要注意的是，这里的“协议履行”应当从实质层面进行理解，其范围包括纯粹的不履行协议义务情形，以及协议相对人通过其他方式不履行，如单方变更或解除合同等。对于不能归类于履行范围内的其他行为表现，则不宜通过非诉执行方式予以解决。以行政主体对协议相对人不订立行政协议有异议为例，如行政主体举行招拍挂，非行政主体中标后又不与行政主体签订出让合同的。针对此情形，实践中可能有以下处理路径：一是直接申请非诉执行。二是作出新的行政处理决定，之后申请非诉执行。三是根据事先的规定直接作出处理。相比而言，非诉执行制度仅适用于协议履行范围更为合理，主要理由为：第一，更符合《行诉解释》的字义理解。第二，不能归类于履行的其他行为，通常也不符合非诉执行所需具有可执行性等法定条件，如不能强制协议相对人一方订立行政协议。第三，行政主体通常有更加有效的应对措施或处理方法，如对于未按照要求的时间签订行政协议的，通常招拍挂文件会明确规定相应的法律后果，如没收保证金等。对于行政主体可以通过单方解除协议等方式予以处理的，亦无须也不宜采取非诉执行方式。

（二）申请期限及催告

《行诉解释》第一百五十六条规定了普通非诉执行案件的法定期限，即自被执行人的法定起诉期限届满之日起 3 个月内提出。对于行政协议相对人而言，其在起诉期限方面采取的是不同标准，即对行政主体针对行政协议作出决定不服的适用起诉期限制度，对行政主体不履行行政协议义务等其他行为不服的适用诉讼时效制度。因此，按照征求意见稿第一款规定的情形，直接以行政协议为执行依据的，则难以参照适用。对于行政主体作出相应行政决定的情形，则可以参照非诉执行的相关规定，即行政决定的法定起诉期限届满之日起 3 个月内提出。需要注意的是，《中华人民共和国行政强制法》（以下简称《行政强制法》）第五十三条与第五十四条规定的时间条件必须同时满足，即在协议相对人履行义务期限届满后，行政主体应当催告协议相对人履行义务，催告书送达 10 日后当事人仍未履行义务的才能启动非诉执行申请程序。

关于催告的时间，是否限定于义务履行时间届满之后，相关法律规定并未明确。但根据催告制度的基本精神，通常应当在履行期限届满之后进行催告，否则对处于履行期内的协议相对人发出催告，可能使催告制度流于形式而被规避，不能实现催告的目的。在具体适用时，应当注意以下几点：第一，由于起诉期限届满时间通常要长于履行义务的期限，催告行为通常都发生在履行义务时间届满之时至起诉期限届满之前。第二，对于履行期限不明确的，协议相对人可以随时履行，行政主体也可以随时要求履行，但应当给对方必要的准备时间。第三，若催告书中限定协议相对人履行义务的时间长于 10 日的，则应当在催告书确定的履行期限届满后才可申请非诉执行。

（三）受理程序

《行诉解释》第一百五十五条第三款规定了普通非诉执行案件的受理程序。行政协议非诉执行案件可以参照该规定进行受理工作。即通常由人民法院进行形式审查，对于形式上符合申请条件的，应当在收到申请 5 日内予以受理。对于形式上不符合或实体内容明显不符合申请条件的，则应当作出不予受理裁定。在具体理解时应注意以下问题：第一，对于应当受理的，通知行政主体即可，并未要求作出裁定，也未要求通知被申请人；不予受理的，则应当作出书面裁定。第二，受理工作一般由人民法院的立案部门完成，但对于立案部门因未能或难以审查是否符合申请条件而立案受理的，行政审判部门经审查认为不符合申请条件的，仍然可以作出不予受理裁定。

相比普通行政非诉执行案件，行政协议非诉执行案件存在特殊之处，即是否需要通知协议相对人。普通非诉执行案件不需通知行政相对人，主要是对于符合受理条件的非诉执行案件，因行政相对人经送达以及催告等程序后，已对行政行为的内容完全知晓并可以合理预计行政主体将申请执行的事实。另外，行政相对人放弃诉权，通常可推定其对行政行为已认可，相应则无须再听取其意见。由于行政协议非诉案件中，因行政主体已作出处理决定，其相应的程序与普通非诉执行较为接近，参照适用即可。但对于按照征求意见稿第一款规定，行政机关未作出处理决定即申请非诉执行的，则难以直接得出前述结论。这也是未将该款予以规定的原因之一。

（四）审查内容

《行诉解释》第一百五十五条、《行政强制法》第五十五条明确规定了非诉执行的申请条件，主要有管辖、具有可执行性、申请人与被申请人、不履行义务、申请期限、催告程序等方面。行政主体应当提供相应的证据材料，证明其符合前述申请条件。申请条件是否成立，属于行政协议非诉执行案件需要审查的主要内容。实践中，人民法院应当重点审查的事项有催告、具有可执行性、不履行义务以及行政行为是否明显违反法律规定等。

一是关于催告的具体内容，相关司法解释并未作出具体限定。催告的目的是使协议相对人提前知晓行政主体将申请强制执行，督促协议相对人及时履行义务。因此，可以推定其应当包含以下两个方面的内容：第一，明确要求相对人立即或在限定的期限内履行义务。第二，明确告知相对人未履行义务的，行政主体将申请人民法院强制执行。缺乏前述内容的催告，可以推定催告的目的并未实现，视为未履行催告程序。在催告程序方面，行政协议非诉案件与普通非诉执行并无太大差别，参照执行即可。

二是关于可执行性的判断标准，需要把握以下几点：第一，行政行为已经生效，即已过起诉期限。对于行政主体作出的处理决定，审查该决定是否已过起诉期限。第二，具有可执行内容且申请执行的内容必须明确。对于普通行政行为而言，基于其单方性，其内容通常比较明确，如要处罚的数额、拆除的对象及范围等，人民法院采取强制手段即可实施。但对于行政协议而言，所需约定的内容较多，可能存在协议双方当事人约定不明确的情形，如质量、价款、地点、费用负担等。在约定不明确时，若根据法律规定可以明确的，通常视为行政协议的内容明确，即按照依法推定的内容予以执行。第三，可以采取强制手段予以实现即所需执行的内容可以代位执行。

三是不履行义务。对于普通非诉执行案件，行政相对人对行政行为所确定的义务，可以选择提起行政诉讼予以撤销，否则应当予以履行，即不履行义务通常没有其他正当理由或抗辩事由。但对于行政协议纠纷而言，相对人不履行协议义务可能存在法定的抗辩事由，即协议相对人可以不主动履行义务，也无须选择主动提起行政协议诉讼。如：对履行义务约定不明予以抗辩的，行使同时履行抗辩、先履行抗辩、不安抗辩权等。对于这些法定的抗辩理由，人民法院应当予以审查，确认抗辩理由是否成立，不宜不经审查而直接作出准予执行的裁定。相比而言，人民法院在审查行政协议非诉执行案件时，通过听取双方当事人的意见，并对双方的主张是否成立作出判断，在此基础上作出是否准予执行的裁定，可能更为稳妥。

四、行政协议非诉执行制度可能遇见的问题及发展方向

尽管新法将行政协议纳入行政诉讼范围，但协议双方当事人之间的法律关系、在诉讼中的地位等问题与新法之前由民事诉讼审查的行政合同纠纷有较多共同之处。而且，行政协议非诉执行制度的设计，主要目的之一是解决行政主体不能起诉协议相对人的问题。因此，其定位应类似于新法之前由行政主体提起的请求判令协议相对人履行协议义务之诉。换言之，行政主体享有新法之前行政合同诉讼中原告主体的诉讼权利，协议相对人则享有对应的被告主体的诉讼权利。在分析具体问题以及设计制度时，应当建立在前述理念基础之上。

（一）申请主体

对于协议相对人未履行协议义务的，签订协议一方的行政主体可以按照法定程序申请非诉执行。但对于行政协议的利害关系主体，能否参照行政主体申请非诉执行存在不同观点。

一种观点认为可以申请。主要理由有：第一，《行诉解释》第一百五十八条有类似的规定，即行政机关对平等主体之间的民事争议作出裁决后，裁决确定的权利主体在符合法定条件时，可以申请强制执行。该强制执行依法参照非诉执行，相关事项如执行对象等均与非诉执行相同。行政协议在较多方面与前述行政裁决具有相同特征，即利害关系人属于行政协议确定的权利

主体，协议相对人不履行协议义务、行政机关未申请非诉执行，利害关系人的合法权益可能因此而受到不利影响等。第二，利害关系人具有行政协议诉讼的原告主体资格，赋予其直接就行政机关提起行政协议诉讼予以救济的权利，同理也可以赋予其就协议相对人一方申请非诉执行予以救济的权利。第三，直接依据行政协议的约定，不能使利害关系人在民事诉讼中直接胜诉并得以执行，且根据合同的相对性原则，其原告主体资格仍存在争议，其他救济路径的效果远不如非诉执行方式。第四，尽管权利主体或利害关系人可以向行政机关申请履行法定职责，要求行政机关采取有效措施使其确定的权利事项予以实现或督促另一方主体履行义务。但行政主体没有直接的强制权，其采取相应措施并不能确保达到权利主体的申请目的。因此，申请履行法定职责的方式不能替代申请非诉执行的救济路径。

另一种观点认为不能申请。主要理由有：第一，非诉执行制度主要适用于行政主体申请的情形，对于其他主体的申请资格，应当有法律的明确规定。第二，就民事争议作出的行政裁决而言，行政裁决确定的权利主体是直接参与行政裁决的主体，该行政裁决作为行政行为已具备法律效力，权利主体最有效、最直接的救济方式为申请强制执行。但行政协议的利害关系人可以直接针对义务人提起民事诉讼，或申请行政机关督促协议签订一方履行义务。第三，利害关系人可以直接提起行政诉讼，其法定地位设计类似于行政诉讼的原告，其不能行使属于恒定被告地位的申请非诉执行的权利。

以上两种观点都有其合理性，且实践中也均有相应案例，有必要通过指导案例或司法文件等形式予以明确。在正式意见出台之前，认可利害关系主体的非诉执行申请资格，更有利于保护受损的合法权益，不宜否定其合法性。但需要注意的是，在实践中如何具体操作，有待于新制度的进一步确定，如能否参照行政裁决的权利主体申请非诉执行模式等。

（二）管辖法院

《行诉解释》第一百五十七条对普通行政非诉执行案件的管辖作出规定，即在级别管辖上，原则上由基层人民法院管辖，但基层人民法院认为执行确有困难的，也可以报请上级人民法院执行；在地域管辖上，原则上由行政主体所在地人民法院管辖，但执行对象为不动产的，则由不动产所在地人民法院管辖。行政协议非诉执行案件的管辖，原则上都参照前述规定予以执行，但可能存在以下问题需要进一步研究：第一，行政协议案件的诉讼管辖与非诉管辖法院不对应问题。即对于行政主体为县级以上人民政府的，协议相对人提起行政协议诉讼的，则由中级人民法院管辖。普通行政非诉执行案件的管辖不对等问题并未产生负面效果，主要原因在于：非诉执行案件建立在特殊前提下，即行政行为已经生效且行政相对人未提起诉讼的情形，根据行政行为的效力原则，可以推定行政行为具有合法性。尽管非诉与诉讼审查的对象相同，但二者审查的程度存在较大差别，非诉审查仅针对行政行为是否明显违法作出判断，因而可以推定基层人民法院可以胜任非诉审查任务。但行政协议非诉执行制度的主要目的之一是解决行政机关不能当原告的问题，其不仅审查行政协议是否明显违法，且审查协议相对人不履行义务是否有正当抗辩理由（如同时履行抗辩或先履行抗辩等），加之协议当事人之间可以就管辖问题作出约定，因而在管辖、审查程度等方面原则上应当与行政协议诉讼保持一致。且《行政协议解释》第七条对行政协议诉讼的管辖作出规定："双方当事人书面协议约定选择被告所在地、原告所在地、协议履行地、协议订立地、标的物所在地等与争议有实际联系的地点的人民法院管辖的，人民法院从其约定，但违反级别管辖和专属管辖的除外。"针对行政协议的非诉执行案件，是否作出与普通行政非诉案件不一致的规定，如按照约定进行管辖等，有待于有效规定予以明确。但在新规定出台之前，宜参照普通非诉执行案件的管辖规定执行。第二，能否提出管辖异议问题。普通非诉执行案件能否提出管辖异议，尽管目前尚无明确规定，但由于依法可以管辖的法院比较确定，且实践中较少出现当事人提出管辖异议的情形，该问题并未引起较大争议。但行政协议非诉执行制度实施之后，相对人提出管辖异议的情形可能会增多。在行政协议诉讼案件的管辖上，行政主体可以依法提出管辖异议。因此，协议相对人原则上也可就行政协议非诉执行案件提出管辖异议。但这亦有待于有效规定予以明确。

（三）审查程序

行政非诉执行也属于广义行政强制的一种，在申请的法定条件、审查程序等方面，应当同时适用《行诉解释》《行政强制法》等规定。《行诉解释》第一百六十一条，《行政强制法》第五十七条、第五十八条第一款和第二款规定了普通非诉执行案件的审查程序。在具体理解时重点关注以下几点：第一，人民法院负责非诉审查的部门。行政协议案件的非诉审查，其审查的对象仍是行政协议本身，亦应由行政审判庭负责审查，而非立案部门、民事部门或执行部门。第二，审查的期限。就普通非诉执行案件而言，可根据行政行为是否存在明显违法并损害被执行合法权益情形分为两类：不存在此类情形的限定在受理之日起 7 日内，存在此类情形的在受理之日起 30 日内。由于行政协议非诉执行是行政主体目前就此类行政协议争议寻求司法救济的唯一路径，原则上应当与普通行政协议诉讼案件的审查时间相对应。相比于普通非诉执行案件，行政协议非诉执行案件当事人之间的分歧更大，需要审查的内容更多，人民法院在 7 日或 30 日的期限内审结的难度较大，不利于行政争议的妥善处理。因此，根据具体情形适当增加行政协议非诉审查的期限有其必要性，但有待于有效规定予以明确。第三，审查方式。根据行政强制法的规定，非诉执行审查案件采取书面审查方式，原则上不需要听取当事人意见，仅在申请执行的行政行为存在明显违法情形时，人民法院可以选择是否听取当事人意见。《行诉解释》并未规定具体的审查方式，仅规定申请执行的行政行为存在明显违法情形的，人民法院应当听取当事人意见。根据前述规定，普通非诉执行案件的审查方式为：人民法院以书面审查为原则，无须听取当事人意见；对于存在明显违法情形的行政行为，人民法院应当听取双方当事人的意见。但对于行政协议非诉审查案件，协议相对人原则上应享有与行政主体参加行政协议诉讼相对等的诉讼权利，可能且依法可以提出抗辩意见，若不听取双方当事人尤其是协议相对人意见，显然不利于案件的正确处理。因此，关于行政协议非诉执行案件的审查方式，设计类似于审理行政诉讼案件的诉辩程序，可能更为合理。

（四）行政协议非诉执行案件的处理方式及救济路径

对于依法受理的非诉执行案件，人民法院经审查后有两种处理方式：裁定准予执行、裁定不予执行。《行诉解释》第一百六十一条规定了不准予执行的情形，行政行为不属于该条规定情形的，即应当准予执行。行政协议非诉执行案件原则上也仅有前述两种处理方式。但由于行政协议非诉执行制度的设计是针对行政主体不能提起诉讼问题，其本身应具有诉讼的部分重要特征，应保障行政协议双方当事人对等的诉讼权利。与诉讼相同，无论行政协议非诉申请是否准予执行，都有一方当事人可能提出异议，并进一步寻求司法救济。

一是裁定不准予执行的。需要研究两个问题：第一，不准予执行的情形是否与普通非诉执行案件完全相同。普通非诉执行案件不准予执行适用于无效行政行为的情形，通常不包含可撤销、可变更等情形。若行政协议不准予执行仅限于无效行政协议情形，显然不符合客观现实以及制度设计初衷。原则上，不准予执行裁定应当适用于所有协议相对人可以不履行义务的正当情形，如同时履行抗辩、先履行抗辩等。需要注意的是，在判断行政协议的无效时，需要兼具适用新法有关行政行为无效的规定以及《中华人民共和国民法典》有关合同无效的规定，其情形要多于普通行政行为。如行政主体胁迫相对人签订的行政协议，在特定情形下可能归类于其他明显违法并损害被执行人合法权益的范围，属于无效行政行为。第二，行政主体的救济路径是否参照普通非诉执行案件。《行诉解释》《行政强制法》规定了行政主体对不予受理、不准予执行的救济路径即向上一级人民法院申请复议，原则上行政协议非诉执行案件也参照执行。但在具体执行过程中，关于上一级人民法院的复议程序，如何作出复议裁定以及作出复议裁定后能否进一步申请再审等问题，以及各方当事人如何参与其中，并无进一步规定。因此，非诉执行的复议程序在实践中并不统一，行政协议非诉执行直接参照普通非诉执行的复议程序是否合理，因实践经验的缺乏，目前仍难以作出有效评估。另外，不准予执行的裁定等同于否定了行政主体的诉讼主张，行政主体原则上应当享有与协议相对人在行政协议诉讼中相对等的上诉权利。申请复议的权利在诉讼主张保障等方面要低于上诉权利。因此，有必要进一步明确行政协议非诉执行案件的复议程序的有关规定。

二是裁定准予执行的。需要研究两个问题：第一，协议相对人是否有进一步救济的诉讼权利或路径。现行规定并未规定准予执行裁定作出后被执行人的相关诉讼救济途径，即准予执行裁定一经作出后送达即生效，因而协议相对人也并无可寻求进一步救济的法律依据。但基于此，可能存在以下问题：其一，协议相对人不能进一步主张诉权，仅行政主体单方可进一步救济，诉讼权利并不对等。其二，行政协议非诉执行案件需要双方当事人的诉辩才能准确处理。因此，关于协议相对人对准予执行裁定不服的救济权利，有必要作出新的制度设计。关于能否就准予执行裁定申请再审问题，因申请再审属于审判监督程序，主要适用于诉讼案件，目前就普通非诉执行案件作出的裁定并不能申请再审。对于类同于诉讼制度的协议非诉执行，是否给予协议当事人申请再审的权利或申诉的权利，有必要予以进一步研究。第二，协议相对人在非诉审查过程中或准予执行裁定后提起诉讼的处理。协议相对人在认为自身合法权益未得到保障或受到损害而不履行协议义务的，在未主动提起行政协议诉讼时，可能因行政主体申请非诉执行而选择提起行政协议诉讼。由于受理行政协议非诉执行案件与受理行政协议诉讼案件的法院可能并不相同，人民法院在受理后可能通过行政主体答辩后才知晓，前述情形在立案环节难以直接作出处理。在审查环节如何处理该行政协议诉讼，仍需进一步予以研究。由于传统行政诉讼仅能由非行政主体提起诉讼，对于针对同一争议或标的提起不同诉讼的，为避免重复处理以及生效裁判相互冲突，通常将后诉予以裁定驳回，主要理由有重复起诉、诉讼标的受生效裁判所羁束等。同样，在处理此类行政协议诉讼时，原则上可以参照前述规则，但二者又不尽相同，后者应区分两种不同情形进行处理：其一，行政协议非诉案件仍处于受理审查环节的。重复起诉属于同一主体先后提起诉讼的情形，行政协议诉讼与行政协议非诉审查显然不属于同一主体提起的，将其归入重复起诉没有法律依据。另外，受生效裁判所羁束属于前诉已经生效，此时前诉并无生效裁判，显然不适用此项理由。因此，人民法院在此情形下受理行政协议诉讼为宜，主要理由为：没有法律依据限制提起此类情形的行政协议诉讼；行政协议诉讼虽然也指向行政协议争议，但其审查的重点是协议相对人的诉讼请求是否成立，具体情形可能包含多项，而行政协议非诉案件仅审查协议相对人是否应当履行协议义务，二者在需处理的法律关系和裁判对象等方面并不完全重合。如协议相对人提起行政协议诉讼要求行政主体履行协议约定的义务，行政主体申请非诉执行请求协议相对人履行协议约定的义务，在符合同时履行抗辩的情形下，协议双方当事人的主张可能都成立。此时，行政协议诉讼与非诉审查都有其存在的价值。但行政协议诉讼标的在非诉执行中已经或必将明确审查的，协议相对人则不能提起此类行政协议诉讼，如协议相对人请求确认行政协议无效的，因协议非诉执行审查必然要确认所执行的协议是否有效，则不宜重复处理。但在裁判理由选择方面，目前尚无明确的法律依据可适用，时机成熟时可以制定相关规定。其二，行政协议非诉审查已经作出裁定的。对于裁定准予执行的，协议相对人提起行政协议诉讼的限制相对更多，原则上参照未作出裁定的处理方式即可。其中，对于不宜再受理的行政协议诉讼案件，其可以适用诉讼标的受生效裁判所羁束的理由；对于裁定不准予执行的，协议相对人提起行政协议诉讼的限制应该更少，人民法院原则上应当依法受理。

此外，实践中，对于所申请执行的内容根本不可能实现，如执行标的物已经灭失的，具体处理非诉申请的方式有多种：不予受理、不准予执行、准予执行。相比而言，这三种模式可能更符合法律规定，主要理由为：《行诉解释》第一百五十五条规定的申请条件并未包含执行标的物情况，不能以此为由不予受理；非诉执行通常为书面审查，难以在审查环节确认执行标的物是否客观存在，对符合执行条件的通常都准予执行；不准予执行仅限于行政行为明显违法的情形，不包含执行标的物灭失的情形。但是，由于执行标的物已经灭失，准予执行之后如何具体实施，有必要通过有效规定进一步予以明确。

（作者单位：最高人民法院）

论责令限期拆除违法建设行为的法律属性与审查路径

——从新《行政处罚法》第九条的兜底条款出发

张祺炜

【摘要】 责令限期拆除是行政机关针对违法建设、违法占地行为常见执法手段之一，理论界及司法实践对责令限期拆除行为的性质及可诉性存在极大争议。新《行政处罚法》第九条对于责令限期拆除是否属于行政处罚并未明确，但是，该条第（六）项"法律、行政法规规定的其他行政处罚"的兜底性条款，为责令限期拆除的行政处罚性质保留了法律依据。本文引入责令限期拆除行为的"二元化"结构，如果行政机关作出责令限期拆除行为居于行政执法程序的中间环节，则将其视为一种过程性的行政命令，不具有可诉性；如果行政机关作出责令限期拆除行为居于行政执法程序的最终环节，无论其采取何种形式，均视为行政处罚，应当按照《行政处罚法》的规定履行查处程序并进行司法审查。

【关键词】 责令限期拆除　违法建设　行政命令　行政处罚　新行政处罚法

责令限期拆除是行政机关针对违法建设、违法占地行为的常见查处手段之一。无论是从法律规定，还是行政机关作出行为的具体形式来看，责令限期拆除都呈现出不同的样态，导致迄今为止，理论界及实务界对于责令限期拆除行为的性质仍存极大争议。新《行政处罚法》第九条在旧法的基础上，进一步丰富了行政处罚种类，分类更为科学合理。对于责令限期拆除是否属于行政处罚，虽然该条第（一）项至第（五）项的列举条款中并未明确，但是，该条第（六）项"法律、行政法规规定的其他行政处罚"的兜底性条款，为责令限期拆除的行政处罚性质保留了法律依据。明确责令限期拆除行为的法律属性，不仅能为行政执法程序及法律适用提供指引，避免执法不统

一、随意执法，同时，也对厘清该行为的可诉性及合法性审查标准，具有重要意义。

一、责令限期拆除行为的不同认识

责令限期拆除行为属于责令行为的一种，对于包括责令限期拆除在内的责令行为，存在行政处罚说、行政命令说、行政强制说、独立行为说、混合行为说等诸多理论纷争。实践中，将责令限期拆除行为视为行政处罚、行政命令或行政强制中某一行政行为的观点已不多见，目前较有代表性的观点主要有两类，一是将责令限期拆除视为一种有别于行政处罚、行政强制等的独立行政行为；二是根据责令限期拆除出现的执法领域不同将其区分为不同的行为。

（一）责令限期拆除是一种与行政处罚、行政强制等并列的行政行为

有观点认为，责令拆除在建违法建筑设施行为中所包含的责令停止建设和责令拆除已建成部分建筑这两层意思表示，分别能够形成两个独立责令改正行为，都属于可以独立成立生效的意思表示，不需要与之后的物理性强制行为相结合就可以发生法律效力。因而责令拆除在建违法建筑的行为在不同情形中都应该属于责令改正，而非行政强制措施。从责令改正的这一法理特质出发，可以认定它与其他种类的行政执法行为存在着本质上的不同，应当是与行政处罚、行政强制等行政行为并列的一种独立的、可型式化的行政执法行为。[①] 又如在“王某诉山东省淄博市人民政府行政复议案”中，最高人民法院认为，行政处罚是法律制裁，是对违法行为人的人身自由、财产权利的限制和剥夺，是对违法行为人精神和声誉造成损害的惩戒；而责令改正或者限期改正违法行为，其本身并不是制裁，只是要求违法行为人履行法定义务，停止违法行为，消除不良后果，恢复原状。《行政处罚法》第八条规定了行政处罚的具体种类，而责令改正或者限期改正违法行为，因各种具体违法行为不同分别表现为停止违法行为、责令退还、责令赔偿、责令改正、限期拆除等形式。[②]

笔者认为，上述观点将责令限期拆除行为从其他行政行为中独立出来，对理论上单独认识、研究此类行为有一定帮助。但是，作为一项行政执法手

---

① 黄锫：《行政执法中责令改正的法理特质与行为结构》，载《浙江学刊》2019 年第 2 期。

② 详见最高人民法院（2018）最高法行申 4718 号行政裁定书。

段，责令限期拆除归根结底还是要依附于所属行政执法领域的法律法规并按照相应的程序实施，而目前尚未有针对“责令改正”的相应程序规范，同时，上述观点也无法回应《土地管理法》等将责令限期拆除明确作为处罚类型的立法实践。因此，该观点存在理论与实践脱节之嫌。

（二）对《土地管理法》和《城乡规划法》中的责令限期拆除予以区分

《土地管理法》第八十三条规定：“依照本法规定，责令限期拆除在非法占用的土地上新建的建筑物和其他设施的，建设单位或者个人必须立即停止施工，自行拆除；对继续施工的，作出处罚决定的机关有权制止。建设单位或者个人对责令限期拆除的行政处罚决定不服的，可以在接到责令限期拆除决定之日起十五日内，向人民法院起诉……”该条明确将责令限期拆除作为行政处罚。《城乡规划法》第六十四条规定：“未取得建设工程规划许可证或者未按照建设工程规划许可证的规定进行建设的，由县级以上地方人民政府城乡规划主管部门责令停止建设……无法采取改正措施消除影响的，限期拆除，不能拆除的，没收实物或者违法收入，可以并处建设工程造价百分之十以下的罚款。”第六十八条规定：“城乡规划主管部门作出责令停止建设或者限期拆除的决定后，当事人不停止建设或者逾期不拆除的，建设工程所在地县级以上地方人民政府可以责成有关部门采取查封施工现场、强制拆除等措施。”上述条文对责令限期拆除的性质并未明确。《国务院法制办公室对陕西省人民政府法制办公室关于“责令限期拆除”是否属于行政处罚行为的请示》的复函（国法秘研函〔2012〕665号）指出，根据《行政处罚法》第二十三条关于“行政机关实施行政处罚时，应当责令改正或者限期改正违法行为”的规定，责令改正或者限期改正违法行为与行政处罚是不同的行政行为。因此，《城乡规划法》第六十四条规定的“限期拆除”、第六十八条规定的“责令限期拆除”不应当理解为行政处罚行为。基于上述答复，有观点认为，对“责令限期拆除”行为的性质，应当区分认定。自然资源主管部门依据《土地管理法》作出的“责令限期拆除”决定属于行政处罚，城乡规划主管部门依据《城乡规划法》作出的“责令限期拆除”，属于责令改正违法行为的范畴，不属于行政处罚。[1]

---

① 江必新、夏道虎主编：《中华人民共和国行政处罚法条文解读与法律适用》，中国法制出版社2021年版，第29—30页。

笔者认为，上述观点从表面上看，符合土地管理法、城乡规划法以及国务院法制办公室答复的文义，同时，也从行政执法领域的角度避免了责令限期拆除理解上的纷争。但是，此种观点与实践中普遍存在的，城乡规划主管部门依据《城乡规划法》第六十四条作出行政处罚的情形相悖，同时，也无法解答为何同一种行政行为，却因执法领域的不同而性质相异。另外，《行政处罚法》规定的行政处罚前责令改正违法行为，是从及时纠正违法行为、减少行政执法成本和对抗的角度作出的规定，而并非旨在明确处罚种类。因此，国务院法制办公室的上述答复，对责令限期拆除性质的争议并未起到一锤定音的作用。

二、明确责令限期拆除行为性质的现实意义

从表面上看，责令限期拆除行为的性质属于理论界的“概念之争”，不妨碍学者从不同的角度对其进行认识。但是，概念乃是解决法律问题所必需的和必不可少的工具。没有限定严格的专门概念，我们便不能清楚地和理性地思考法律问题。没有概念，司法活动就不能得到准确实施。[①] 长期以来，对责令限期拆除行为不同的认识，导致了行政执法及司法实践中的制度性差异，因此，对责令限期拆除行为作出较为准确、统一的定性，对该行为进行深层次理论及制度构建具有重要的现实意义。

（一）有助于明确行政决定的具体形式

责令限期拆除行为的定性，直接决定了行政机关作出相应处理决定的形式，即责令限期拆除行为所存在的载体。实践中，由于《城乡规划法》第六十四条对责令限期拆除的行政决定形式上未作明确规定，导致城乡规划主管部门进行查处时，有的以通知书的形式出现，有的以决定书的形式出现，有的以行政处罚决定书的形式出现，有的则兼具其中两种或多种形式。执法形式的不统一，无形中导致了相对人权利保护以及救济途径的不统一。新《行政处罚法》进一步明确了综合行政执法的法律地位以及将行政处罚权下沉到乡镇政府和街道办事处的要求，可以预见的是，查处违法建设作为综合行政执法及执法权下放的重点领域，其对于责令限期拆除的执法形式、程序及适

---

① ［美］E·博登海默：《法理学：法律哲学与法律方法》，邓正来译，中国政法大学出版社2004年版，第504页、第509页。

用法律的统一有着更为迫切的要求。

（二）有助于明确责令限期拆除的可诉性

相对人不服行政处罚决定的，毫无疑问可以申请行政复议或者提起诉讼，但是，责令改正型行政行为是否可诉，则存在较大争议。司法实践中，相对人针对责令限期拆除行为提起诉讼，有的裁判认为可诉，有的裁判则认为不可诉。之所以针对同一行为产生不同的裁判观点，一方面，是因为不同案件中，行政机关作出责令限期拆除行为的时间节点、目的、适用法律等各不相同，从而导致相应的责令限期拆除行为也具有不同的性质；另一方面，基于对责令限期拆除行为存在理论上的争议，从而导致了实践中裁判结果的偏差。明确责令限期拆除行为的法律属性，既可以防止本不可诉的行为遁入受案范围，也避免了法院将应当受理的案件拒之门外。

（三）有助于明确责令限期拆除行为的司法审查标准

行政行为的类型化在司法审查领域相应地体现为行政行为合法性审查的类型化，通常情况下，对于类型法定、明确的行政行为，法院只需依照相应法律进行审查即可，但对于一些新类型、定性存在争议的行政行为，则有必要深入研究其在合法性审查的范围、依据、标准、强度和裁判方式等方面的特殊性，以科学地涉及不同审理程序类型，力求个案特殊性照顾与规范普遍性标准统一，以及个案裁判争议与社会普遍性正义的统一。[①] 就责令限期拆除行为而言，如果城乡规划主管部门依据《城乡规划法》第六十四条对相对人的违法建设行为作出“行政处罚决定书”后，基于其具有行政处罚的外观，理应依照《行政处罚法》进行司法审查，但是，理论观点却认为该行为不属于行政处罚，从而导致法院适用法律无所措手，此时，明确责令限期拆除行为的性质显得尤为重要。

三、责令限期拆除行为的二元化建构

从宏观方面来看，责令限期拆除行为可出现于行政机关查处违法用地、违法建设以及破坏市容市貌等诸多执法领域；从微观方面来看，行政机关针对违法建设进行查处过程中，责令限期拆除则居于其中一个或数个环节。在

① 高家伟主编：《行政行为合法性审查类型化研究》，中国政法大学出版社2019年版，第1页。

对责令限期拆除行为进行定性的过程中，如果将其孤立地放置于某一特定行政执法环节，或者将不同的执法领域割裂开来进行分析，就很容易陷入该行为是行政处罚或不是行政处罚，该行为可诉或不可诉的简单的“意气之争”。因此，有必要从行政行为理论、法律整体结构以及行政执法实践的整体视野中，探究责令限期拆除的本质属性。

（一）理论依据：行政行为的类型化

行政行为的形态经历了由单一化向多样化不断演进的历程，不同方式的行政行为性质、特征、规则及控制机制殊异，难以被整合于同一具有特定内涵的概念之中，不同方式的行政活动有着不同的司法控制规则。[①] 这也是行政行为类型化研究的意涵之所在。行政行为类型化理论同时也意味着，对于同一类行政行为，其性质、特征以及司法审查规则应当是同样或者近似的。就责令限期拆除行为而言，无论是从字面表述还是对相对人产生的法律后果来看，在土地管理领域、规划管理领域都不存在任何区别。实践中，存在违法占地和违法建设“竞合”的现象，相对人在乡、村庄规划区违法占地从事建设，既违反《土地管理法》，可由自然资源主管部门以违法用地进行查处，也违反《城乡规划法》，可由乡镇政府以违法建设进行查处。如果按照前述的对土地管理法和城乡规划法中的责令限期拆除予以区分的理论，那么就意味着，对于相对人同样的违法行为，自然资源主管部门应当依照行政处罚程序对其查处，而乡镇政府则无须履行行政处罚程序即可对其查处，这显然是矛盾的，同时也有违行政行为类型化原则。杨海坤、章志远教授亦认为，在我国的实证法体系中，“责令类”行为的性质比较复杂，不能一概而论，如规划管理部门对无证施工单位实施的“责令停止施工”决定就是一种临时性的行政强制措施，而对无证施工单位实施的“责令限期拆除”决定就是一种行政处罚行为。[②]

（二）法律依据：通过法律体系解释认识责令限期拆除行为

从立法的角度来看，责令行为并非一概不属于行政处罚，除《土地管理法》第八十三条外，如新《行政处罚法》第九条第（四）项规定的责令停产停业、责令关闭，《旅行社条例》第四十七条规定的责令停业整顿、责令停

---

① 杨海坤、章志远：《中国行政法基本理论研究》，北京大学出版社2004年版，第208页。

② 同上注，第270页。

止非法经营等均为法律所明确为行政处罚。也就是说，“责令”本身并非区分是否行政处罚的标准。对责令限期拆除行为性质的争议主要产生于《城乡规划法》，虽然从表面上看，该法并未明确责令限期拆除是否行政处罚，但从法律体系的角度观察，仍可窥出该条规定的实质是行政处罚的端倪。首先，《城乡规划法》第六十四条规定，无法采取改正措施消除影响的，限期拆除，不能拆除的，没收实物或者违法收入，可以并处建设工程造价10%以下的罚款。该条中作为行政处罚类型的“罚款”，在适用上并不是单独存在的，而是和限期拆除“并处”，换言之，行政机关不可能单独作出一个限期拆除的行政决定，再作出一个罚款的处罚决定，二者实际上都是同一处罚决定中的不同处罚类型。其次，住房和城乡建设部发布的《关于规范城乡规划行政处罚裁量权的指导意见》第二条规定，本意见所称城乡规划行政处罚裁量权，是指城乡规划主管部门或者其他依法实施城乡规划行政处罚的部门，依据《城乡规划法》第六十四条规定，对违法建设行为实施行政处罚时享有的自主决定权。该条暗含了住房和城乡建设部亦将《城乡规划法》第六十四条规定的责令限期拆除视为行政处罚的意蕴。最后，2021年1月1日起施行的《最高人民法院关于行政案件案由的暂行规定》中，将三级案由责令限期拆除归于二级案由行政处罚中，而非二级案由行政处理中，可见最高人民法院对责令限期拆除行为亦倾向性认为属于行政处罚。

（三）实践依据：行政执法实践中责令限期拆除的具体样态

法学理论是指导实践、为实践服务的，对于责令限期拆除行为性质的理论研究，应当从实践出发，最终回归实践，如果理论研究不正视行政执法实践，会出现“你说你的，我做我的”的现象，无法为实践提供指引。通过对行政执法实践的观察可发现，不仅对于违法占地行为，自然资源主管部门依据《土地管理法》第八十三条规定作出行政处罚决定书，对于违法建设行为，城乡规划主管部门通常也是依据《城乡规划法》第六十四条规定作出行政处罚决定书，而并非有观点认为的“限期拆除决定书”。如最高人民法院公报案例“昆明威恒利商贸有限责任公司与昆明市规划局、第三人昆明市盘龙区人民政府东华街道办事处行政处罚纠纷案”中，昆明市规划局以东华街道办建设的六层综合楼属于违法建设为由，作出行政处罚决定，限东华街道办自行拆除违法所建的综合楼工程。该案中，最高人民法院亦认可责令限期拆除行为系行政处罚，并按照《行政处罚法》第三十二条规定进行了裁判。[①]又如“郁某诉江苏省如皋市综合行政执法局责令限期拆除案”中，郁某在其住宅阳台搭建钢架彩钢瓦棚，如皋执法局立案后，向郁某发出《责令改正通知书》，责令立即停止上述行为，3 日内自行拆除恢复原样。此后，如皋执法局又作出《行政处罚决定书》，责令郁某 7 日内自行拆除违法建设。[②] 如皋执法局先后作出了两次责令限期拆除的处理决定，一次是过程性的责令改正通知书，另一次是终局性的行政处罚决定书。又如“徐某诉南通市港闸区综合行政执法局责令限期拆除违法建设案”中，港闸执法局对于徐某的违法建设行为，作出《港闸城管行政处罚决定书》，责令徐某 15 日内自行拆除违法建筑。[③] 根据上述的案例可见，实践中城乡规划主管部门以行政处罚的形式责令限期拆除违法建设的情形比比皆是，且该行为亦得到了最高人民法院的认可。

（四）权利保护依据：责令限期拆除行为具有惩罚性

有观点认为，行政处罚具有惩罚性，行政处罚的法理特质则是要求行政违法者承担第二性法律义务（法律责任），通过惩罚防止其再次违反法律规范所设定的第一性法律义务；责令改正行为所针对的是行政违法者的第一性法律义务，其内容在于要求行政违法者履行第一性法律义务。这是责令改正与行政处罚两种行政执法行为之间在法理特质上的核心区别。[④] 之所以产生此种认识，主要是将违法建筑视为非法财产，即违法建筑的“无所有权说”，认为拆除违法建筑并非对相对人的惩罚。事实上，违法建筑材料来源的合法性，以及违法建筑社会危害性的非极端严重性，事关公民财产权利保护的必要性，未经有权机关依正当程序作出合理决定，对违法建筑整体之权利不能轻易被否定与剥夺。[⑤] 违法建筑本身不受法律保护，但组成建筑物的原材料属于当事人的合法财产，违法建筑是建造行为的结果，建造行为是建造人实施的事实行为，故违法建筑是建造人创造的不动产，其所有权应归属于建造

① 《最高人民法院公报》2009 年第 1 期。
② 详见江苏省南通市中级人民法院（2020）苏 06 行终 355 号行政判决书。
③ 详见江苏省南通市中级人民法院（2019）苏 06 行终 154 号行政判决书。
④ 黄锫：《行政执法中责令改正的法理特质与行为结构》，载《浙江学刊》2019 年第 2 期。
⑤ 蒋拯：《违法建筑处理制度研究》，法律出版社 2014 年版，第 268 页。

人，由建造人原始取得违建之所有权。[①] 因此，从惩罚性的角度将责令限期拆除与行政处罚区分开，理论上亦是站不住脚的。

综合上述法律、理论、实践、权利保护四个方面的分析和观察来看，责令限期拆除行为具有何种性质，并不取决于其属于何种行政执法领域，也不取决于“责令”这一外在形式，而取决于该行为在行政执法程序中的产生环节及表现样态。因此，本文尝试引入责令限期拆除行为的“二元化”结构，这种结构不是根据责令限期拆除所依附的法律，而是基于其在行政执法程序中的阶段予以区分。行政执法程序通常包括立案、调查、作出处理决定、强制执行等一系列阶段，如果行政机关作出责令限期拆除行为居于行政执法程序的中间环节，则根据新《行政处罚法》第二十八条规定的“行政机关实施行政处罚时，应当责令当事人改正或者限期改正违法行为”，将其视为一种过程性的行政命令；如果行政机关作出责令限期拆除行为居于行政执法程序的最终环节，无论其采取何种形式，均视为新《行政处罚法》第九条第（六）项规定的“法律、行政法规规定的其他行政处罚”。

四、责令限期拆除行为的司法审查路径

“行政行为的蓝本是法院的裁判。”[②] 虽然行政行为的依据一般为法律或者政策，但法院的司法裁判，尤其是最高人民法院的司法裁判确实在一定程度上起到了对行政管理事项的规则引领作用。在学理建构和立法设计之外，司法能动为反思和修正行政处罚范畴提供了崭新的视角，在法院的司法裁判之中，不仅反映出对以往理论研究和立法规范中关于行政处罚内涵和外延的坚守和肯认，而且展现出修正和弥补过往缺陷和不足的勇气和担当。[③] 虽然新《行政处罚法》未明确责令限期拆除行为是否属于行政处罚，但是，在责令限期拆除行为的二元结构模式下，责令限期拆除行为的性质及法律适用思路已相对明晰，通过法院对此类行为审查并作出相应裁判，对促进行政机关作出责令限期拆除行为时正确适用新《行政处罚法》及相应部门法，依法保

---

① 王洪平：《公私法交融视域下的违法建筑问题研究》，中国人民大学出版社 2020 年版，第 180 页。

② ［德］奥托·迈耶：《德国行政法》，刘飞译，商务印书馆 2013 年版，第 100 页。

③ 章志远：《行政法学基本范畴研究——基于经典案例的视角》，北京大学出版社 2018 年版，第 227 页。

护相对人合法权益，具有重要的现实意义。

（一）责令限期拆除行为的可诉性

通常情况下，当责令限期拆除作为行政处罚出现时，毫无疑问具有可诉性，当该行为作为过程性行为出现时，基于行政行为的成熟性标准，一般不属于行政诉讼受案范围。如“朱某诉南通市崇川区城市管理行政执法局责令改正通知书案”中，法院认为，被诉《责令改正通知书》是崇川城管局对违法建设行为进行处罚的阶段性行为，从《责令改正通知书》所载“逾期未改正的，本机关将依法予以行政处罚”的内容来看，表明在朱某逾期未改正的情况下，崇川城管局将作出后续的处罚决定。朱某对《责令改正通知书》提起行政诉讼的时机尚不成熟，应予驳回。①

对于行政机关作出的无行政处罚之名，但有行政处罚之实的责令限期拆除行为，则应当根据具体情况判断其可诉性。如“天津某科技有限公司诉天津市规划和自然资源局责令限期拆除通知案”中，最高人民法院认为，本案《责令改正通知书》虽名为通知，但其内容为责令该公司限期拆除所有构筑物及附属设施，恢复养殖池原貌，实际效果等同于限期拆除的行政决定，属于对相对人不利之处分，并直接发生法律效果，属于可诉的行政行为。②

实践中，还存在行政机关作出《责令限期拆除通知》后，在未做出处罚决定的情况下，在很短时间内即实施了针对违法建筑的拆除行为，如果相对人提起诉讼时建筑已被拆除，从提高诉讼效率、避免当事人诉累以及实质解决纠纷的角度，可考虑指引当事人针对最终的拆除行为提起诉讼，法院对是否属于违法建设、行政机关适用法律、程序是否合法一并予以审查。如韦某诉南通市崇川区综合行政执法局、南通市崇川区城东街道办事处查处违法建设的案件中，崇川综合执法局对韦某违法建设立案查处，并向其作出《责令改正通知书》，责令其两日内自行拆除违法建设，韦某对《责令改正通知书》不服提起诉讼过程中，崇川执法局、城东街办拆除了案涉违法建筑，韦某又对拆除行为提起诉讼。法院向韦某释明后，韦某撤回了对责令改正通知书的诉讼，法院经审理，确认崇川执法局、城东街办强制拆除韦某南侧院内建筑

① 详见江苏省南通市中级人民法院（2017）苏06行终624号行政裁定书。

② 详见最高人民法院（2020）最高法行再248号行政裁定书。

物的行为违法。[①]

（二）对责令限期拆除行为的实体审查

法院对责令限期拆除行为的实体审查内容主要包括，当事人的建设行为是否属于违法建设，行政机关对建筑物的性质、面积、建造时间等认定是否准确，认定违法建筑物无法采取改正措施消除影响是否具有相应的依据等。行政机关对违法建筑面积、性质的认定，通常是经过了测绘部门的专业技术判断，在没有明显且重大违法之情形下，一般应当尊重行政机关的判断。

行政诉讼以合法性审查为原则，但机械式的合法性审查不能满足实践需求，《行政诉讼法》第七十条第（六）项规定了“明显不当的”行政行为属于可撤销行为。这是一种适度的合理性审查，这种审查从某种意义上讲，属于广义的“合法性”的范畴，与行政诉讼法确立的合法性审查原则，不仅不存在冲突，而且还是对合法性审查的必要和有益补充。[②] 虽然在违法建设的查处中，严格执法可避免选择性执法、执法不统一的情况出现。但是，也可能导致执法“一刀切”的局面。对于一些争议较大、存在历史原因的农村违法建设，还是应当根据个案的具体情况判断是否“严重影响规划”，因地制宜、因时制宜、分类处置违法建设。实践中，农村违法建筑成因较多，有的是因为家庭人口增加，但基层组织已不再批准建房，有的是基于规划不合理，需要相应建、构筑物满足生产生活需要。在此情况下，应当从有利生产、方便生活且不影响周边环境、邻居等角度出发，消解法律的稳定性与现实的多样性之间的紧张关系。如“周甲诉海安市南莫镇政府要求履行查处违法建设法定职责案”中，周甲要求南莫镇政府拆除其邻居周乙建设于两户之间集体道路上的挡土墙，南莫镇政府未予拆除。法院认为，对于农村居民建设的违法建筑，如果行政机关经调查发现确实不存在严重影响规划的情况，且对周边邻居不造成影响，从而作出不予查处或者不予拆除的处理决定，可以认定行政机关已经履行了查处职责。南莫镇政府组织住建、城建、土管等部门到现场勘测，召开会议讨论，认定案涉挡土墙对周甲及其他村民的正常生产生活没有影响，决定对案涉挡土墙不予查处，这一结论与生效民事判决，一审

① 详见江苏省南通经济技术开发区人民法院（2020）苏0691行初579号行政裁定书、（2021）苏0691行初87号行政判决书。

② 梁凤云：《新行政诉讼法讲义》，人民法院出版社2015年版，第426—427页。

法院及本院现场察看的情况相符，结论并无不当。[①]

（三）对责令限期拆除行为的程序审查

在责令限期拆除行为的“二元化”模式下，行政机关作出的责令限期拆除行为只要具有终局性的特点，均应视为行政处罚，因此，即使行政机关作出的处理决定形式上是“通知书”“告知书”，也应当视为行政处罚，并按照行政处罚的标准进行审查。新《行政处罚法》明确规定了行政处罚的权限、法律适用、程序以及决定的作出等，无论是自然资源主管部门按照《土地管理法》进行查处，还是城乡规划主管部门按照《城乡规划法》进行查处，如果行政机关作出的终局的责令限期拆除行为未遵守全部或者部分行政处罚的程序，均应当根据其程序轻微违法还是重大违法，作出撤销或者确认违法的判决。尤其是在《城乡规划法》对相应执法程序未作明确规定的情形下，行政机关不得以法律没有明确规定为由拒绝按照《行政处罚法》的程序履行查处职责。

新《行政处罚法》第四十四条规定，行政机关在作出行政处罚决定之前，应当告知当事人拟作出的行政处罚内容及事实、理由、依据，并告知当事人依法享有的陈述、申辩、要求听证等权利。第六十三条规定了行政机关应当告知听证权利的情形。行政机关对违法建筑进行查处时，如拟作出的罚款数额较大，或者认定为违法建筑并应当拆除的面积较大时，应当给予相对人听证的权利。如前述的最高人民法院公报案例“昆明威恒利商贸有限责任公司案”中，最高人民法院认为，昆明市规划局作出昆规法罚（2006）0063号行政处罚决定之前，没有告知东华街道办作出处罚决定的事实、理由及依据和东华街道处依法享有的权利，程序违法。新《行政处罚法》第五十七条第二款规定，对情节复杂或者重大违法行为给予行政处罚，行政机关负责人应当集体讨论决定。如“南通某纺织有限公司诉南通市城市管理综合行政执法局责令限期拆除行政处罚案”中，法院认为，本案中涉及对该公司3000多平方米建筑的处理，对其权利造成重大影响，理应经过集体讨论程序，在案证据不能证明案涉处罚决定作出前已经负责人集体会议通过，市城管局所作处罚决定程序严重违法，应予撤销。[②]

① 详见江苏省南通市中级人民法院（2019）苏06行终679号行政判决书。
② 详见江苏省南通市中级人民法院（2020）苏06行终666号行政判决书。

虽然责令限期拆除行为一般应履行行政处罚程序，但是，对于正在进行的违法建设等特定情况，应当强调对违法建设的快速处理，以达到尽快减少或者消除违法建筑对社会秩序和公共利益所造成的损害之目的。行政机关在行为人实施违法建设前，已经通过适当方式提示告知，但行为人拒不听从、坚持完成建设的，或者行政机关在合理时间内即发现了行为人已实施完毕的违法建设行为，均应当视为正在进行的违法建设。[①] 针对正在进行的违法建设进行查处，行政机关可以依照《城乡规划法》第六十八条的规定作出责令限期拆除行为，一般可以不受《行政处罚法》的处罚程序及《行政强制法》的强制执行程序的限制。

（作者单位：江苏省南通市中级人民法院）

① 张祺炜：《正在进行的违法建设的强制拆除程序》，载《行政执法与行政审判》总第 71 集。

实践思考

关于集体土地上征地补偿安置方案救济途径的探讨

毛胜利　朵利民

【摘要】 在集体土地征收中涉及对征收补偿标准或者征收补偿安置方案不服的，实行复议前置或者裁决前置，称为“特殊的复议前置”情形。2021年修订前的《土地管理法实施条例》第二十五条第三款规定对征收补偿标准不服，可以向上一级人民政府申请协调；协调不成的，可以向土地征收批准机关申请裁决。也就是对集体土地征收补偿标准实行的是“协调→裁决”制。2011年原国务院法制办〔2011〕35号通知明确规定，对征地补偿、安置方案不服，应当向上一级人民政府申请复议。对集体土地征地补偿、安置方案不服，采取“协调→复议”制。究竟是执行“协调→裁决”制还是“协调→复议”制，以及复议之后能否再行提起行政诉讼救济，本文以2018年一起典型案例为引，就被征收人对集体土地征收补偿安置方案的救济途径进行探讨。

【关键词】 土地　补偿标准　协调　复议　裁决

引言

旧城改造和城市建设是当地政府发展地方经济，增加GDP总量的重要经济来源，随着土地和房地产市场的“火爆”，因土地房屋征收引发的矛盾也日益增多，大部分争议实质上是因被征收人认为补偿数额过低引起的。由于立法不足，对被征收人的权利救济途径只是概括性规定，不能充分保障被征收人的权利救济。因此被征收人往往就同一个征收行为提起若干个诉讼，几乎在征收的每一个环节都要提起，引起连锁反应，让法院对这类案件“应接不暇”。现在法院审理的很多行政案件都是因土地、房屋征收直接或者间接引起的行政案件，为了更好地化解该类行政案件，本文对直接与被征收人利益相关的征收安置补偿方案或者补偿标准的救济进行全面梳理，以期探寻畅通司法救济制度，更好地保障被征收人的合法权益。

一、问题的提出

（一）案情概括①

原告姚某系灵台县某村的一位农民。2017 年 8 月 29 日甘肃省人民政府下发甘政国土发［2017］242 号土地征拨文件批复，同意将原告居住所在村的集体土地征收为国有。2017 年 9 月 29 日，灵台县人民政府根据省政府的文件批复作出《征地补偿安置方案》。2017 年 11 月 28 日，姚某以征收补偿安置方案不合理、不合法为由，向平凉市人民政府申请行政复议。平凉市人民政府受理后，作出不予受理复议决定。姚某提起行政诉讼，请求撤销复议决定，判令平凉市人民政府依法受理复议申请。

（二）裁判情况

甘肃高院二审认为，根据《中华人民共和国行政复议法》第十三条第一款规定：“对地方各级人民政府的具体行政行为不服的，向上一级地方人民政府申请行政复议。”《中华人民共和国行政复议法实施条例》第十三条规定：“下级行政机关依照法律、法规、规章规定，经上级行政机关批准作出具体行政行为的，批准机关为被申请人。”结合《国务院法制办公室关于依法做好征地补偿安置争议行政复议工作的通知》（国法〔2011〕35 号）规定：“一……被征地集体经济组织和农民对有关市、县人民政府批准的征地补偿、安置方案不服要求裁决的，应当依照行政复议法律、法规的规定向上一级地方人民政府提出申请。”据此，对市、县人民政府批准的征地补偿、安置方案不服，可以向上一级地方人民政府申请行政复议。本案被诉的行政行为是灵台县人民政府批准作出的《征地补偿安置方案》，原告姚某作为被征收人对

---

① 一审：甘肃省白银市中级人民法院（2018）甘 04 行初 14 号；二审：甘肃省高级人民法院（2018）甘行终 575 号。一、二审裁判文书已公开发布于中国裁判文书网。

《征地补偿安置方案》不服，有权向平凉市人民政府申请行政复议，平凉市人民政府应依法受理。据此撤销驳回复议申请决定，责令平凉市人民政府依法受理。

（三）现实困境：复议抑或裁决？

集体土地征收其实分为两部分征收，一是集体土地的征收；二是对集体土地上房屋及地上附着物的征收。二者的补偿主体和补偿方式也各不一样，对土地征收的补偿主体是村委会或者村集体经济组织，村集体经济组织成员或者社员个人不能直接成为补偿主体；对集体土地上的房屋及地上附着物的补偿是以家庭为主进行补偿，直接补偿给个人。集体土地上的征收补偿与国有土地上的征收补偿无论是法律适用还是补偿方式、补偿标准都截然不同，导致补偿数额相差较大。尤其是在城郊接合部的集体土地征收，因补偿引起的矛盾更加尖锐。集体土地上的征收补偿标准，地方政府都是按照《土地管理法》第四十八条规定的补偿方式和补偿范围确定补偿标准，征地费用一般由土地补偿费、安置补助费、青苗补偿费、地上附着物和社会保障费用等组成。根据修改后的土地管理法规定，土地征收补偿标准由省、自治区、直辖市人民政府根据当地实际情况确定片区综合地价。省政府确定全省的集体土地片区综合地价标准后，市、县级人民政府根据所在地的片区综合地价确定土地补偿标准、制定地上附着物、青苗补偿标准，最终拟定征收安置补偿方案，以批准或者批复的形式对外公布，作为同一区域内的征收补偿标准。如果被征收人认为补偿偏低，不能实现“原有生活水平不降低、长远生计有保障”的补偿原则，其权利救济途径在土地管理法中并没有明确规定，但2021年修订前的《土地管理法实施条例》第二十五条第三款进行了规定，对补偿标准有异议的，由县级以上人民政府协调；协调不成的，由批准征收土地的人民政府裁决。也就是说，在行政法规中规定了被征收人对安置补偿方案中确定的补偿标准不服，应当先申请行政协调，协调不成功，向征地补偿方案的批准机关申请行政裁决，即确定的救济途径是协调→裁决制。

2011年5月18日，《国务院法制办公室关于依法做好征地补偿安置争议行政复议工作的通知》（国法〔2011〕35号）（以下简称〔2011〕35号通知）规定：“一……被征地集体经济组织和农民对有关市、县人民政府批准的征地补偿、安置方案不服要求裁决的，应当依照行政复议法律、法规的规定向上一级地方人民政府提出申请。”〔2011〕35号通知非常明确地规定对市、县人民政府批准的征地补偿、安置方案不服要求裁决的，向上一级地方人民政府提出复议申请。但该通知没有规定是否仍需先行协调，再行行政复议。最高人民法院的行政裁定中也阐述，此处的行政复议就是行政裁决，因为行政复议本质上就是行政裁决。据此，对征地补偿、安置方案不服确定的救济途径在原国务院法制办的主导下，将行政裁决变更为行政复议，也即协调→复议。

二、需要厘清征收土地方案、征地补偿安置方案和土地补偿标准的关系

在修订前的《土地管理法实施条例》第二十五条规定中分别出现了征收土地方案、征地补偿安置方案、补偿标准。为此，需要将征收土地方案、征地补偿安置方案和补偿标准的概念及相互之间的关系厘清。

（一）界定征收土地方案与征地补偿安置方案的关系

《土地管理法》第五章规定了建设用地的取得方式，建设用地的土地来源既可以是国有土地，也可以来源于农用地转为建设用地。涉及农用地转为建设用地的，应当办理农用地转用审批手续。根据用地性质和建设项目占用土地不同，农用地转为建设用地的批准权限分别由国务院和省、自治区、直辖市人民政府行使批准权。《土地管理法》规定了“两公告”，即征地批准后，由县级以上人民政府进行征地公告、征地补偿安置方案公告。《土地管理法实施条例》进一步细化市、县人民政府报批征地时需要提交的材料之一就是征收土地方案，征收土地方案经有批准权的人民政府批准后，由市、县人民政府组织实施。征收土地方案的具体内容是如何规定的？根据原国土资源部《建设用地审查报批管理办法》第十一条第三款细化的征收土地方案的具体内容，征收土地方案，应当包括征收土地的范围、种类、面积、权属，土地补偿费和安置补助标准，需要安置人员的安置途径等。第十五条第一款规定了有批准权的人民政府对征收土地方案的审查标准，即（1）被征收土地界址、地类，面积清楚、权属无争议；（2）被征收土地的补偿标准符合法律、法规规定；（3）被征收土地上需要安置人员的安置途径切实可行。对征地补偿、安置方案的公告程序，适用原国土资源部《征收土地公告办法》

（2020年3月20日失效）规定的程序。该办法第八条至第十一条规定了征地补偿安置方案的公告程序，如第八条规定："征地补偿安置方案公告应当包括下列内容：（一）本集体经济组织被征收土地的位置、地类、面积，地上附着物和青苗的种类、数量，需要安置的农业人口的数量；（二）土地补偿费的标准、数额、支付对象和支付方式；（三）安置补助费的标准、数额、支付对象和支付方式；（四）地上附着物和青苗的补偿标准和支付方式；（五）农业人员的具体安置途径；（六）其他有关征地补偿、安置的具体措施。"第十条第二款规定："有关市、县人民政府土地行政主管部门将征地补偿、安置方案报市、县人民政府审批时，应当附具被征地农村集体经济组织、农村村民或者其他权利人的意见及采纳情况……"第十一条规定："征地补偿、安置方案经批准后，由有关市、县人民政府土地行政主管部门组织实施。"根据以上对征地补偿安置规定的梳理，不难看出，征收土地方案是具有土地批准权的人民政府作出批准土地征收的审查内容之一，经批准的征收土地方案在行政法上属于行政机关内部批准行为，不具有对外效力，属于内部行政行为。征收土地方案要对外发生法律效力，需要当地土地行政主管部门根据实际征地和被征收人实际情况，将征收土地方案转换为征地补偿、安置方案，由被征收土地所在地的市、县人民政府批准。可见，对被征收人产生法律效力的是经市、县级人民政府批准的征地补偿、安置方案。可以得出结论：征收土地方案是具有征地批准权的人民政府作出的内部行政行为；征地补偿、安置方案是被征收土地所在地的市、县人民政府经批准生效的行政行为，直接对被征收人产生法律效力。作为被征收人如果对征收补偿结果不服，其权利救济途径应当是对征地补偿、安置方案请求复议，而不能对征收土地方案请求复议或者申请司法审查。

（二）要正确界定征地补偿标准与征收土地方案、征地补偿安置方案的关系

修订前的《土地管理法实施条例》第二十五条规定的补偿标准争议，到底该如何理解？根据《土地管理法实施条例》的上下文解释，结合《土地管理法》第四十八条规定的土地征收补偿标准，可以理解此处的"补偿标准"应该指的是土地补偿标准和房屋及地上附着物的补偿标准。土地补偿标准实行片区综合地价标准，分为耕地补偿和非耕地补偿。耕地补偿范围包括土地

补偿费、安置补助费以及地上附着物和青苗的补偿费。耕地补偿费的计算标准是：该耕地被征收前三年平均年产值的6倍至10倍。耕地安置补助费的计算标准是：先确定需要安置的农业人口数；再按照被征收的耕地数量除以征地前被征收单位平均每人占有耕地的数量计算（核定被征收人的征收耕地数量）；再按照该耕地被征收前3年平均年产值的4倍至6倍计算安置补助费。对于非耕地的土地补偿费标准和安置补助费标准，由省、自治区、直辖市参照耕地标准执行。无论是耕地还是非耕地的地上附着物和青苗的补偿标准，由省、自治区、直辖市规定。省、自治区、直辖市人民政府至少3年内对片区综合地价和安置补助费标准进行调整。《土地管理法》对土地补偿确立的补偿标准是被征收土地的年产值标准。但是如何确定年产值，无论是《土地管理法》还是《土地管理法实施条例》均没有明确规定，不便于具体实践操作。原国土资源部为了贯彻《国务院关于深化改革严格土地管理的决定》，就完善征地补偿安置制度，于2004年11月3日下发《关于完善征地补偿安置制度的指导意见》（国土资发〔2004〕238号，2020年3月24日失效）①，该意见从四个方面提出指导意见，主要涉及的是征地补偿标准、被征地农民安置途径、征地工作程序和征地监管。与本文有关的主要是征地补偿标准问题，在征地补偿标准中，细化了统一年产值标准的制订、统一年产值倍数的确定、征地区片综合地价的制订、土地补偿费的分配。制订征地统一年产值标准和区片综合地价的目的是为征地补偿提供依据，直接为征地服务。② 全省统一年产值标准由省级国土资源部门会同有关部门制定省域内各县（区）耕地的最低统一年产值标准，由省政府批准后公布。征地统一年产值标准是在一定区域内（以市、县行政区域为主），综合考虑被征收农用地类型、质量、等级、农民对土地的投入以及农产品价格等因素，以前三年主要农产品平均产量、价格为主要依据测算的综合收益值。统一年产值标准是计算征地补偿费用的主要依据。征地片区综合地价（也称征地片区价），是指在城镇行政区土地利用总体规划确定的建设用地范围内，依据地类、产值，土地区位、农用地等级、人均耕地数量、土地供求关系、当地经济发展水平和城镇

---

① 本部分内容均参照原国土资源部国土资发〔2004〕238号、国土资厅发〔2006〕3号、国土资发〔2008〕135号文件。

② 参见原国土资源部国土资发〔2005〕144号《关于开展制订征地统一年产值标准和征地片区综合地价工作的通知》（2020年3月24日失效）。

居民最低生活保障水平等因素，划分片区并测算的征地综合补偿标准，原则上不含地上附着物和青苗补偿费。[①] 为指导各地制订征地统一年产值标准和片区综合地价，原国土资源部下发《征地统一年产值标准测算指导性意见》和《征地片区综合地价测算指导性意见》，供各地参照执行。征地补偿标准涉及的两个参数统一年产值标准和征地片区综合地价，原国土资源部均提出了指导性意见。征地补偿标准是由省国土资源部门制定，省政府公布实施。征地补偿标准一旦确定，同一时间段内、同一行政区划内实行相同的征地补偿标准。地上附着物和青苗补偿费的补偿标准，按照规定是省级人民政府制定。标准确定与国有土地上房屋征收补偿的评估标准截然相反，它并不是按照房屋及地上附着物的评估确定补偿价格，一般根据房屋结构确定等级如框架结构、砖混结构、砖木结构等确定补偿标准、地上附着物和构筑物的补偿按照重置价格确定补偿标准，征收人与被征收人没有商量的余地。通过补偿安置方案的形式予以公示，作为补偿依据。征地补偿标准就其性质而言，是在一定时期内对不特定的征收对象反复适用的补偿标准，应属抽象行政行为。要将征地补偿标准转换为某一区域或者某一片区的征收补偿标准，就要依托土地管理部门制订的征地补偿安置方案，转换为征地补偿安置方案的主要内容，具有针对性和可操作性。征地补偿安置方案的补偿标准大多数是依据省政府公布的全省征地补偿标准和本市、县政府公布的地上附着物补偿标准组成。为此，征地补偿安置方案的实质内容就是确定征收区域内的征收补偿标准。

三、对补偿标准不服的救济途径

"标准与法律均为规范性文件，具有规范性，二者在制定主体、制定程序以及实施和监督检查等方面存在明显的区别，应属于不同性质的规范系统。"[②] 在集体土地征收中，土地管理法及其实施条例只是概括性地规定了土地补偿标准，而且补偿标准制定主体、制定程序具有多层次性、多级别性，导致补偿结果的差异性很大，成为引起征收矛盾的导火索之一。就土地补偿

① 参见原国土资源部国土资发〔2005〕144 号《关于开展制订征地统一年产值标准和征地片区综合地价工作的通知》（2020 年 3 月 24 日失效）。

② 柳经纬：《评标准法律属性论——兼谈区分标准与法律的意义》，载《人大复印资料：宪法学、行政法学》2019 年第 3 期。

标准来说，制定主体分为省级政府土地行政主管部门制定、省级政府公布，在全省范围内参照执行；市、县政府土地行政主管部门制定辖区内非耕地补偿标准、地上附着物及青苗的补偿标准。针对土地补偿标准争议的救济，2011 年 9 月 5 日《最高人民法院关于审理涉及农村集体土地行政案件若干问题的规定》第十条规定①的是“土地补偿争议”先行行政裁决。土地补偿争议包括两类争议：一是对土地补偿安置方案确定的补偿安置标准的争议，二是对根据补偿安置方案作出具体的补偿安置行为发生的争议，两类都属于土地补偿安置争议。② 对这两类争议同样主张的是行政裁决前置。为此，作为被征收人对补偿标准不服，寻求救济的途径非常单一。仅限于修订前的《土地管理法实施条例》第二十五条第三款的规定。首先，该条规定的“补偿标准”应当仅限于市、县政府制定的针对征收区域内的具体补偿标准，而不包括省级征收补偿标准和市、县政府制定的全市、县征收补偿标准。前文也已论证过，这两个征收补偿标准的表现形式应当属于规范性文件，本身不具有直接的可救济性。其次，笔者认为此处的“补偿标准”，应当是依附于征地补偿、安置方案的补偿标准。征收补偿标准依附于征地补偿、安置方案，同样对征地补偿、安置方案不服，也不能直接提起行政诉讼，应当执行相同的救济途径，即先行行政复议。从对征收补偿标准不服的救济途径的立法分析，政府应当是想从行政机关内部监督的方式予以调整。因为从政府制定征收补偿标准的论证过程来看，本身就具有很大的自由裁量空间，补偿标准的制定完全是上级政府指导行为，如果进入司法审查，审查标准缺乏法律依据，无从判断合法性，只能属于合理行政的范畴。

四、行政复议后，能否对补偿标准再行司法审查？

前面主要讨论了对征收补偿标准或者说征收安置补偿方案的复议救济途径，经过这几年的司法实践，基本上都取得一致认可。经过调研，现在对征收补偿、安置方案的司法救济仍然存在分歧。

---

① 《最高人民法院关于审理涉及农村集体土地行政案件若干问题的规定》第十条规定：“土地权利人对土地管理部门组织实施过程中确定的土地补偿有异议，直接向人民法院提起诉讼的，人民法院不予受理，但应当告知土地权利人先申请行政机关裁决。”

② 参见江必新主编：《最高人民法院关于审理涉及农村集体土地行政案件若干问题的规定理解与适用》，中国法制出版社 2013 年版，第 120 页。

第一，协调程序问题。在申请行政复议时，协调程序是否为必经程序？如果答案是肯定的，则被征收人对征收补偿安置方案不服，申请市、县人民政府协调，市、县人民政府若拒绝协调，是否又要产生一个履责之诉解决；如果协调程序不是必经程序，则被征收人可以直接申请行政复议。笔者赞同协调程序不是必经程序，理由是协调属于双方自愿基础上的平等协商，法院不可能直接判决市、县人民政府限期履行协调职责。

第二，经复议之后，对征收补偿安置方案不服的司法救济途径问题。对该问题，各地做法不一，第一种观点主张是复议终局制，不能再行起诉；第二种观点是可以起诉；第三种观点是不可诉，应附带性审查，也即应督促征收部门尽快作出征收补偿决定，引导被征收人通过起诉征收补偿决定，在征收补偿决定中审查征收补偿、安置方案的合法性。[①] 笔者倾向于第二种观点，即对征收补偿安置方案不服，经复议后，可以提起行政诉讼再行救济。理由有三：一是能够申请行政复议的行政行为，必然应当赋予其行政诉讼救济途径，除非法律有明确规定。但无论是《行政复议法》还是《土地管理法》，均没有规定对征收补偿标准不服实行复议终局救济，我们不能通过裁判形式创设复议终局的救济制度。二是《行政诉讼法》的受案范围也没有明确排除对该种行政行为不服属于行政诉讼的受案范围。三是根据前面论述，对征收安置补偿方案不服的司法审查，可以有效地落实《土地管理法》规定的“征收土地应当给予公平、合理补偿，保障被征地农民原有生活水平不降低、长远生计有保障”的征收原则，最终实质性化解行政补偿争议。

（作者单位：甘肃省甘南州中级人民法院　甘肃省高级人民法院）

---

① 《最高人民法院行政法官专业会议纪要（五）》（集体土地补偿领域）：1. 诉讼请求的释明引导与诉讼类型选择：被征收人对补偿标准、补偿安置方案、被征收房屋和土地的地类与面积认定、地上附着物与青苗补偿费计算等有异议的，可以在提起上述相关类型诉讼时一并提出；人民法院应当全面审查上述行为的合法性。

以实现抑制滥诉等功能为视角
重构我国行政诉讼收费制度

吴林轶

诉讼收费制度与当事人的诉讼权利保护直接相关，因而是各国诉讼法律制度中不可或缺的重要部分。[①] 我国最初的行政诉讼收费制度参照民事诉讼，费用相对较高，一定程度上抬高了当事人提起行政诉讼的门槛。2006 年年底国务院出台的《诉讼费用交纳办法》，实行按件收费，根据不同案件性质收取 50—100 元，得到社会公众和学界的一致认可。该办法实施后一定程度上促使了人民法院受理行政诉讼案件数量的猛增，尤其是 2015 年全国法院实行立案登记制后，行政诉讼原告滥用诉权现象日益严重，严重影响审判程序的正常运行。同时，2015 年 5 月 1 日开始实施的新《行政诉讼法》也急需新的诉讼收费规定与之衔接。国务院在 2016 年度的立法工作计划中，曾经将修改《诉讼费用交纳办法》纳入修订日程，但时至今日尚未见完成。笔者拟对我国行政诉讼收费制度进行实证研究，以抛砖引玉，希望能对我国行政诉讼制度有所助益。

一、溯源观今：现有收费制度抑制滥诉功能缺失之乱象透视

诉讼收费制度作为各国诉讼法中的一项重要的制度，与其他诉讼制度一起从不同的角度来共同维护着当事人的合法权益。[②]

（一）合理诉讼收费制度之功能

合理的诉讼收费制度对诉讼活动具有正向的促进和调节作用，反之则发

① 雷堂男、韩树军：《农民进行行政诉讼的障碍与排除》，载《国家行政学院学报》2005 年第 2 期。

② 廖永安等著：《诉讼费用研究——以当事人诉权保护为分析视角》，中国政法大学出版社 2006 年版，第 2 页。

生负向影响。[①] 笔者认为，科学、合理的诉讼收费制度设计应当具备四项功能：

1. 诉权保障功能。合理的诉讼收费制度必须全面保障当事人的诉讼权利，这是诉讼费制度的本质。[②] 诉权作为一个社会公民基本性、制度性权利，受到现代国际公约和各国宪法高度重视、普遍保护。诉讼收费制度直接影响当事人诉讼的成本收益比，无疑会左右当事人自身对于纠纷解决方式的选择。一个国家诉讼收费制度是否科学、合理，折射了该国人民受到法律保障的程度。

2. 调节案件数量功能。诉讼收费制度是以诉讼收费为工具对诉讼程序的启动进行调节，目的是控制诉讼的发生、惩戒滥诉行为、提高诉讼效率、减少诉讼成本。[③] 从世界范围看，司法资源都具有稀缺性，司法不可能解决所有的纠纷。因此在实现当事人诉权保障功能的同时，还应当设置一定高度的门槛，避免司法系统不堪负荷从而影响司法产品供应，损害民众基本诉权保障。通过科学、合理的诉讼收费制度设计，实现对进入司法解决途径案件数量的有效干预。

3. 引导程序功能。诉讼费制度直接关系到当事人的切身利益，从而对诉讼的提起和进行产生重要影响。[④] 科学、合理的诉讼收费制度能够引导当事人合理使用诉讼程序，优化司法资源配置，促进非诉讼多元化纠纷解决机制的发展，充分发挥诉讼程序的效益作用。

4. 抑制滥诉功能。“如果一旦当事人利用审判制度而不必付出一定代价，就可能导致一部分人滥诉的发生，败诉方负担原则的一个重要作用就是可以抑制滥诉。”[⑤] 现代法治国家无一例外地采取了败诉方负担诉讼费的原则进行制度设计，抑制滥诉，确保诉权正确行使。

（二）我国现行行政诉讼收费制度的沿革

我国行政诉讼收费制度存在比较明显的历史阶段。

---

① 应松年：《行政诉讼法学》，中国政法大学出版社 2000 年版，第 358 页。

② 韩波：《论我国诉讼费用管理制度的变迁与改革》，中国法制出版社 2002 年版，第 16 页。

③ 浦纯钰、王立波：《论我国诉讼费调节功能的缺失和改进》，载《经济研究导刊》2008 年第 18 期。

④ 廖永安等：《诉讼费研究——以当事人诉权保护为分析视角》，中国政法大学出版社 2006 年版，第 7 页。

⑤ 王亚新：《社会变革中的民事诉讼》，中国法制出版社 2001 年版，第 52 页。

1. 参照民事阶段。依据 1982 年《民事诉讼法（试行）》，最高人民法院 1984 年出台了《民事诉讼收费办法（试行）》。[①] 由于当时《行政诉讼法》尚未出台，人民法院审理行政案件也依据该收费办法收取诉讼费用。

2. 初步独立阶段。1989 年 7 月 12 日，最高人民法院出台《人民法院诉讼收费办法》，明确规定了行政诉讼费用的征收范围、收费标准、费用预交以及费用承担制度。

3. 按件收费阶段。2007 年 4 月 1 日起施行《诉讼费用交纳办法》，《人民法院诉讼收费办法》废止。该办法第十三条第（五）项规定，行政案件按照下列标准交纳：商标、专利、海事行政案件每件交纳 100 元，其他行政案件每件交纳 50 元。该办法第六条规定诉讼费用包括案件受理费，申请费，证人、鉴定人、翻译人员、理算人员在人民法院指定日期出庭发生的交通费、住宿费、生活费和误工补贴。

（三）现行行政诉讼收费制度存在的问题

《诉讼费用交纳办法》实施至今已 15 年有余，全国法院受理行政诉讼案件一直在大幅增长，尤其是 2015 年立案登记制实施以来，行政诉讼案件出现了井喷现象。观察当下的行政诉讼实践，存在三方面突出问题：

1. 抑制滥诉功能缺失

按照现行《诉讼费用交纳办法》对行政诉讼费用负担的规定，行政案件（商标专利、海事行政案件除外）一般交纳诉讼费 50 元，裁定不予受理或驳回起诉的不收取诉讼费用。这些规定的初衷无疑是好的，有利于降低行政相对人的诉讼成本，使公民获得司法保护的机会大为增加。这些年来，行政诉讼案件持续大幅攀升即最好的证明。但在司法实践中，特别是新《行政诉讼法》实施以来，反映出该项制度设计不仅存在备受热议的 50 元费用标准过低问题，还存在一些与建设法治国家和实现社会良善治理目标背道而驰的价值矛盾，亟待在修订行政诉讼收费制度时予以重视。比如，新《行政诉讼法》实施后，不少当事人利用立案登记制实施后行政诉讼门槛较低的机会，不当行使诉权乃至滥用诉权。这些案件往往因为不符合起诉条件，即使登记立案后进入审理程序，也会被裁定驳回起诉，法院预收的诉讼费用则需要退还当

① 廖永安等：《诉讼费用研究——以当事人诉权保护为分析视角》，中国政法大学出版社 2006 年版，第 2 页。

事人。有关数据也充分反映了这一问题，如 2016 年全国法院行政审判中，裁定驳回起诉的比例有较大增长，占审结案件的 18.2%。①

这就形成一个突出矛盾，符合起诉条件、有真实的行政争议需要解决的当事人存在诉讼成本，而不符合起诉条件乃至滥用诉权、浪费行政和司法资源的当事人却无须支付诉讼成本。在现有立案登记制的背景下，低额收费根本不能督促人们在起诉前三思而行，一些不必要的甚至是恶意的行政诉讼毫无障碍地涌向法院。

以笔者所在法院为例，2015 年 5 月 1 日至 2016 年 6 月 30 日，笔者所在两级法院共受理行政一审案件 2139 件，去除部分当事人在诉讼中不当行使诉权，但经审判人员释明、耐心解释后予以改正的案件外，进入诉讼程序但存在明显滥诉倾向的就有 382 件，占 17.9%。典型的如 H 省 Z 市某区寺坡、六里屯村民集体滥诉案，当地居民在一宗征地拆迁中反复起诉，2015 年以来共立案 116 件；还有蔡某某申请信息公开系列滥诉案，其在向 H 省监察厅提出控告举报后申请公开办理情况，并以此为由多次提起政府信息公开类行政诉讼，多达 11 件；还有刘某某因自己租赁的房屋被拆迁，在民事案件中其债权无法执行到位，为达到和政府讨价还价的目的，遂以洛阳市国土资源局、洛阳市政府为被告陆续提起了 10 件行政诉讼。

2. 调节功能失衡

根据最高人民法院公布的行政审判数据，2005 年、2006 年两年的行政一审受理案件数没有大的变化，但是自 2007 年开始，每年行政一审受理案件数开始出现大幅增长。具体数据如下表所示：②

表 1：2005—2009 年全国法院行政案件一审受理数

年度	2005	2006	2007	2008	2009
案件数	95705	95052	100683	109085	120530
增长率		-0.6%	5.96%	8.35%	10.49%

而 2010 年至 2014 年，行政诉讼案件数继续保持大幅增长的态势，全国

① 何海波：《从全国数据看〈行政诉讼法〉实施成效》，载《中国法律评论》2016 年第 3 期。

② 韦建军：《现实困境下我国行政诉讼制度的功能的研究》，对外经济贸易大学 2014 年硕士学位论文。

各级法院受理各类行政案件比前五年上升 16.3%。[①]

2015 年 5 月 1 日实施的新《行政诉讼法》扩大了行政诉讼受案范围，加之立案登记制的叠加效应，全国法院受理行政诉讼案件的数量出现了爆炸性增长，2015 年全国法院一审行政案件比 2014 年增加了 40.1%，达到了 19.88 万件。此后数年也一直在较大幅度增长，直至 2020 年出现 2007 年以来的首次下降。具体数据是：2016 年 22.5 万件，上升 13.2%；2017 年 25.1 万件，上升 11.6%；2018 年 28.4 万件，上升 13.1%；2019 年 28.4 万件，和 2018 年持平；2020 年 26.6 万件，下降 6.3%，这也是 2007 年以来的首次下降。

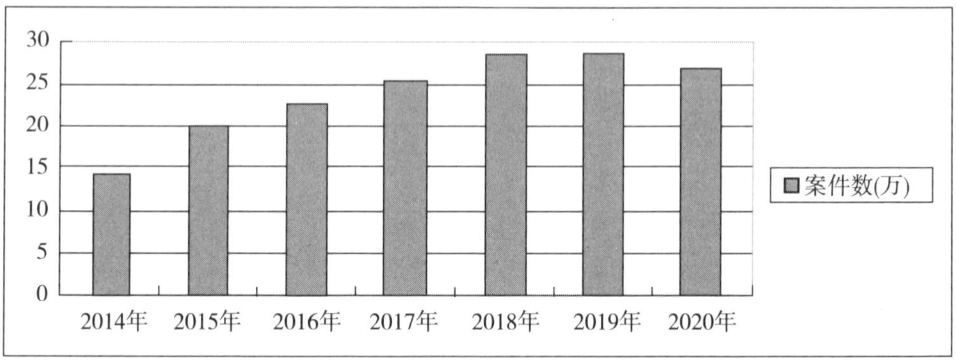

图 1：2014—2020 年全国法院行政案件一审受案数

近 15 年行政案件的持续大幅增长，固然是社会公众法律意识增强、国家行政管理事务增多等多种因素共同作用的结果，但和行政诉讼案件按件收费 50 元、100 元导致诉讼门槛过低也有直接关系。

3. 引导功能失向

《诉讼费用交纳办法》第八条规定，裁定驳回上诉的案件，无须交纳案件受理费；第十五条规定，当事人申请撤诉的，减半交纳案件受理费。上述规定表明，当事人被裁定驳回起诉的案件不会被收取案件诉讼费，而调解和撤诉案件则要减半交纳案件诉讼费。这样，一些不符合起诉条件的案件当事人从经济效益的角度上考虑宁愿选择法院驳回起诉，而不愿意撤诉或接受诉

① 单玉晓：《中国行政案件受案总数五年同比上升 16.3%》，载财新网 2015 年 11 月 3 日要闻报道，最后访问时间 2021 年 6 月 25 日。

讼调解。[①] 最高人民法院公报、工作报告等公开数据显示，《诉讼费用交纳办法》实施前，行政诉讼上诉率相对稳定，但《诉讼费用交纳办法》实施后，自 2008 年开始行政诉讼上诉率突然大幅攀升，反映出行政诉讼收费制度调整的重要影响。

二、他山之石：目前各国行政诉讼收费制度的设计及对我国行政诉讼收费制度的检视

收取诉讼费用是世界各国通行的做法，[②] 要解决我国行政诉讼收费制度存在的前述问题，还应当从诉讼费本身的定义出发，对照世界各国关于行政诉讼收费制度，对我国现行制度进行检视，从而找到解决之道。

（一）诉讼费用的定义

关于诉讼费用的定义，学术界主要有三种观点：一是广义说，认为诉讼费用是指当事人因进行诉讼而支出的一切费用，[③] 该观点将诉讼当事人参加诉讼活动而付出的费用和所承受的经济负担均视为诉讼费用，包括裁判费用和当事人费用。例如，英国民事诉讼规则规定，诉讼费用（cost）基本上相当于诉讼成本，它包括诉讼费、法院收费、支出、开本、报酬、补偿费等。二是狭义说，仅指当事人因进行诉讼而需要向法院交纳以及向其他机构支付的费用即审判费用。[④] 三是折中说，认为诉讼费用是依照法律规定应当由诉讼当事人负担的、为进行诉讼而支出的费用。[⑤] 此种观点与狭义说的内容基本相同，但把律师费涵盖进来。如德国民事诉讼法及法院费用法即规定，诉讼费用由法院费用和律师费组成。

关于行政诉讼费用，笔者倾向于从折中说的角度上来定义，即行政诉讼费用包括诉讼费用和当事人支付的律师费用两部分。第一部分诉讼费用，是指当事人起诉时向人民法院交付的费用，包括裁判费用和裁判外费用。裁判费用是指起诉、上诉、申请执行等费用；裁判外费用主要包括鉴定、勘验、

---

① 夏群配、应万荣：《诉讼费用制度改革与反思》，载《贵州警官职业学院学报》2008 年第 2 期。

② 李广宇：《新行政诉讼法逐条注释》，法律出版社 2015 年版，第 842 页。

③ 冉崇高：《以实现诉讼费制度功能为视角论我国诉讼费制度改革》，载《法律适用》2016 年第 2 期。

④ 夏群配、应万荣：《诉讼费用制度改革与反思》，载《贵州警官职业学院学报》2008 年第 2 期。

⑤ 唐娅西：《行政诉讼费用制度研究》，电子科技大学 2008 年硕士学位论文。

公告、翻译等费用。第二部分为律师费用。律师费用并非必然发生的费用，但如果当事人在诉讼过程中委托了律师，应由引发诉讼的责任方负担。笔者主张将该部分费用纳入行政诉讼费用，主要是基于两点考虑，一是充分保障诉权，不能让当事人因担心诉讼费用负担而放弃自身合法权益追求；二是有效抑制滥诉，促使当事人在发动诉讼时对成本收益比进行充分考量，防止随意起诉。

（二）各国关于行政诉讼收费制度的设计

基于诉讼费用定义不尽相同，世界各国在行政诉讼收费制度的设计上也存在较大差异。

1. 行政诉讼费用征收

根据诉讼成本分担理论，行政诉讼费用征收解决的是诉讼过程中所耗费资源、成本在当事人和国家之间以及当事人和当事人之间如何分担的问题。诉讼成本包含两部分：一是司法成本，即国家设置司法机关所投入的资金、资源、人员等公共成本。二是诉讼当事人成本，即当事人投入诉讼要承担的必要费用。

对于应否征收诉讼费用，目前各国主要分为三种类型：

第一种是无偿模式。当事人无须支付任何费用即可发动行政诉讼，典型国家是法国、墨西哥、西班牙等。实行该种模式的国家认为，一方面，保护私权是国家责任，同时法律规定严禁当事人自力救济，国家履行责任所承担的费用无须当事人负担。另一方面，司法制度是在国民纳税的基础上得以运行的，公民在纳税时就已经包含了对诉讼费用的预支，当自身的合法权利受到他人侵害的时候，国家提供免费的司法服务是理所当然。①

第二种是有偿模式，也就是说在行政诉讼过程中当事人应当承担一定的诉讼费用。典型如德国、日本、我国台湾地区等，他们认为，首先，通过诉讼来解决争端的当事人仅仅是少数人，行政诉讼保护的是特定当事人的私权利，不能让全社会为少数人承担这部分费用，因此诉讼费用不应当由国家用公共资源加以支付；其次，诉讼费用由败诉方负担，包含有对引发诉讼责任方惩治的意义；最后，由当事人负担诉讼费用，可以有效防止滥诉、节约司法资源。

---

① 蒙科任：《论我国行政诉讼费用制度及其完善》，载《当代法学论坛》2007 年第 4 辑。

第三种是折中模式，即国家对行政诉讼实行象征性收费。这种模式认为，设立行政诉讼制度，除维护当事人私权外，还应具有一定社会目的。诉讼费用征收应当以保障当事人的基本诉权为前提，但并不一定必须实行无偿司法。若保障当事人的基本诉权与诉讼费用的征收发生冲突，要以前者的实现为指导原则。采用这种模式的典型国家是美国，法院只象征性地收取受理费、陪审团费用等裁判费用，而且一律是按件收取受理费，政府对诉讼提供巨额财政补贴，法院理案成本几乎是政府预算负担，实际上是由纳税人为诉讼当事人交诉讼费。①

2. 行政诉讼费用负担

行政诉讼费用负担是指诉讼过程中所产生的费用和开支如何转嫁给国家或者败诉方，其基础是司法成本转嫁理论。它与诉讼成本分担理论有相似之处，不过司法成本转嫁理论更注重从动态过程来分析诉讼费用的分担问题。司法成本的转嫁分为两个步骤，第一次转嫁通过当事人向法院交纳诉讼费用来实现，体现国家与当事人之间的成本分担；第二次转嫁指的是当事人负担的各种费用，在当事人相互之间进行分配，反映了当事人内部的分担。②

在世界范围内，诉讼费用负担一般以败诉方负担为原则，从而体现保障权利人充分行使诉权的基本思想。不过不少国家和地区也规定了诉讼费用负担的例外规则。如日本行政诉讼法规定，在瑕疵行政行为治愈和情况判决中，由胜诉方承担诉讼费用。③

（三）对我国现行诉讼费制度的反思

在立案登记制全面实施的背景下，我国行政诉讼滥诉现象多发，笔者认为原因可能存在如下几个方面：

1. 立法思路的偏差。《诉讼费用交纳办法》按件低收费，确实贯彻了人民法院“司法为民”的政治导向，但我们也应当清醒地看到，该办法把让老百姓“打得起官司”作为改革主要目的，片面地大幅下调行政诉讼收费标准，严重虚置了诉讼费用由败诉方负担的原则，实际上是减轻了败诉方的违法、不诚信行为成本，违背司法规律。同时，有关减半收取诉讼费的制度安

---

① 方流芳：《民事诉讼收费考》，载《中国社会科学》1993 年第 3 期。

② ［日］棚濑孝雄：《纠纷的解决与审判制度》，王亚新译，中国政法大学出版社 2004 年版，第 127 页。

③ 李广宇：《新行政诉讼法逐条注释》，法律出版社 2015 年版，第 846—847 页。

排，由于诉讼内在规律性所蕴含的对抗和当事人获取诉讼利益的期望值等因素制约，促进当事人快速、和平解决纠纷的成效并不明显。此外，在律师、鉴定机构等收费已经完全市场化的背景下，当事人的总体诉讼成本负担越来越高，“打官司难”问题难以获得根本解决。相反，由于诉讼费用低标准和立案登记制的叠加冲击，法院所受影响巨大，受案数量快速上升，会对适用简易程序、司法救助、胜诉退费等司法政策产生较大的负面影响。①

2. 当事人行为的法经济学选择。行政诉讼原告滥用诉权的原因有很多，而过低的诉讼费无疑是其中的一个重要因素。② 在任何诉讼中，国家投入的公共成本和当事人投入的私人成本都存在逆向损益关系，国家对行政诉讼投入越高，当事人承担的私人成本就越低。《诉讼费用交纳办法》实施之后，当事人启动行政诉讼是理性的、追求个人效用最大化的经济人对其权利维护方式的成本评估和收益预期比较下的必然行动策略，基本上不存在经济负担。因此，导致行政诉讼收费制度抑制滥诉的功能不能发挥作用，恶意诉讼、资源浪费行为趋于泛滥。③

总体而言，与目前世界各国的行政诉讼收费制度相比较，我国《诉讼费用交纳办法》过于强化司法资源社会效益，弱化制度的经济效益，已严重制约了成本控制、滥诉防控、社会指引等功能的发挥，④ 反而增加了当事人缠诉甚至滥诉的必然性。

三、制度重构：我国行政诉讼收费制度的设计进路

任何法律制度改革都会受到改革者所处法治环境和自身理性局限性的制约，因此不可能一蹴而就，总会有一个不断完善的过程。《诉讼费用交纳办法》实施后，诉讼费用下调确实使一部分社会成员（因原诉讼费征收标准过高而打不起官司的弱势群体）的福利得以改善。但也使诉讼费阻却不诚信行为的社会功能弱化，有限的诉讼资源被部分滥诉者不当占用。⑤ 前文所列滥

---

① 夏群配、应万荣：《诉讼费用制度改革与反思》，载《贵州警官职业学院学报》2008 年第 2 期。

② 赵克：《完善诉讼收费功能　切实保障当事人诉权》，载《人民法院报》2015 年 4 月 15 日。

③ 王明辉：《诉讼费制度调控功能的修复与强化》，载《人民司法》2016 年第 16 期。

④ 姜峰：《法院“案多人少”与国家治道变革——转型时期中国的政治与司法忧思》，载《政法论坛》2015 年第 3 期。

⑤ 徐雁：《诉讼费用制度改革的法经济学思考》，载《福建法学》2008 年第 2 期。

诉现象即是突出表现。在一定程度上，诉讼费标准高低都是小事，价值导向问题解决不好，模糊了法律的规则乃至影响实体法的良好实施，才是大问题。[①]

（一）重构行政诉讼收费制度的基本原则

行政诉讼收费制度重构既要考虑行政诉讼活动的内在要求，也要适应现代法治发展趋势，反映行政诉讼价值追求。笔者认为，重构行政诉讼收费制度应遵循三项基本原则：

1. 合法性原则。行政诉讼收费制度是国家基本法律制度的重要组成部分，重构首先要根据立法法关于立法权限的规定，解决制度的合法性问题。

2. 合理性原则。只有在合法性的基础上，建立起合理的收费制度，才会在让行政诉讼当事人更容易接近法律所宣示的正义。从我国现阶段来看，向直接利用行政诉讼法律制度这一公共产品的受益人收取部分费用既是合理的，也是必要的。[②]

3. 公开透明原则。行政诉讼费用制度与当事人切身利益相关，收费的范围、标准、规则必须公开、透明。将每个环节、每项费用的征收标准公开化，不仅有利于当事人更加便捷地行使诉权，同样有利于社会公众对司法进行有效监督。

（二）诉讼费制度改革的路径选择

1. 由全国人大进行立法。有学者提出应由人大制定统一的诉讼费用法，[③]笔者认为这一观点较为中肯，诉讼费制度是我国诉讼制度的重要组成部分，在对行政诉讼收费制度重构时，必须由有资格的立法主体制定。根据我国《立法法》第八条的规定，诉讼和仲裁制度只能制定法律，国务院无权规定行政诉讼收费制度，只有全国人大及其常委会才能以立法的形式加以规定。

2. 提高行政诉讼收费标准。曾有学者提出，重构行政诉讼收费制度，较为可取的方案是确立以“原告免交案件受理费、被告预交其他诉讼费用、原告胜诉有权请求被告负担必要诉讼支出”为特点的诉讼费用制度。[④] 笔者认

---

① 刘行：《行政诉讼费用负担亟待价值重塑》，载《法制日报》2016 年 5 月 26 日。

② 钱静：《我国行政诉讼收费合理性问题研究》，载《辽宁教育行政学院学报》2005 年第 1 期。

③ 蒙科任：《论我国行政诉讼费用制度及其完善》，载《当代法学论坛》2007 年第 3 期。

④ 沈小平：《中国行政诉讼费用制度的反思与重构》，载《中共贵州省委党校学报》2006 年第 6 期。

为其设计方向存在偏差，根据实证研究的结果，滥诉情况严重是当前行政诉讼制度中存在的问题之一，如果按照其设计方案，无疑是缘木求鱼。鉴于该情况，已经有不少人在全国人大会议上提出适当提高行政诉讼受理费用。[①] 改革行政诉讼收费制度需要在肯定原有行政诉讼收费制度以国家负担为主的基础上，根据我国目前的社会经济发展状况，考虑国家财力、物价指数、当事人收入等诸多因素，平衡国家投入与当事人支出，合理制定诉讼费交纳标准。笔者建议，不再区分案件类型，对于所有行政案件适当提高案件受理费门槛。[②]

3. 适当扩大诉讼收费范围。为抑制滥诉，由败诉方承担的诉讼费范围应适当扩大。根据笔者前文行政诉讼费用包含裁判费用和当事人律师费用的观点，由败诉方承担案件受理费和胜诉方的律师费，使“惧讼”和“好讼”两类当事人在起诉和上诉时都三思而行，有助于制裁滥讼、抑制上诉、鼓励合作，也有助于鼓励和充分补偿拥有权利和真理的一方当事人利用司法途径维护自己的权利。[③]

为防止行政诉讼当事人利用高额律师费阻却对方当事人正当行使诉权，或者在诉讼过程中有意增加律师费造成对方当事人心理负担的不良倾向，可规定在原告提交起诉状、被告提交答辩状时，将己方委托律师费用的有效票据一并提交。

4. 驳回起诉和上诉的不退费。在保留原有撤诉减半收费规定的基础上，对于驳回起诉和上诉的案件实行正常按件收费，以引导当事人正确行使诉权。

5. 完善司法救助制度。许多国家（地区）如日本、德国等均在民事诉讼法中对诉讼费的司法救济制度作出了明确规定。[④] 笔者建议，一是充分利用现在已经全面实施的法律援助制度，明确经济困难的当事人可以申请法律援助参与诉讼。二是简化法院内部诉讼费减、免、缓交的申请条件和程序，当事人只要能够证明经济确实困难（如提供低保证明），法院内部亦可简化审

---

① 李楠楠：《董中原委员：建议适当提高行政诉讼受理费用》，载中国人大新闻网 http：//npc. people. cn/n/20151103/c14576-27772768. html，最后访问时间 2022 年 5 月 16 日。

② 根据国家统计局发布的国民经济与社会发展统计公报，2020 年全国居民全年人均可支配收入为 32189 元，半个月的人均可支配收入约 1341 元，可考虑在这个数额附近确定案件受理费门槛，将其限定在社会公众尤其是存在合理诉讼需求的当事人心理可承受范围之内。

③ 傅郁林：《诉讼费用的性质与诉讼成本的承担》，载《北大法律评论》2001 年第 1 辑。

④ 廖中红：《人权保障与我国民诉法的修改》，载《现代法学》2004 年第 3 期。

批程序。

6. 建立诉讼费追缴执行制度。实现诉讼费制度功能的关键在于诉讼费最终承担者必须执行到位，因此必须建立诉讼费执行追缴制度，在裁判文书中详细地写明败诉方交纳诉讼费的期限、方式及逾期交纳要承担的法律责任。对败诉方在裁判文书规定期限内未自动补交诉讼费的，法院相关业务庭应依职权及时移送执行局单独执行诉讼费，避免胜诉方当事人利益受损和国家财政收入的流失。[①]

在我国已经全面实施立案登记制的背景下，行政诉讼收费制度改革对于行政纠纷的调控、解决有着重要意义，因此，我们必须直面现有行政诉讼收费制度的短板，并依照法经济学中关于理性经济人诉讼行为选择理论的一般原理，根据我国经济社会发展的现状，有针对性地进行制度设计，才能更好地推动行政诉讼制度健康发展。

（作者单位：郑州铁路运输中级法院）

---

① 夏群配、应万荣：《诉讼费用制度改革与反思》，载《贵州警官职业学院学报》2008 年第 2 期。

虚假婚姻登记的回归和救济

——以行政与民事诉讼竞合为视角

何　华　王美阳

我国婚姻登记包含对行政登记行为合法性和民事婚姻关系是否成立的判断，因而涉虚假婚姻登记案件易导致行政与民事案件交叉，引发行民程序处理疑难问题。对于借用、冒用或伪造他人身份信息造成的虚假婚姻登记，当事人或提起民事诉讼要求人民法院裁判离婚，或提起行政诉讼要求婚姻登记机关更正信息或撤销婚姻登记，但行政诉讼与民事诉讼程序功能与作用的不同，导致这类案件往往经行政与民事程序审理后，当事人既不能实现离婚的目的，也不能实现更改或撤销婚姻登记的目的，无法满足当事人的司法需求。这种“离婚难”“婚姻登记更正或撤销难”案件引发社会广泛关注，亦成为人民法院审理的疑难案件。现《民法典》的实施为虚假婚姻登记类似行民交叉案件的解决提供了契机，本文从个案出发，考察类案裁判文书，检视涉虚假婚姻登记案件实践中存在的问题与成因，分析传统三种解决路径的优劣，探究虚假婚姻登记的救济路径。

一、虚假婚姻登记案件审理现状

虚假婚姻登记案件具有典型的民行竞合特征，基于不同的诉讼目的，当事人会分别提起民事诉讼或行政诉讼。但由于两种诉讼目的、方式等方面的差异，无法第一时间实现当事人的诉讼目的，使得当事人在民事诉讼与行政诉讼之间徘徊，程序运行空转，影响司法权威的确立。本文选取重庆市第一中级人民法院辖区两级法院 2017—2020 年审结的全部虚假婚姻登记案件，在虚假登记原因、民行交叉情况、处理结果等方面进行类案分析。

（一）虚假婚姻登记原因多样

分析发现造成虚假婚姻登记的原因多样，既有程序上的原因，又有实体上的原因。其中，使用虚假身份信息造成的虚假婚姻登记最多，占样本总数的 56.8%，使用虚假身份信息进行婚姻登记的原因除因本人造成的虚假婚姻登记外，其余原因皆属他人盗用身份信息或婚姻登记机关程序错误。

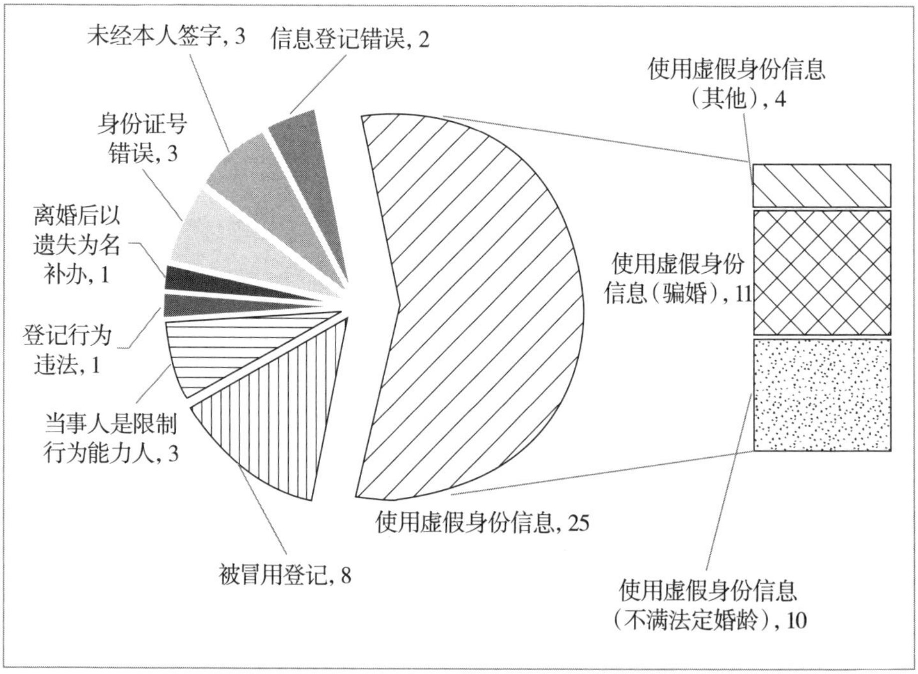

图 1：虚假登记原因分析图

（二）民事诉讼与行政诉讼交叉选择

样本案件中，有 14 件案件的当事人既提起了行政诉讼，又提起了民事诉讼。其中有 5 件案件的当事人先提起要求离婚的民事诉讼，法院判决不予离婚后，提起撤销婚姻登记的行政诉讼，以期通过行政诉讼达到离婚的目的；另有 9 件案件的当事人先行提起行政诉讼以撤销婚姻登记，但因超过起诉期限、自行撤诉等原因无法撤销婚姻登记，后提起民事诉讼。

（三）审理结果与当事人预期相差较大

1. 行政诉讼无法进入实体审理。样本案件中，34.1%的案件在行政诉讼程序未实质审查婚姻登记的合法性，以超过起诉期限、不属于行政诉讼受案范围、不具有诉讼主体资格等原因裁定驳回行政相对人的起诉。婚姻登记后，登记信息只有在特定情况下才需要查询或展示，故当事人难以第一时间发现自身权利受到侵害并寻求救济，导致提起消除虚假婚姻登记信息的诉讼时间普遍滞后，样本案例中因超过起诉期限被驳回的案件占样本总数的 22.7%。由于该类案件进入实体难、审理时间长、民行交错程序复杂等原因，20.5% 的案件当事人选择撤诉并自行协议离婚解决。

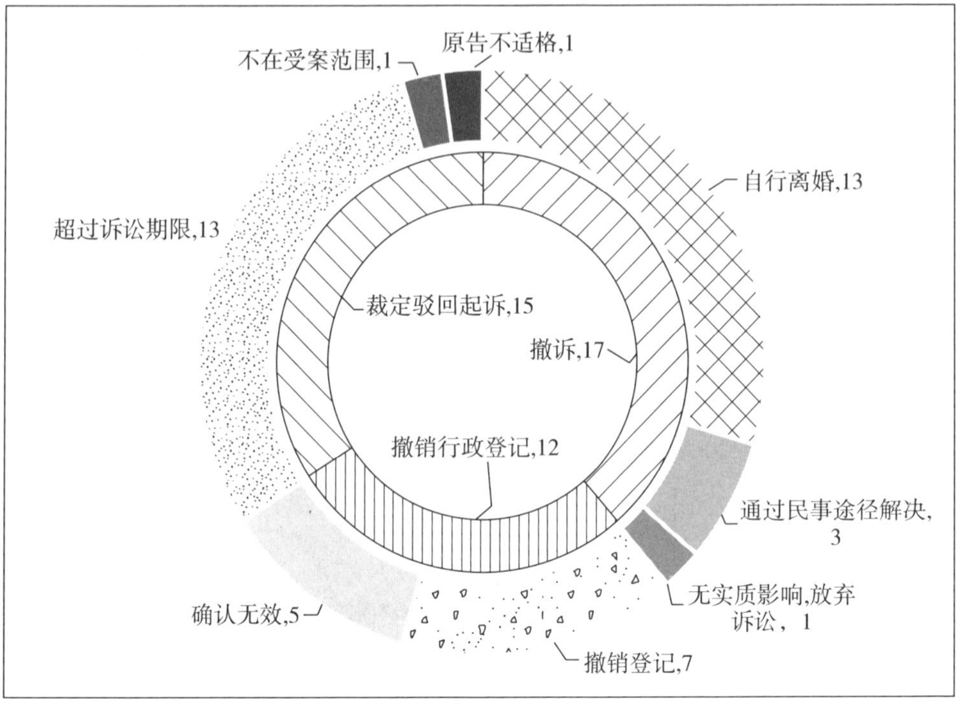

图 2：虚假婚姻登记行政案件处理结果

2. 民事诉讼无法认定婚姻关系破裂。夫妻一方通过民事诉讼解除婚姻的判断标准系夫妻双方感情是否确已破裂，而法院在认定夫妻双方感情是否破裂时采取较高标准。通过民事诉讼解除虚假婚姻关系的案件占总体样本案件比例的 30%，前述比例虽不及通过行政诉讼解决虚假婚姻登记问题案件的比例，但该部分案件皆是在行政诉讼中未能进入实体审理的案件。

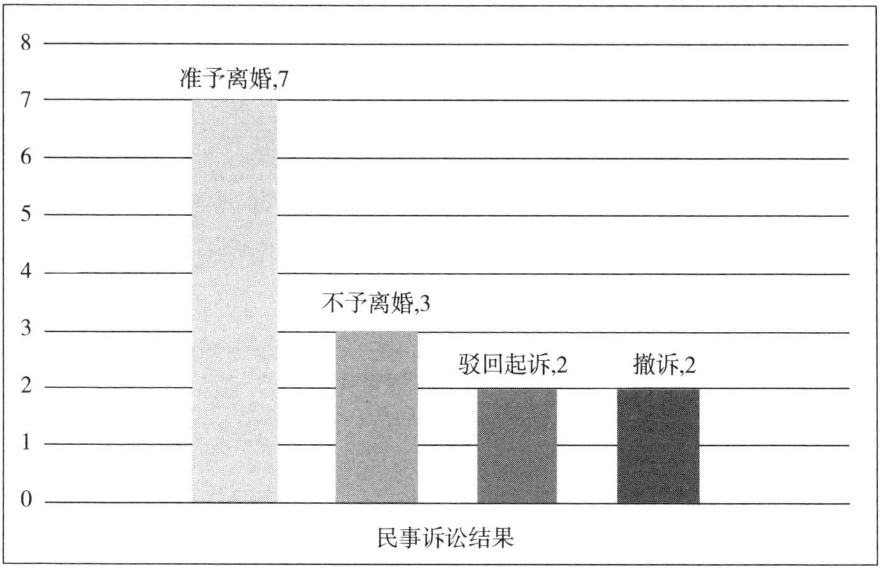

图 3：虚假婚姻登记民事案件处理结果

3. 虚假婚姻登记实质化解比例低。纵观样本案件总体处理情况，虽有 47.7%案件最终通过诉讼（包括行政诉讼、民事诉讼）达到解除婚姻的目的，但亦有 4.5%的案件遍历行政诉讼及民事诉讼仍无法解决问题，最终只能通过协议离婚自行解决。但在夫妻一方无法找到的情况下，无法达成协议离婚，解决虚假婚姻登记成为一种司法实践难题。

表 1：虚假婚姻登记实质解决问题情况

实质解决问题	25	行政诉讼解决	14
		民事诉讼解决	7
		自行解决	4
未能解决问题	19	行政诉讼+民事诉讼	2
		仅通过行政诉讼	9
		自行放弃	8

综上所述，虽涉虚假婚姻登记案的民行程序并行，但行政诉讼、民事诉讼各自存在解决问题的局限性，导致无法实质解决虚假婚姻登记问题。这种反差已经由个案差异拓展为类案差异，进而成为一种具有区域普遍性的司法

现象，需要进一步探究形成原因，并最终确立解决路径，更好地为人民群众提供优质司法服务，提升人民法院的司法权威。

二、虚假婚姻登记诉讼审理困境的成因分析

（一）婚姻登记不等同于婚姻成立

我国婚姻成立采取的是法定登记制，即婚姻关系成立系申请结婚的双方共同前往婚姻登记机关提交符合婚姻登记的证明材料，由婚姻登记机关办理婚姻登记手续并发放结婚证，至于是否符合传统的“六礼”、是否举行婚礼仪式、结婚双方私下对婚姻状态达成的协议等，皆非确定婚姻成立的必经程序。基于此，婚姻登记通过法律形式对婚姻进行约束，赋予婚姻如同不动产登记一样的绝对效力。①

为了提升婚姻的稳定性与公信力，结婚登记的主要作用在于确定婚姻关系的成立，向他人宣告个人婚姻状态，但我国传统结婚传统并不以登记为必要条件。实践中，大部分民众依然存在公开举行结婚仪式后才真正成立婚姻关系的惯性思维，认为结婚登记不等同于婚姻成立。这导致某些办理结婚仪式但未予登记的身份信息被他人冒用或者借用，造成虚假婚姻登记。

（二）行政规范不能限制婚姻自由

婚姻登记条例以保障婚姻自由为原则，给予结婚当事人相应的尊重与信任，对结婚当事人设立的限制性条件较少，宽松的结婚限制条件给结婚当事人带来结婚登记便利的同时，虚假登记行为亦层出不穷。实践中，出现虚假登记的原因和目的主要有以下几类：

第一，结婚当事人出于非婚姻目的办理结婚登记。结婚当事人没有结为夫妻的意愿，但出于买房、② 办理户口、儿童入学等目的，通过冒用他人身份信息办理结婚登记。

第二，结婚当事人对办理结婚登记手续程序的不重视。结婚当事人基于对结婚登记效力的错误认识，认为只提供符合结婚登记的身份证明等材料即可，本人没有亲自到场办理结婚登记。

---

① 姚秋英：《婚姻效力研究》，中国政法大学出版社 2013 年版，第 73 页。

② 邹平学、李卓：《虚假婚姻与宪法自由权博弈的本质分析——以住房限购政策为切入点》，载《湖北大学学报（哲学社会科学版）》2019 年第 5 期。

第三，结婚当事人客观不能办理结婚登记。结婚当事人不符合结婚的实质要件，如一方未满法定结婚年龄，但已事实上达到结婚的状态，不得已借用他人的身份信息办理结婚登记。

第四，结婚当事人出于不法目的办理结婚登记。结婚当事人一方为了达到“骗婚”“重婚”等不法目的，欺骗另一方当事人及婚姻登记机关，利用婚姻登记机关只进行形式审查的制度，提供并不存在的虚假材料，达到欺骗的目的。

（三）婚姻登记仅对登记材料形式审查

自新中国成立以来，结婚登记条例几经变革，婚姻登记机构对结婚登记材料的审查方式转向形式审查，即由申请人对自己提交材料的真实性负责，婚姻登记机关无须审查材料的真实性，默认申请人提交的材料都是真实的。这种形式审查模式下，极易出现虚假婚姻登记的情况。但为了解决虚假婚姻登记，若婚姻登记机关采取实质审查模式，则婚姻登记机关系对当事人意思自治的过度干预，也不符合结婚自由要求，故当前婚姻登记形式审查模式下难以实质解决虚假婚姻登记。

（四）民事诉讼与行政诉讼处理方式不同

民事诉讼是通过对民事权利义务关系的直接审理实现其功能，行政诉讼则是通过审查行政行为合法性的路径，间接评价原告的民事权利和利益。① 对此，立法者对两种诉讼设置了不同的程序，这些程序上的不同设置，使得当事人在行政与民事程序中会面临不同的诉讼风险，可能无法实现当事人想要的诉讼结果。在司法实践中，对于虚假婚姻登记案件的“行民交叉”，并未取得“1+1>2”的结果，甚至于因为民事诉讼与行政诉讼相互推诿以致“1+1<1”。由于民事诉讼与行政诉讼定位与分工的差异，两个领域的法官处理涉及同一事实的行政案件与民事案件，对案件的审查角度、审查方向、审查目的皆有较大差异。民事诉讼与行政诉讼案件处理结果时有差异，无法完全满足当事人的诉讼需求，最终对司法权威及公信力造成不利影响。

综上所述，由于行政诉讼与民事诉讼的价值、路径的不同，以及行政机关婚姻登记仅进行形式审查与我国婚姻传统的影响，对于涉虚假婚姻登记案

① 王玥：《行民交叉审理模式的结构主义建构——基于不动产登记的视角》，载《人民司法》2018年第28期。

件，人民法院难以在一案中既对当事人的婚姻关系是否存续做出认定，亦对婚姻登记瑕疵做出补正，故需要厘清涉虚假婚姻登记案件的行民关系，找到相应解决路径。

三、虚假婚姻登记案件诉讼模式

处理涉虚假婚姻登记案件，法院应正视该类案件既可能涉及行政诉讼又可能涉及民事诉讼，应从民事诉讼和行政诉讼各自的诉讼构造分别应对不同虚假登记行为，坚持“价值衡平、民行分野、各司其职、平行正义”的原则。

（一）虚假婚姻登记行为审理原则

1. 行政应减少对民事生活的干预。法律制度的目的之一在于实现动态正义，即在社会秩序之中平衡自主、平等、安全达成和谐。实现动态正义系在公权力的指引下，充分发挥私权利的主观能动性，但要避免公权力的过度干预。法院要充分尊重当事人意思自治，通过民事法律建立合理的社会秩序，并由其自行调节，但当社会秩序的偏误超出其自行调节的范畴，则行政规范介入其中，对其进行二次调节。婚姻登记主要目的在于确立婚姻关系，次要目的才是加强婚姻管理，减少重婚、不伦婚姻等，故婚姻登记机关仅对婚姻登记双方的材料进行形式审查，由当事人对材料真实性负责，尊重当事人意思自治，体现行政机关减少对民事生活的干预。解决虚假婚姻登记问题时，亦应坚持行政减少对民事生活的干预这一理念，厘清当事人的诉讼目的，不能因行政机关自身原因，影响当事人正常的民事生活。

2. 行政诉讼与民事诉讼指向不同。在虚假婚姻登记案件中，判断婚姻双方的婚姻效力是否存续属于民事诉讼案件范围，民事诉讼通过确认之诉裁判夫妻双方的关系是否成立，但前提在于夫妻双方的婚姻关系已然成立，而婚姻成立的唯一合法要件为婚姻登记。婚姻登记行为由婚姻登记机关作出，对于婚姻登记行为合法性的判断属于行政诉讼受案范围，行政机关通过办理婚姻登记将公权力介入民事关系的认定，因此产生的涉及该婚姻的民事诉讼和行政诉讼案件在法律事实及司法裁判结果上存在相关联系，即“行政与民事交叉案件”。就涉虚假婚姻登记的行政诉讼而言，民事诉讼的审理要点在于判断双方婚姻关系是否成立以及变更，而行政诉讼的审理要点在于登记行为的正确与否。换言之，能够对婚姻关系产生影响的只有民事诉讼，行政诉讼仅对婚姻登记机关的登记行为作出评价，不能对婚姻状态作出改变。因此，厘清虚假婚姻登记案件中的行民关系，需要认识到民事诉讼与行政诉讼的不同指向，进而确定该类案件中的行民关系。

（二）虚假婚姻登记案件诉讼模式的选择

从微观层面解决民行交叉冲突，系在宏观观念指引下，确定涉虚假婚姻登记诉讼模式。

1. 对现行三种审理路径进行比较。

其一，民事路径。通过民事程序解决虚假婚姻登记。该种观点认为婚姻登记的本质在于确定婚姻关系成立。婚姻关系属于民事范畴，对婚姻登记的正当性、合理性作出认定，属于过程性诉讼，最终依然要回归至对婚姻关系的处置。通过民事诉讼解决虚假婚姻登记问题，从婚姻的私法属性出发，以婚姻关系为核心，对虚假登记、监护权、财产分割等问题一并处理，避免当事人重复诉讼。但该种路径无法解决冒用他人信息的虚假婚姻登记，主要原因是难以判断夫妻双方感情是否确已破裂；同时亦无法解决虚构身份信息造成的虚假婚姻登记，因为难以确定有无明确的被告，可能无法进入夫妻双方感情是否确已破裂的实质判断。

其二，行政路径。通过行政程序解决虚假婚姻登记。该种观点认为一切有关婚姻关系诉讼的基础在于当事人之间婚姻成立。婚姻的成立取决于婚姻登记的合法性，而婚姻登记是民政部门做出的具体行政行为，对婚姻登记合法性的认定当然属于行政诉讼的范畴。若婚姻登记的合法性被行政诉讼所否定，婚姻关系自始不存在，民事诉讼将失去审理的基础。但该种路径无法解决过了起诉期限的虚假婚姻登记案件，因为该类案件无法进入婚姻登记行为合法性的实质审查；同时由于婚姻登记仅要求形式审查，亦难以确定婚姻登记机构作出的婚姻登记行为不合法，进而裁判撤销婚姻登记。

其三，自由路径。[1] 由当事人自行选择民事程序或行政程序解决虚假婚姻登记。相对于民事路径和行政路径的泾渭分明，自由路径并未对此划分严格的界限，充分尊重当事人的诉权及选择权。当事人根据案件情形及自身诉

① 樊非、刘兴旺、刘佳佳：《婚姻登记行政诉讼司法审查研究——以婚姻法与行政法竞合为视角》，载《法律适用》2011 年第 4 期。

求自由选择司法救济路径。若当事人根据自身需求提起两种诉讼，则遵从“先提起之诉”优先的原则。自由路径是当前司法审判中采取的主要方式。虽然该种路径具有一定的实用性，但造成当事人反复起诉，并且最终也无法解决当事人的诉讼目的，仅能通过当事人协议离婚解决，最终损害的依然是司法权威与司法公信力。

2. 根据虚假婚姻登记行为选择诉讼方向。当前三种路径各有优劣，任一路径无法完全解决所有涉虚假婚姻登记案件，需要进一步厘清虚假婚姻登记中的行民关系。

第一，区分婚姻登记的行政属性与民事属性。根据结婚当事人和婚姻登记机关在婚姻登记行为中分别所起到的作用进行划分，可将婚姻登记行为划分为两个行为：一是具有民事属性的申请登记行为，即结婚当事人向婚姻登记机关递交婚姻登记材料的行为，该行为源自当事人达成意思一致缔结契约，属于典型的民事范畴；二是具有行政属性的登记行为，即婚姻登记机关对结婚当事人所提交的材料审查后进行婚姻登记并发放结婚证的行为，属于行政机关作出的具有拘束力的具体行政行为，具有行政属性。

第二，根据虚假行为属性选择诉讼模式。虚假婚姻登记案件中，基于行政诉讼与民事诉讼在诉讼体系中所能发挥的作用不同，不同属性行为中发生的虚假行为由不同的诉讼模式进行审理。其一，申请登记行为中的虚假行为，结婚当事人向婚姻登记机关提交的婚姻登记材料有瑕疵，包括使用他人身份信息登记、使用虚假身份信息登记等，因涉及婚姻状态的实质问题，应归于民事诉讼范畴；其二，登记行为中的虚假行为，婚姻登记机关对结婚当事人所提交的材料登记错误，包括身份信息登记错误等，属于具体行政行为中的错误，归于行政诉讼范畴。

第三，行民诉讼择一而终。将虚假婚姻登记案件通过行为属性进行分类，通过民事诉讼解决虚假申请的，民事诉讼对诉讼时婚姻存续状况进行审查的同时，对于当事人提出的虚假婚姻登记问题应一并审理。通过行政诉讼消除登记错误的，仅审理虚假登记问题。对于审理结果，当事人就同一虚假行为通过另一诉讼方式再次提起诉讼的，不再受理，当事人有新证据的除外。

四、虚假婚姻登记案件的救济途径

（一）虚假婚姻民事诉讼救济途径

结婚登记是婚姻成立的前提，亦是婚姻成立的形式要件，但并不等同于婚姻成立。结婚有婚姻成立和婚姻不成立两种状态，需要由法律对其形式要件和实质要件作出评价，当事人办理结婚登记过程中缺乏相应实质要件的，应认定为婚姻不成立，不同于离婚是将婚姻关系消灭，婚姻不成立是婚姻关系自始不成立，即当事人的婚姻状况回归到虚假婚姻之前的状态。婚姻不成立具体表现在户口登记为“未婚”而非“离异”。这种方式有利于保护当事人的合法婚姻权益，不使其因受虚假婚姻而对此后的婚姻关系造成影响。

通过民事诉讼处理虚假婚姻登记的离婚案件，对于确实存在虚假婚姻登记情节的，不能一概论之宣布婚姻不成立。而应通过对当事人是否有缔结婚姻的合意进行划分以确定适用婚姻不成立或离婚。

离婚与婚姻不成立的区别在于当事人是否名实相符，即结婚登记的双方当事人是否为实际缔结婚姻的双方。在虚假婚姻登记的民事诉讼中，若当事人名实不相符，则缺乏婚姻成立实质要件，应认定婚姻不成立；若当事人名实相符，仅婚姻登记存有瑕疵问题，则双方婚姻成立，婚姻登记瑕疵并未对其婚姻关系产生影响，案件应按照普通离婚诉讼处理，对当事人做出是否予以离婚的判决。

（二）虚假婚姻行政诉讼救济途径

补正系指行政行为在程序上存在问题但未造成实体性后果的，相关主体事后于适当期限内自行弥补，从而消除程序之问题的过程。[①] 婚姻瑕疵补正制度的设立基础正是为了对轻微瑕疵的婚姻登记行为进行弥补，以消除瑕疵，保障婚姻登记行为的有效性。对婚姻登记机关登记行为瑕疵的虚假婚姻案件，该类案件的要点在于登记行为存有瑕疵，需通过行政诉讼的方式消除瑕疵。在婚姻登记存在瑕疵但对结婚双方婚姻实质不产生影响的情形下，法院可以仅对瑕疵婚姻登记行为的违法性做出认定，并责令婚姻登记机关对违法登记进行更正，以继续维持婚姻登记的法律效力。

---

① 杨登峰：《程序违法行政行为的补正》，载《法学研究》2009 年第 6 期。

《行政诉讼法》第七十条规定了“撤销并重做”的情形，第七十四条规定了“确认违法但不撤销”的情形，两类裁判模式对虚假婚姻登记的处理结果不同。

根据《行政诉讼法》第七十四条第一款第（二）项的规定，通过行政诉讼程序审理的虚假婚姻登记案件中，婚姻登记双方对缔结婚姻并无异议，婚姻登记程序瑕疵对婚姻的实质要件尤其是原告意思表示的真实性不产生实际影响，[①] 故婚姻登记无撤销之必要性，仅需确认其违法并补正瑕疵。

（作者单位：重庆市第一中级人民法院）

① 田韶华：《论婚姻登记行政诉讼的判决方式》，载《行政法学研究》2020 年第 1 期。

案例分析

合法有效的规范性文件确定的村民资格标准人民法院应当予以尊重

郭修江　谭　红

【裁判要旨】

对于村庄改造和房屋拆迁安置补偿缺乏上位法的统一、明确规定时，地方政府和职能部门结合地方的具体实际情况，依法制定规章或规章以下的规范性文件，人民法院经审查认为合法、有效且合理、适当的，应当承认其效力，并作为判断被诉拆迁安置补偿行为是否合法的根据。

【案情】

再审申请人（一审原告、二审上诉人）：尹某某、张某某、尹小某。

被申请人（一审被告、二审被上诉人）：山东省德州经济技术开发区管理委员会（以下简称德州管委会）。

尹某某原籍为袁桥乡西尹庄村，2004年10月考取济南大学读书，将户口迁至学校。2007年大学毕业，尹某某将户口迁至袁桥乡袁桥街621号（集体户）。2011年10月26日，尹某某将户口迁回原籍袁桥乡西尹庄村，与父母尹某金、张某芬登记于一个户口簿上。2012年1月11日，尹某某与张某登记结婚。同年3月14日，张某将户口迁至尹某某处。2014年12月1日，尹某某与张某之女尹小某出生，亦落户登记于该户口簿。尹某某系山东某进出口有限公司员工，自 2011 年 2 月起缴纳工伤保险，2016 年 7 月开始缴纳养老、失业、生育、医疗保险。

2007 年 3 月 17 日，德州管委会办公室作出德经开发（2007）9 号批复（以下简称 9 号批复），同意规划建设局呈报的《德州经济开发区村庄改造房屋拆迁补偿安置实施办法》（以下简称 9 号安置办法）。9 号安置办法第六条规定："以户为单位户口在本村的常住村民（常住村民指本村集体经济组织成员），本人有合法住宅，每人按 40 平方米予以房屋安置。"第十条规定："原户口在本村但已经迁出，在本村确有合法住宅的，视同本村村民（居民）给予补偿安置，其家庭成员在二口以下（含二口人）的每户给予 80 平方米安置，三口人以上（含三口人）的每户给予 120 平方米安置。"第十五条规定："符合本办法第六、七、八、九条规定的村民，以户为单位，两代以上（含两代）家庭成员共同生活，在应安置面积总和之外每户照顾 40 平方米。"2016 年 8 月，袁桥镇西尹庄村开始进行村庄改造。2016 年 12 月 22 日，山东省德州经济技术开发区袁桥镇人民政府（以下简称袁桥镇政府）向德州管委会提交德经开袁政发（2016）88 号《关于牟庄、大王等村全家非农业搬迁安置有关问题的请示》（以下简称 88 号请示），其中第二条规定："原籍在本村后迁出转为非农业人口或原农转非后又转回本村的，在本村有合法住宅。本人及子女等家庭成员合并计算，在两口人以下（含两口人）的每户给予 80 平方米安置，在三口人以上（含三口人）的每户给予 120 平方米安置。"2017 年 1 月 23 日，德州管委会作出德经开发（2017）10 号《关于对袁桥镇牟庄、大王等村全家非农业搬迁安置有关问题的批复》（以下简称 10 号批复），同意 88 号请示作为 9 号批复的补充，在全区城市规划范围内执行。

2016 年 8 月 11 日，尹某某的父母尹某金、张某芬与袁桥镇政府、山东省德州经济技术开发区袁桥镇尹庄村民委员会（以下简称尹庄村委会）、山东某公司签订房屋拆迁补偿安置协议和旧房残值处理协议，获得一套 84.69 平方米的安置楼房。同时，袁桥镇政府同意按照 9 号安置办法第十条规定，给尹某某、张某、尹小某（以下简称尹某某等 3 人）120 平方米的安置房屋（以下简称补偿安置行为）。尹某某等 3 人认为，其 3 人属于本村村民，应当适用 9 号安置办法第六条和第十五条规定，在 120 平方米基础上再照顾 40 平方米，总计应当安置 160 平方米的房屋，遂于 2017 年 5 月 12 日申请行政复议。2017 年 8 月 14 日，德州管委会作出德经复决字（2017）16 号行政复议决定（以下简称16号复议决定），认为9号安置办法第六条规定的适用条件是本村常住村民，即本村集体经济组织成员，根据《山东省实施〈中华人民共和国农村土地承包法〉办法》第六条规定，尹某某的户口迁出本村后不被认为是本村村民，其妻子张某也不符合成为本村村民的条件，请求照顾40平方米不符合政策要求。补偿安置行为事实清楚、证据确凿，适用法律、法规正确，符合法定程序，依照《中华人民共和国行政复议法》第二十八条规定，决定维持袁桥镇政府作出的补偿安置行为。2017年8月30日，尹某某等3人提起本案行政诉讼，请求撤销16号复议决定，责令其重新作出决定。

【审判】

山东省德州市中级人民法院（2017）鲁14行初142号行政判决认为，根据9号安置办法第六条和第十五条规定，只有户口在本村的常住村民，才能在应安置面积之外每户照顾40平方米。但尹某某去济南大学就读时将户口迁至学校，毕业后没有直接迁回该村，而是迁至袁桥乡袁桥街621号集体户，2011年10月才迁回其父母户口簿上，且尹某某提供的证据不能证明其具有集体经济组织成员资格。德州管委会按照9号安置办法第六条规定，对尹某某等3人予以补偿安置，是妥当合理的。依照《中华人民共和国行政诉讼法》第六十九条之规定，判决驳回尹某某等3人的诉讼请求。尹某某等3人不服，提出上诉。

山东省高级人民法院（2018）鲁行终2033号行政判决认为，尹某某不符合成为集体经济组织成员的条件，其妻子张某、女儿尹小某亦不属于尹庄村集体经济组织成员。德州管委会根据9号安置办法第六条、第十五条规定，不给尹某某等3人另行照顾的40平方米房屋，具有事实和法律根据。尹某某等3人请求一并审查德经开袁政发（2016）88号《德州经济技术开发区袁桥镇人民政府关于牟庄、大王等村全家非农业搬迁安置有关问题的请示》，但该文件系袁桥镇政府就有关事项向德州管委会请示的内部文件，不具有普遍约束力，不属于规范性文件，且并非被诉行政行为的依据。因此，对尹某某等3人一并审查88号请示的请求不予支持。依照《中华人民共和国行政诉讼法》第八十九条第一款第（一）项之规定，判决驳回上诉，维持原判决。

最高人民法院经审查认为，尹某某等3人的再审申请不符合《中华人民共和国行政诉讼法》第九十一条第（三）项、第（四）项规定的情形。依照《最高人民法院关于适用〈中华人民共和国行政诉讼法〉的解释》第一百一十八条第二款之规定，裁定驳回再审申请人尹某某、张某、尹小某的再审申请。

【评析】

本案的争议焦点系尹某某等 3 人是不是尹庄村常住村民和集体经济组织成员[①]，在该次村庄改造中除每人安置 40 平方米房屋外，应否按常住村民按户另照顾 40 平方米房屋。

《中华人民共和国行政诉讼法》第六十三条第一款、第三款规定，人民法院审理行政案件，以法律和行政法规、地方性法规为依据。地方性法规适用于本行政区域内发生的行政案件。人民法院审理行政案件，参照规章。最高人民法院印发的法（2004）96 号《关于审理行政案件适用法律规范问题的座谈会纪要》规定，人民法院经审查认为被诉行政行为依据的具体应用解释和其他规范性文件合法、有效并合理、适当的，在认定被诉具体行政行为合法性时应承认其效力。实践中，对于村庄改造房屋拆迁安置补偿缺乏上位法的统一、明确规定。地方政府和职能部门结合地方实际，依法制定规章或规章以下的规范性文件，人民法院经审查认为合法、有效并合理、适当的，应当承认其效力，并作为判断被诉拆迁补偿安置行为是否合法的根据。本案中，德州管委会为规范辖区内村庄改造房屋拆迁安置补偿工作，制定发布 9 号安置办法，批准 88 号请示作为 9 号安置办法的补充。9 号安置办法第十条规定，原户口在本村但已经迁出，在本村确有合法住宅的，视同本村村民（居民）给予补偿安置，三口人以上（含三口人）的每户给予 120 平方米安置。对于迁出后又迁回的，9 号安置办法未作规定，88 号请示明确“三口人以上（含三口人）的每户给予 120 平方米安置”。上述规定符合德州管委会辖区实际，与上位法规定不抵触，具有合理性和正当性。尹某某原户口在尹庄村，因上学将户口迁出，后又迁回，符合前述规定的安置条件。袁桥镇政府按照 9 号安置办法第十条规定给尹某某等 3 人 120 平方米的安置房，补偿安置行为合

---

① 集体经济组织成员一般是指在本集体经济组织所在村或村民小组进行生产生活，依法登记为常住户籍，并以承包本村或村民小组集体土地为基本生活保障，享受相应权利承担相应义务的村民。

法有效。16 号复议决定维持该补偿安置行为，亦无不当。一、二审判决驳回尹某某等 3 人的诉讼请求，认定事实清楚、适用法律法规正确，审判程序合法，应予以支持。

尹某某等 3 人主张，3 人是尹庄村集体经济组织成员，二审判决否定其尹庄村集体经济组织成员身份错误。对此，分析如下：《山东省实施〈中华人民共和国农村土地承包法〉办法》第六条将集体经济组织成员分为几类情形进行判断：一是本村出生且户口未迁出的，原始取得本村集体经济组织成员身份；二是与本村村民结婚或通过依法收养且户口迁入本村的，通过户籍迁移取得本村集体经济组织成员身份；三是其他将户口依法迁入本村并经村民会议三分之二以上成员或者三分之二以上村民代表同意接纳为本集体经济组织成员的，通过多数成员承认方式取得本村集体经济组织成员身份。尹某某原本系原始取得尹庄村集体经济组织成员资格，但上学将户口迁出后，不再具有该村集体经济组织成员资格。之后，尹某某将户口迁回，属于第三种取得尹庄村集体经济组织成员资格的情形。但是从本案现有事实看，尹某某没有提供充分证据证明其在安置补偿时经过三分之二村民或村民代表同意，其提供的所谓“新证据”也只能证明 2020 年 7 月 1 日经村民代表会议一致同意公示其为该村集体经济组织成员。因此，二审判决否定尹某某在安置补偿时系尹庄村集体经济组织成员身份并无不当。尹某某还主张，88 号请示与 9 号安置办法相关规定相抵触，对尹某某等 3 人不适用。但是，如前所述，88 号请示第二条填补了户口迁出又迁回情形下的规则空白，并不存在与 9 号安置办法规定相抵触的问题。尹某某户籍迁出又迁回，恰恰符合适用该规定的适用条件。9 号安置办法第六条是一般情形下“常住村民”的安置规则，在有更符合尹某某户籍迁出又迁回情形的特别安置规则时，袁桥镇政府适用该特别规则对其进行安置并无不当。

（作者单位：最高人民法院）

错误婚姻登记的救济途径

崔　科　彭　文　崔四星

【裁判要旨】

基于行政行为的确定力原理和提高行政管理效率的考量，婚姻登记机关对于错误的婚姻登记应当有权撤销或者变更。对于当事人诉请婚姻登记机关撤销错误的婚姻登记行为，人民法院一方面要尊重婚姻登记机关的首次判断权，另一方面对其因先前的错误登记行为而产生的撤销或者变更“职责”予以正确的理解，依法支持当事人的诉讼请求。

【案情】

上诉人（一审被告）：湖北省巴东县民政局（以下简称巴东县民政局）。

被上诉人（一审原告）：田某权，男。

一审第三人：谭晓某，女。

田某权与谭玉某相识恋爱后，因当时谭玉某未达到法定婚龄，2003 年 2 月 18 日，田某权与谭玉某便以谭玉某胞姐第三人谭晓某的身份证信息，向巴东县民政局提交了结婚登记申请书，巴东县民政局于当日给双方办理了鄂巴信结（2003）字第 059 号结婚登记手续。后田某权与谭玉某在田某权老家举办了婚礼，并于同年生育一女。第三人谭晓某持有 2002 年 6 月 18 日、2003 年 2 月 18 日巴东县民政局颁发的鄂巴信结（2002）字第 186 号、鄂巴信结（2003）字第 059 号结婚证，结婚证上加盖了巴东县民政局红色印章。

2018 年 8 月 31 日，田某权提起行政诉讼，以其与第三人办理的婚姻登记存在错误，请求法院依法撤销鄂巴信结（2003）字第 059 号结婚登记行政行为，后于同年 10 月 16 日申请撤诉。2020 年 4 月 19 日，田某权向巴东县民政局递交申请书，请求撤销其与第三人谭晓某之间的结婚登记，巴东县民政局没有作出答复。2020 年 6 月 23 日，田某权再次提起行政诉讼，请求依法确认巴东县民政局未依法履行行政撤销的不作为行为违法，并请求判令其依法履行法定职责，撤销鄂巴信结（2003）字第 059 号结婚登记。

【审判】

巴东县人民法院一审认为，依法履行职责是行政机关应尽的法定义务。田某权与第三人谭晓某之间存在的婚姻登记在 2003 年的办理机关是巴东县民政局，现田某权提出当时的婚姻登记错误，请求巴东县民政局解决，巴东县民政局作为一级行政机关，应对申请人的诉求作出回复。田某权在 2020 年 4 月向巴东县民政局提出撤销错误婚姻登记的申请后，巴东县民政局没有按规定作出处理，属于不履行职责的行为，依法应当认定为违法。故田某权请求确认巴东县民政局未依法履行行政撤销的不作为行为违法，并判令其依法履行法定职责，撤销其于 2003 年 2 月 18 日办理的鄂巴信结（2003）字第 059 号结婚登记的理由正当，依法应予支持。巴东县民政局提出的田某权已过起诉期限以及巴东县民政局现在不具有撤销错误婚姻登记的职责不能成立，其辩解意见不予采纳。遂判决：一、巴东县民政局没有对田某权的请求及时作出处理的行为违法。二、责令巴东县民政局于本判决生效之日起 60 日内对田某权的请求作出具体行政行为。

巴东县民政局不服，上诉称，一、田某权提起本案行政诉讼既超过了法定的起诉期限，又不符合法定的立案条件。案外人谭玉某尚未达到法定婚龄而用其胞姐谭晓某的居民身份证信息于 2003 年与田某权登记结婚，早已超过法定的起诉期限（而非诉讼时效）。二、田某权请求撤销婚姻行政登记行为的理由并非上诉人依法撤销婚姻行政登记行为的法定情形。针对非受胁迫情形的结婚登记撤销申请，如依职权主动撤销原作出的婚姻行政登记行为，省民政厅不给予网络操作的支持，将势必造成婚姻登记纸质档案信息和网络档案信息严重背离的后果，最终造成婚姻登记管理秩序混乱的局面。这显然属于行政机关滥用职权的违法情形，而非行政机关在履行职责过程中“自错应自纠”的合法情形。故请求人民法院依法驳回田某权的起诉。

田某权答辩称，一、田某权要求巴东县民政局解决婚姻登记的错误问题，巴东县民政局在两个月时间内，拒不履行法定职责，田某权依法提起诉讼，符合法律规定，没有超过起诉期限。二、巴东县民政局多次承诺解决婚姻登记的错误问题，但总是以网上信息管理方面的事情为由，不予解决。民政部门内部的婚姻登记工作机制和网络管理工作，属于其内部事务，不能剥夺公民的合法权益。故请求驳回上诉，维持原判。

二审法院认为，田某权申请结婚登记时，提交虚假材料，导致婚姻登记机关错误登记，故应承担相应责任，但是其要求解决婚姻登记错误的问题，行政机关应该依法行政，及时更正或者告知其解决问题的方法、渠道，不依法履行或者不正确履行法定职责，显然不当。行政诉讼法规定的起诉期限制度的价值是多元的，一方面维护行政法律关系的安定和社会秩序的稳定；另一方面可以敦促当事人及时行使权利，启动救济程序，及早解决行政纠纷，方便生产生活。田某权要求巴东县民政局履行法定职责，巴东县民政局在法定期限内拒不作出行政行为，田某权在法定期限内，提起行政诉讼，符合法律的规定。巴东县民政局关于本案超过起诉期限的主张，是对法律的误解。

巴东县民政局称撤销现在的婚姻登记“将势必造成婚姻登记纸质档案信息和网络档案信息严重背离的后果，最终造成婚姻登记管理秩序混乱的局面”。但因为婚姻登记中有关当事人的欺诈行为及行政机关的原因，导致“一女二嫁”长期存在的非法状态，这严重损害社会公共利益、公序良俗和其他当事人的合法权益。故婚姻登记管理机关应当按照依法行政的基本要求，坚持有错必纠、高效便民、诚实信用的原则，合理合法行政，实质解决当事人之间的争议。巴东县民政局的上诉理由不能成立，遂判决驳回上诉，维持原判。

【评析】

重婚导致婚姻无效或可撤销，是实行一夫一妻制国家（地区）法律的通例。[①] 田某权诉巴东县民政局案是因行政机关“有错难改”引发的行政诉讼，也是一起行政、刑事、民事交叉案件。因重婚既是行政法问题，也是刑法、

---

① 参见王国行：《论善意重婚中后婚当事人的法律保护》，载《法学研究》2021 年第 1 期。

民法问题。[①] 本案谭玉某通过借用他人身份证的方式与第三人进行结婚登记，田某权与第三人的错误婚姻关系如何解除，涉及一个路径的选择问题，是采用行政诉讼救济渠道，还是采用民事诉讼救济途径，值得研究。本案展示了法院解决此类问题的司法策略。

一、行政诉讼救济途径

婚姻登记行为是一种创设婚姻关系的行政行为。结婚登记是民政机关对公民自愿缔结婚姻关系的法律上的行政确认行为。民政部门的婚姻登记行为属于行政确认行为，行政审查是其婚姻登记的必经程序，包括两个方面，一是形式审查，二是实质审查。形式审查，指的是书面审查即婚姻登记机关审查当事人提交的身份证件、证明材料等是否齐全，是否符合法定形式要件。实质审查指的则是婚姻登记机关对当事人提交的证件、证明材料是否真实、合法、有效进行审查。当然，在实践中，囿于各种条件的限制，婚姻登记机关通常只进行形式审查。

本案中，田某权与谭玉某登记结婚时，因当时谭玉某未达到法定婚龄，不符合结婚条件，谭玉某借用其姐谭晓某的身份证，进行了婚姻登记。谭晓某在取得鄂巴信结（2003）字第059号结婚证时，不是其亲自去办理，其有意隐瞒，这种通过欺骗方式而骗取结婚证的行为无疑是违法行为。依据当时有效的《婚姻法》第八条规定，“结婚的男女双方必须亲自到婚姻登记机关进行结婚登记”（现为《民法典》第一千零四十九条）。谭晓某没有亲自去办理婚姻登记，而是谭玉某去办理结婚登记，婚姻登记机关给其颁发了《结婚证》，因此婚姻登记机关在形式审查中对申请婚姻登记双方提交的身份证件没有进行认真核对，没有尽到合理的审查义务，该婚姻登记行为在程序上存在瑕疵，婚姻登记机关在主观上存在过错，其实施的婚姻登记行为不符合法律的规定。故巴东县民政局为田某权和第三人谭晓某办理结婚证的婚姻登记行为已经失去了合法存在的事实基础。婚姻登记员的行为是一种渎职违法的行为，应当追究其法律责任。根据《婚姻登记条例》第十八条的规定，婚姻登记机关及其婚姻登记员为不符合婚姻登记条件的当事人办理婚姻登记的，对直接负责的主管人员和其他直接责任人员依法给予行政处分。《最高人民法院

---

① 参见徐国栋：《我国民法典应承认诚信缔结的无效婚姻效力并确立宣告婚姻无效请求权的时效》，载《上海政法学院学报》2020年第1期。

关于适用〈中华人民共和国民法典〉婚姻家庭编的解释（一）》（以下简称《婚姻家庭编解释（一）》）第十七条第二款规定："当事人以结婚登记程序存在瑕疵为由提起民事诉讼，主张撤销结婚登记的，告知其可以依法申请行政复议或者提起行政诉讼。"此规定是2011年最高人民法院《关于适用〈中华人民共和国婚姻法〉若干问题的解释（三）》第一条第二款规定的沿袭。因此，婚姻登记机关基于借用他人身份证作出的婚姻登记具有行政法上的可诉性，当事人可以选择以民政部门即巴东县民政局提起行政诉讼。最高人民法院行政审判庭在《关于婚姻登记行政案件原告资格及判决方式有关问题的答复》（法［2005］行他字第13号）中指出：婚姻关系双方或一方当事人未亲自到婚姻登记机关进行婚姻登记，且不能证明婚姻登记系男女双方的真实意思表示，当事人对该婚姻登记不服提起诉讼的，人民法院应当依法予以撤销。本案中，第三人并未亲自到婚姻登记机关进行婚姻登记，而是借用其身份证给他人，符合上述答复规定的情形，即巴东县民政局颁发的鄂巴信结（2003）字第059号结婚证失去了存在的基础。故一审法院判决巴东县民政局没有对田某权的请求及时作出处理的行为违法，责令其对田某权的请求作出具体行政行为。出于对行政首次判断权的尊重，一审判决对田某权的诉讼请求并未全部支持，即该判决并未撤销错误的婚姻登记行为。

从刑法角度看，本案第三人谭晓某拥有两个结婚证，其与田某权的鄂巴信结（2003）字第059号结婚证是其重婚的证据，构成刑法上的重婚罪。《刑法》第二百五十八条规定："有配偶而重婚的，或者明知他人有配偶而与之结婚的，处二年以下有期徒刑或者拘役。"认定重婚罪的条件是：1. 重婚罪的前婚属于合法婚姻。即，重婚罪的前婚是经过合法结婚登记手续并办理结婚证的婚姻。2. 重婚罪的后婚可以是法律婚姻，也可以是法律上认可的事实婚姻关系。本案谭晓某属领取结婚证的重婚，是法律婚姻。重婚犯罪主体分为两种人：一是重婚者，即已有配偶并且没有解除婚姻关系又与他人结婚的人。二是重婚者的对方，即明知对方有配偶而与之结婚的人。所以本案谭晓某、田某权符合重婚罪的主体。本案谭晓某、田某权也符合重婚罪犯罪的客观要件，即有配偶而重婚的，或者明知他人有配偶而与之结婚的。谭晓某有配偶又与他人登记结婚的，是法律上的重婚。田某权明知他人有配偶而与之结婚，属重婚者的对方。

本案巴东县民政局的婚姻登记行为不合法，涉案婚姻属重婚，巴东县民政局没有对田某权的请求及时作出处理的行为违法。从理论上来说，行政行为一经作出便具有确定力，其是指除非有重大、明显违法的情形，行政主体本身非经法定程序不得变更、撤销或者废止行政行为；行政相对人超过行政复议和行政诉讼期限后，不得对该行为申请行政复议或提起行政诉讼。行政行为的确定力主要是针对行政主体本身的，它的核心目的在于防止行政主体反复无常，任意变更、撤销、废止其已作出的行政行为，导致对行政相对人权益的损害。当然，行政行为的确定力也是一种相对的确定力，而不是绝对的确定力。行政相对人认为行政行为违法，可以通过行政复议或行政诉讼途径要求撤销或改变；行政主体本身如发现相应的行政行为违法或不当，任何时候都可依法定程序撤销或改变。[①] 人民法院对行政行为的司法审查标准除合法性标准外，还应包括合理性标准，以改变行政行为不合理的行使，防止行政权的滥用，保障争议双方的合法权益，节约诉讼成本，减少诉累。随着实质法治主义的发展，合理性标准已成为对行政行为进行审查的重要标准。因为合理性审查标准可以决断行政行为的实质正义，能够实质性解决当事人之间的纠纷。正如《行政诉讼法》第一条所规定的“保证人民法院公正、及时审理行政案件，解决行政争议，保护公民、法人和其他组织的合法权益，监督行政机关依法行使职权”。

合理性审查标准也引申出公序良俗原则作为判断行政行为是否合法的标准。从公序良俗原则出发，可推出行政行为的目的之一是预防犯罪，而不应鼓励犯罪。婚姻登记机关一旦发现谭晓某与田某权错误的婚姻登记，也应当依职权主动撤销其结婚证。巴东县民政局以“无权限撤销”为由拒绝纠错，称借用他人身份证件进行结婚登记的原因是“原婚姻登记系统不完善，当时尚未全国联网，婚姻登记员审查不严”所致；《婚姻登记条例》仅授权婚姻登记机关对受胁迫而为的婚姻登记行为予以撤销，而本案不属于受胁迫的情形，且田某权已过起诉期限；如依职权主动撤销，省民政厅不给予网络操作的支持，这就属于滥用职权的违法情形，非行政机关在履行职责过程中“自错应自纠”的合法情形。行政机关没有依据公序良俗的原则对错误的婚姻登记进行处理，这与保护合法婚姻、制裁违法婚姻的行政目的相悖，显属不正确履行法定职责的表现，亦违背了公序良俗原则。

① 参见姜明安：《行政法》，北京大学出版社 2017 年版，第 247—248 页。

根据行政管理的目的、预防和惩罚犯罪及公序良俗的原则，从弘扬社会主义核心价值观，宣传社会主义家庭文明新风尚的角度出发，婚姻登记机关若发现有重婚的，应及时更正，主动撤销谭晓某与田某权的结婚证。何况，本案田某权向民政局提出了撤销的请求。可以说，一、二审法院纠正婚姻登记机关的错误，并未纠结于巴东县民政局提出的“只有在双方受胁迫的情况下其才有权撤销婚姻登记”等问题。婚姻登记机关应按照法治行政的基本要求，合理合法行政，实质解决问题。因此，一、二审判决具有法治正当性。

同时，一、二审判决也为行政机关纠错提供了传导机制。一审判决确认巴东县民政局没有对田某权的请求及时作出处理的行为违法，责令其对田某权的请求作出行政行为，这种判决直接给予行政机关相应行为违法的评判，是一种以司法判决推进行政纠错的传导机制。二审判决将社会主义核心价值观融入司法，通过司法判决，弘扬社会主义核心价值观，引导、塑造人们正确的道德观、荣辱观，全面强化社会主义核心价值观引领下司法的教育功能，提高公民思想道德水平和社会道德风尚，培育人们的道德品格，矫正婚姻法治教育功能的负面效应。①

当然，依据《婚姻登记条例》的字面规定，婚姻登记机关撤销婚姻的权限仅限于胁迫情形②，主张婚姻登记错误的一方通过行政诉讼权利救济的期限为一年。在巴东县民政局主张田某权提起行政诉讼超过起诉期限时，其可以告知田某权通过民事诉讼寻求权利救济。本案二审法院认为巴东县民政局应及时更正或者告知其解决问题的方法、渠道。这为行政机关纠错提供了依据，避免受害人陷入无法寻求权利救济的困境。

二、民事诉讼救济途径

婚姻关系也是一种民事法律关系，有关婚姻方面的权利是我国公民民事权利的一部分。我国《民法典》第一千零五十一条规定，重婚属无效婚姻，属于无效行为。第一千零五十四条规定，无效的或者被撤销的婚姻自始没有法律约束力，当事人不具有夫妻的权利和义务。《婚姻家庭编解释（一）》第九条规定：“有权依据民法典第一千零五十一条规定向人民法院就已办理结

---

① 参见马新彦：《民法典家事财产法制的教育功能——以社会主义核心价值观为价值理念的研究》，载《当代法学》2021 年第 1 期。

② 正如前述，行政行为的确定力是相对的，而不是绝对的。婚姻登记机关对于错误的婚姻登记不仅可以依申请予以撤销或变更，而且可以依职权主动予以撤销或变更。因此，上述理解过于机械、片面。

婚登记的婚姻请求确认婚姻无效的主体，包括婚姻当事人及利害关系人。其中，利害关系人包括：（一）以重婚为由的，为当事人的近亲属及基层组织……”第十二条规定：“人民法院受理离婚案件后，经审理确属无效婚姻的，应当将婚姻无效的情形告知当事人，并依法作出确认婚姻无效的判决。”第二十条规定：“民法典第一千零五十四条所规定的‘自始没有法律约束力’，是指无效婚姻或者可撤销婚姻在依法被确认无效或者被撤销时，才确定该婚姻自始不受法律保护。”故本案田某权亦可提起民事诉讼，通过确认其婚姻无效来获得救济。田某权可以谭晓某为被告，要求确认其与谭晓某的婚姻无效。因田某权与谭晓某没有缔结婚姻的意思表示，亦没有一同到婚姻登记机关依法进行结婚登记，更没有共同生活，双方的婚姻基础并不存在，没有合法有效的婚姻关系。

依据《民法典》第一千零五十二条、第一千零五十三条规定，可请求撤销婚姻的两种情况为胁迫结婚及患有重大疾病不如实告知的，起诉时效是在一年内。但重婚在民事诉讼中属无效婚姻，不属可撤销婚姻，不适用一年的起诉期限。因重婚提起请求确认婚姻无效之诉的，不受时效限制。民事诉讼中，采用实质审查的方式，因行政行为的先定力，民事诉讼对重婚不判决撤销婚姻登记，而是判决确认婚姻无效。[①] 这也反驳了巴东县民政局称本案已过起诉期限、省民政厅不给予网络操作支持、不能依职权主动撤销、不属其“自错应自纠”的理由。

可以说，本案通过民事诉讼对借用他人身份证进行的错误婚姻登记行为予以救济与通过行政诉讼的救济实质处理结果相同，可谓殊途同归。

（作者单位：莫纳什大学　湖北省恩施州中级人民法院）

① 参见郭修江：《一并审理民行争议案件的审判规则》，载《法律适用》2016 年第 1 期。

行政赔偿案件中直接损失的认定

陈　默　王春玲

【裁判要旨】

《国家赔偿法》规定对当事人造成的直接损失予以赔偿，但何为直接损失并不十分明确。本案对判断直接损失和赔偿范围明确以下三个规则：1. 因行政行为违法造成当事人基于民事合同产生的违约损失，应当认定为直接损失而予赔偿；2. 因行政机关未有穷尽送达方式造成的扩大损失属于直接损失应予赔偿；3. 当事人要求赔偿违反生活常识、不符合交易习惯的损失，不属于国家赔偿范围，人民法院不予支持。

【案情】

上诉人（一审原告）：安徽某某建设工程有限公司（以下简称某某公司）。

被上诉人（一审被告）：安徽省蚌埠市禹会区人民政府（以下简称禹会区政府）。

禹会区矿山整治工作领导小组系禹会区政府成立的下属机构，高某、蒋某系该整治小组巡查成员。2017 年 6 月 14 日晚，高某、蒋某等人对北官山进行巡查时，认为原告存在盗采矿产资源行为，扣押案涉挖掘机，但未出具相关扣押手续。2018 年 7 月 18 日，被告向原告发出《关于处置被扣押挖掘机的函》，因地址变更某某公司未能签收。2019 年 5 月 21 日，禹会区政府将扣押的涉案挖掘机返还给程某。案涉挖掘机被扣押期间，某某公司共支付程某 138 万元租金费用。2019 年 6 月 26 日，一审法院作出（2019）皖 03 行初 2 号行政判决，确认被告蚌埠市禹会区人民政府扣押挖掘机的行为违法。宣判后，双方当事人均未上诉。

2017 年 5 月 30 日，某某公司和程某签订挖掘机租赁合同，用于某某公司中标 G206 南段一级公路的建设工程，每月租金 6 万元，租赁期限为 2017 年 6 月 1 日至 2017 年 12 月 31 日，经法院咨询：挖掘机租赁费用考虑因素较多，如租赁期限、不可抗力、停工因素等，SY405C 属于较大型号挖掘机，市场租赁价格每月 5.5—10 万元，该笔费用包括挖掘机驾驶人员工资，不包含挖掘机燃油费、维修费用，驾驶员月工资基本在 0.5—1 万元。

【审判】

一审法院认为：根据《中华人民共和国国家赔偿法》第四条规定，行政机关的违法行为侵犯公民、法人或者其他组织财产权，且造成财产损害的，应承担国家赔偿责任。本案中，禹会区政府强制扣押涉案挖掘机的行为已被一审法院生效的行政判决确认违法，原告向一审法院提起行政赔偿之诉，符合《中华人民共和国行政诉讼法》第四十六条第一款的规定。

《中华人民共和国国家赔偿法》第三十六条规定："侵犯公民、法人和其他组织的财产权造成损害的，按照下列规定处理：……（二）查封、扣押、冻结财产的，解除对财产的查封、扣押、冻结，造成财产损坏或者灭失的，依照本条第三项、第四项的规定赔偿……"本案被告禹会区政府扣押原告某某公司租用的挖掘机的行为违法，挖掘机被扣押时间从 2017 年 6 月 14 日起至 2019 年 5 月 21 日止，涉案挖掘机被程某领回时未有损坏，因此对涉案挖掘机本身并不存在赔偿问题。现原告诉请被告赔偿挖掘机被扣押 23 个月的租金损失计 138 万元的请求，是否符合该条款第（八）项规定情形即"对财产权造成其他损害的，按照直接损失给予赔偿"的规定，经审理认为，挖掘机属于大型的机械设备，只有在使用过程中才能发挥其一定的经济效益，因此，原告租赁涉案挖掘机所支付的费用属于该条款规定的直接损失范围，被告禹会区政府应当依法予以赔偿。1.《中华人民共和国行政强制法》第二十五条明确了查封、扣押的期限，即最长不得超过六十日，据此，本案因违法扣押时间为 2017 年 6 月 14 日，即自该日起至 2017 年 8 月 13 日止应为正常办案需要应当扣押的时间，故该六十日所产生的租赁费用应予扣除。原告租赁涉案挖掘机的期限自 2017 年 6 月 1 日至 2017 年 12 月 31 日，其提供银行凭证证实

2018年2月26日已转款36万元给程某，被告虽当庭对该笔转款事实认可，但认为应当结合财务账目、收据等综合考虑。一审法院认为，原告虽提交了银行转款凭证，但未提交公司账册及程某收据等证据证实，考虑到2017年8月至12月挖掘机被扣押的实际情况，租赁合同仍在履行期限内等因素，故该4个月时间的租金损失被告禹会区政府应予赔偿。被告当庭虽提出租赁合同约定的6万元中包含工人工资，但其未提交应当减损或免除赔偿的证据材料，故本案赔偿数额可参照原告与程某签订合同时约定的每月6万元的损失计算，总计24万元。2. 2017年12月31日至2018年7月18日期间的租金损失不予赔偿。一是原告并未就挖掘机继续使用与程某签订租赁协议；二是原告虽提供了2019年8月19日对后续租金已经支付的银行转款凭证、账册单据，但原告提供的账册记载日期、科目不明，账册后未附原始凭证、未有程某收据等证据佐证，不符合相关会计账册记载的要求。3. 2018年7月18日，被告向原告邮寄了《关于处置被扣押挖掘机的函》，邮寄地址为企业住所地地址，该函要求某某公司领回挖掘机，但邮件无人签收被退回，故对于2018年7月18日后至2019年5月21日的租金损失被告不应予以赔偿。

综上，依据《中华人民共和国国家赔偿法》第四条第（二）项、第（四）项、《最高人民法院关于审理行政赔偿案件若干问题的规定》第二十九条之规定，判决禹会区人民政府赔偿原告安徽某某建设工程有限公司租赁费损失计人民币24万元，于判决生效后一个月内付清。如未按本判决指定的期间履行金钱给付义务，应当参照《中华人民共和国民事诉讼法》第二百五十三条之规定，加倍支付迟延履行期间的债务利息。

二审法院认为：人民法院在审理行政赔偿案件时，确定赔偿数额时要坚持全面赔偿和公平赔偿的理念，既要体现对行政机关违法行为的惩戒，也要确保赔偿请求人的合法权益得到充分保障。法律确定行政赔偿的基本原则是，赔偿数额至少不应低于赔偿请求人直接损失，以体现赔偿诉讼的惩戒性和对被侵权人的保护，最大限度地发挥国家赔偿制度在维护和救济因受到公权力不法侵害的行政相对人的合法权益方面的功能和作用。本案中，上诉人为了履行与安徽水利开发股份有限公司签订《建设工程施工劳务分包合同》约定内容，租用案涉挖掘机对“G206南段一级公路建设工程02标路基土石方及排水工程07标段工程”进行施工，属于受法律保护的正常民事行为，被上诉人违反行政强制法的规定，在没有事实依据和法律根据的情况下，强行扣押上诉人租用的施工机器长达23个月，给上诉人造成较大经济损失，对上诉人所遭受租金损失依法应予足额赔偿。由于挖掘机租赁价格没有统一标准，合议庭结合当事人的主张和在案证据，遵循法官职业道德，运用生活经验、生活常识及交易习惯等，根据公平合理原则，对于赔偿标准及范围作如下认定：

1. 关于挖掘机租赁费用标准问题。2017年5月30日，上诉人与挖掘机出租人程某签订的《挖掘机租赁合同》，约定挖掘机租赁费用为6万元/月，而案涉挖掘机被扣押时间为2017年6月14日，约定租赁费用日期早于挖掘机被扣押日期，某某公司不可能未卜先知其租赁的挖掘机会被扣押，基本排除上诉人为获取更多赔偿款，虚假提高租赁费用的可能性，再结合本院咨询SY405C型号挖掘机市场租赁费为每月5.5—10万元行情，上诉人要求按照6万元/月租赁价格标准计算损失，符合客观实际，本院予以认可。

2. 关于挖掘机扣押期间的计算问题。被上诉人于2017年6月14日实施扣押案涉挖掘机，按照法律规定，被上诉人有60日办案时间，但该办案期间届满后，被上诉人并未有证据证明上诉人有违法行为存在，故被上诉人扣押挖掘机行为，缺乏事实依据和法律根据，该期间给上诉人造成的损失，依法应予赔偿。

2018年7月18日，被上诉人虽然向上诉人邮寄了《关于处置被扣押挖掘机的函》，因上诉人地址变更，邮件并未送达给上诉人，该邮件被退回后，被上诉人亦未采取其他合法有效方式通知上诉人，致使上诉人无法知晓可以领回扣押挖掘机的处理信息，由此造成的扩大损失系被上诉人工作失误导致，故2018年7月18日至2019年5月21日的租金损失，亦应由被上诉人负担。一审法院认定上述期间挖掘机租赁费用不予赔偿错误，本院依法予以纠正。

3. 关于驾驶员工资支出费用扣除问题。根据市场通常做法，挖掘机租赁费用包含驾驶员工资（月工资标准0.5—1万元），因挖掘机扣押时间长达23个月，按照常理，雇主不可能在雇员长期赋闲情况下照常发放工资，考虑驾驶员重新找到工作的合理期限，比照企业职工离职通常做法，本院酌定雇主需多支付驾驶员3个月工资，工资按挖掘机驾驶员市场平均工资0.75万元计算。故，上诉人赔偿请求中多含的驾驶员20个月工资（0.75万元×20个月，共计15万元），应当予以扣除。

综上，依照《中华人民共和国行政诉讼法》第八十九条第一款第（二）项，《中华人民共和国国家赔偿法》第二条、第十五条第一款、第三十六条第（三）项，《最高人民法院关于审理行政赔偿案件若干问题的规定》第二十九条之规定，判决：

一、撤销安徽省蚌埠市中级人民法院（2020）皖03行赔初13号行政判决。

二、安徽省禹会区人民政府于本判决生效之日起三十日内赔偿安徽某某建设工程有限公司挖掘机租赁损失123万元（计算方式：6万元×23个月—0.75万元×20个月＝123万元）。如未按本判决指定的期间履行金钱给付义务，参照《中华人民共和国民事诉讼法》第二百五十三条之规定，加倍支付迟延履行期间的利息。

【评析】

一、背景情况介绍

《国家赔偿法》规定对当事人造成的直接损失予以赔偿，但何为直接损失并未明确规定，司法实践中如何认定直接损失的标准亦各有不同。本案例涉及以下几个亟待解决的问题：一是因行政行为违法造成当事人基于民事合同产生的违约责任，能否认定为直接损失而予赔偿；二是因行政机关未有穷尽送达方式造成的扩大损失是否属于直接损失应予赔偿；三是当事人要求赔偿违反生活常识、不符合交易习惯的损失，人民法院能否予以支持。直接损失认定是审理国家赔偿案件的重点和难点，本案坚持以法律为准绳的前提下，根据法理原则、生活经验法则和交易习惯等，对应予赔偿直接损失和不应赔偿的损失认定提供了可资借鉴的思路和方法，对正确理解国家赔偿相关法律规定和统一裁判尺度有所裨益。

二、确立裁判要旨的理由

从本质上来说，行政赔偿是一种损害救济途径，通过支付赔偿金等方式，使受害的相对人的合法权益得到恢复。[①] 对财产采取行政强制措施，是指国家行政机关为实现行政管理目的，依法对行政管理相对人采取强制限制其行使财产所有权、使用权或强制其履行财产方面义务的行为，[②] 其种类主要有查封、扣押、冻结等。人民法院审理行政赔偿案件，应准确认定当事人直接

---

① 参见薛刚凌主编：《国家赔偿法教程》，中国政法大学出版社1997年版，第136—137页。

② 马怀德主编：《国家赔偿法学》，中国政法大学出版社2001年版，第114页。

损失范围，客观计算实际财产损失金额，给予当事人足额、合理的赔偿。由于案涉赔偿直接损失标准、范围存在较大争议，应坚持法治理念，结合法理原则、生活经验法则和交易习惯等，对于当事人直接损失的认定应综合考量。

1. 因行政违法行为导致行政相对人民事违约的，由此给行政相对人造成的损失，应当予以赔偿。

根据《国家赔偿法》的规定，我国行政赔偿是采用违法归责原则的。其含义是指，只要行政机关及其工作人员执行职务的行为是法律所禁止的，受害人的合法权益是受法律保护的，一旦发生损害，即产生行政赔偿责任，而不问行使职权的行为人主观上有无故意或过失。本案中，禹会区政府强制扣押涉案挖掘机的行为已被一审法院生效的行政判决确认违法，且该强制扣押挖掘机行为已经对某某公司财产造成损害，即应当予以赔偿。对于是否应当依据某某公司与程某签订的 6 万元/月租赁费的标准予以赔偿，双方争议较大。首先，对于该民事合同是否可以作为赔偿依据的问题。某某公司为履行与安徽水利开发股份有限公司签订的《建设工程施工劳务分包合同》租用案涉挖掘机对"G206 南段一级公路建设工程 02 标路基土石方及排水工程 07 标段工程"进行施工，某某公司与程某签订的合同发生在禹会区政府扣押行为之前，该合同系双方自愿、平等、协商签订，属于受法律保护的民事行为。该合同的订立早于被告的扣押行为，可以排除当事人恶意约定虚高价格以骗取更多赔偿金额的可能。因此，基于该民事合同产生的损失应当作为违法行政行为产生直接损失的依据。其次，民事合同中约定的 6 万元/月租赁费作为赔偿标准是否适当。由于挖掘机租赁价格没有统一标准，合议庭结合当事人的主张和在案证据，遵循法官职业道德，运用生活经验、生活常识，根据公平合理原则，并对市场进行调查走访，咨询 SY405C 型号挖掘机市场租赁费行情为每月 5.5—10 万元（该行情中的租赁费一般包括驾驶员的工资）。某某公司要求按照 6 万元/月租赁价格标准计算损失，符合客观实际，可以以该民事合同约定的租赁费作为赔偿标准。

2. 行政机关未采取积极有效的措施，导致损害结果加重，因此而产生的扩大损失，行政机关应当承担赔偿责任。

行政行为的法定程序是科学性和法律性的统一。任何一个行政行为均必须经过一定的阶段。法律规定的各个阶段，一方面要反映行政行为的自然规律，符合科学性，另一方面又要体现保护被管理者的合法权益，制约和规范行政行为，防止行政权被滥用。违法不是行使国家赔偿的唯一条件，还要看该违法行为是否造成损害结果以及行为与结果之间的因果关系。而程序违法的损害结果往往不像实体违法那样较容易判断，特别是程序违法与损害结果之间的因果关系往往呈现多样性，这就使因程序违法引起的国家赔偿如何判断更显困难。行政主体实施行政行为违反法定期限的主要表现是在期限里应作为而不作为，即拖延或拒绝履行法定职责。如果法律规定行政机关有某项履职义务或者行政机关先行行为导致行政机关有某种义务，行政机关没有采取积极履行义务导致损害加重，对于加重的部分，行政机关应当承担赔偿责任，这样既有利于保护行政相对人的合法权益，更有利于督促行政机关及时履行法定职责。本案中，对于涉嫌违法盗采矿产资源的，禹会区政府有权予以查处，有相应证据甚至可以采取案涉的扣押措施，但经查处，没有发现某某公司有违法行为，那么采取的扣押措施属于无违法事实依据，给某某公司造成的损失应予赔偿。

禹会区政府扣押挖掘机是先行政行为，其解除扣押后，就产生了告知解除扣押的附随义务。禹会区政府虽向某某公司邮寄了《关于处置被扣押挖掘机的函》，因地址变更邮件被退回，此时禹会区政府的告知义务并未实际履行完毕，其应当采取其他合法有效方式将解除扣押的意见送达给某某公司，以完成其告知义务。但禹会区政府接到退回的邮件后，听之任之，并没有采取相应措施，致使某某公司无法知晓可以领回扣押挖掘机的处理信息，由此造成的扩大损失系禹会区政府工作失误导致，故 2018 年 7 月 18 日至 2019 年 5 月 21 日的租金损失，亦应由禹会区政府负担。

3. 任何人不能因行政行为违法而获取非法利益，当事人要求赔偿违反生活常识、不符合交易习惯的损失，人民法院不予支持。

“无损害即无救济”，损害是行政赔偿的必备构成要件，只有在合法利益受到侵害的情况下，才可视为有损害的发生。因此，在行政相对人受到损害的利益本身并不受法律保护时就不会发生行政赔偿问题，即行政相对人的非法利益不能成为行政赔偿的对象。实践中，非法利益表现为法律禁止的利益，相对人通过不合法或者法律禁止的途径和手段获得的利益，如违章建筑、非法所得、不当得利等，由于这些利益本身不受法律保护，当其受到损害时，国家也就无须对其进行赔偿。本案中，按照市场上挖掘机租赁习惯，由出租方配备驾驶员，租赁费中包含驾驶员的工资等。故，某某公司与程某签订的租赁挖掘机费用中，应当包含一名驾驶员工资。案涉挖掘机被扣押的23个月，按照生活常理，不可能在驾驶员长期赋闲的情况下，程某仍继续支付其工资，比照企业职工离职通常做法，职工离职应多支付3个月工资，扣除驾驶员3个月工资的合理支出，某某公司主张赔偿其余20个月驾驶员工资系不当利益，依法不应支持。

行政赔偿是行政机关侵犯公民合法权利的事后救济，是国家对行政权力不合法、不合理运用的纠正。对受害人给予与损失相当的赔偿，帮助受害人恢复到受损以前的状态，是确立行政赔偿范围的最高追求。实践中，我国法律规定中对于直接损失没有明确的定义释明，需要靠法官根据具体案情具体判断，确定赔偿数额时坚持全面赔偿和公平赔偿的理念，才能既体现对行政机关违法行为的惩戒，又确保赔偿请求人的合法权益得到充分保障。

（作者单位：安徽省高级人民法院）

土地行政赔偿中赔偿范围、赔偿标准的确定

武　楠

【裁判要旨】

1. 未经征收集体土地违法核发国有土地使用证的行为，侵犯了村集体组织依法取得土地征收补偿的权利。对此最为直接有效的赔偿方式应为返还土地使用权。无法返还的，应给付相应的赔偿金。赔偿范围及标准应参照集体土地征收为国有土地的补偿范围及标准确定。同时，未及时支付赔偿金所产生的利息亦属于直接损失的范围，应予赔偿。

2. 土地行政赔偿的赔偿时点可参照《最高人民法院、最高人民检察院关于办理刑事赔偿案件适用法律若干问题的解释》有关刑事侵权国家赔偿时点的规定以及《中华人民共和国侵权责任法》有关民事侵权赔偿时点的规定，以违法行为发生时作为赔偿时点。

【案情】

本案系由赵某某等465名村民以北京市顺义区李桥镇三四营村经济合作社名义起诉。原告诉称，位于顺义区城南、李桥镇三四营村东北、庄子营村西北与仁和镇米各庄村西南交界处的198.21亩土地属于原告村集体所有。2002年，被告在未办理任何土地转国有手续的情况下，向北京天发瑞奇畜禽产品有限公司（以下简称天发瑞奇公司）颁发（2002出）字第0132号《国有土地使用证》。被告滥用职权的行为严重侵害了原告及村民的土地所有权和使用权。2014年，原告向法院提起诉讼。法院经审理确认顺义区政府为天发瑞奇公司核发京顺国用（2002出）字第0132号国有土地使用证的具体行政行为违法。前述判决生效后，原告依法向被告申请国家赔偿，被告于2016年

12月31日作出（2016）顺赔字1号《赔偿决定书》，决定赔偿原告2000余万元。原告认为，被告的赔偿决定与事实和法律严重不符。故原告诉请法院：1. 撤销被告作出的（2016）顺赔字1号《赔偿决定书》；2. 参照顺义区仁和镇、李桥镇现行土地征收补偿安置标准给予每亩34万元的赔偿，共计6739.14万元（198.21亩×34万元每亩）；赔偿自2002年至今每年每亩2000元，共计554.988万元（2000元每年×14年×198.21亩）。

被告顺义区政府辩称，被告针对原告国家赔偿申请履行了赔偿义务，所作的（2016）顺赔字1号《赔偿决定书》认定事实清楚，适用依据正确，内容适当。原告主张按照每亩34万元赔偿损失并支付自2002年土地被占用至今的赔偿金，但未能提供充分证据和法律依据，被告不予支持亦无不当。请求判决驳回原告诉讼请求。

【审判】

法院经审理查明，北京市顺义区李桥镇三四营村（以下简称三四营村）原集体所有土地（以下简称涉案土地），位于北京市顺义区李桥镇，面积为198.21亩。

2002年3月15日，原北京市顺义区国土资源和房屋管理局与天发瑞奇公司签订国有土地出让合同。2002年7月6日，天发瑞奇公司与北京市顺义区李桥镇人民政府签订《关于征用土地有关事宜协议》，约定天发瑞奇公司征用位于北京市顺义区仁和镇的324.1亩土地，双方就土地使用方式和年限、土地价格及付款方式、各方权利义务等进行了约定。2002年8月27日，被告应申请向天发瑞奇公司核发了京顺国用（2002出）字第0132号《国有土地使用证》。

2011年6月16日，北京市国土资源局顺义分局作出《京顺国用（2002出）字第0132号国有土地使用证的注销公告》，主要内容为：涉案国有土地使用证已由北京市第二中级人民法院裁定［（2007）二中执字第1788-1号］，并协助执行过户至北京金舆泰兴房地产开发有限公司（以下简称金舆泰兴公司）。由于原土地使用权人天发瑞奇公司未办理土地使用权注销登记手续，依据《土地登记办法》第六章第五十条第三款之规定，现公告将该国有土地使用证予以注销。

2014年，原告向人民法院提起行政诉讼，请求确认被告为天发瑞奇公司核发的《国有土地使用证》无效。北京市平谷区人民法院于2014年12月17日作出（2014）平行初字第82号《行政判决书》，确认被告为天发瑞奇公司核发京顺国用（2002出）字第0132号《国有土地使用证》的具体行政行为违法。上述判决生效后，原告向被告申请国家赔偿。被告于2015年6月26日作出赔偿决定，认定原告返还土地的请求不能实现。被告应赔偿原告的直接损失，故决定赔偿原告2006476.44元。原告不服上述赔偿决定，遂起诉至人民法院。经两级人民法院审理，最终判决撤销顺义区政府于2015年6月26日作出的（2015）顺赔字1号《赔偿决定书》，责令顺义区政府针对原告提出的赔偿申请重新作出处理决定。2016年12月30日，被告作出（2016）顺赔字1号《赔偿决定书》，决定：一、赔偿北京市顺义区李桥镇三四营村经济合作社20014560元；二、驳回北京市顺义区李桥镇三四营村经济合作社提出的其他赔偿请求。

北京市第四中级人民法院于2018年12月28日作出（2017）京04行赔初3号行政赔偿判决，驳回原告北京市顺义区李桥镇三四营村经济合作社的诉讼请求。

原告不服一审判决，提起上诉。北京市高级人民法院于2019年6月13日作出（2019）京行赔终40号行政赔偿判决，判决驳回上诉，维持一审判决。

法院生效判决认为：被告针对原告的赔偿申请作出（2016）顺赔字1号《赔偿决定书》，履行了赔偿义务。本案被告作出的赔偿决定赔偿了原告的直接损失，未违反法律的禁止性规定。原告请求撤销（2016）顺赔字1号《赔偿决定书》及其提出的赔偿请求没有事实依据和法律依据，人民法院不予支持。

【评析】

本案中，被告违法核发国有土地使用证的行政行为损害了原告依法取得土地征收补偿的权利。依据《国家赔偿法》的规定，被告作为赔偿义务机关应当对原告受到的损失进行赔偿。本案双方当事人对于被告作为赔偿义务机关应当对原告的损失进行赔偿没有异议，双方争议的焦点问题为赔偿范围及赔偿标准确定问题。

一、关于土地行政赔偿的赔偿范围问题

依据《国家赔偿法》的规定，返还财产是国家赔偿最为直接有效的赔偿方式，但其适用条件是原物未被处分或发生毁损灭失，若相关财产或财产权利客观上已无法返还或恢复原状时，则应支付相应的赔偿金。《国家赔偿法》同时规定，国家赔偿对财产权受到侵害的以赔偿直接损失为原则。财产损害可以分为直接损害和间接损害。直接损害是指现实的，已经发生的损失；间接损害是指可得利益的损失。

本案中，被告认为其应赔偿原告的直接损失，以《土地管理法》及实施条例的有关规定作为赔偿依据，确定赔偿范围。原告认为，本案中不存在土地征收行为，被告颁发国有土地使用证的行为不能视为土地征收，与《土地管理法》的规定没有关系。原告认为应当以2011年涉案土地司法拍卖的价格作为依据确定赔偿标准。

法院经审理认为，本案行政赔偿的基础是被告违法核发国有土地使用证的行为，该行为未经合法的土地征收程序，将原告所有的集体土地转换土地性质，直接变更为国有土地，侵犯了原告依法取得土地征收补偿的权利。未经征地即转化土地性质为国有，最为直接有效的赔偿方式应为返还土地。但因涉案土地使用权已由金舆泰兴公司通过司法拍卖程序取得，且被告已为金舆泰兴公司核发国有土地使用证，故返还土地已无实现的现实可能性。原告主张按照土地拍卖价格进行赔偿，但国有土地使用权的拍卖价格与集体土地征收转变为国有土地进行补偿之间有本质不同，不能以此作为赔偿依据。政府违反征地程序给村集体组织造成的损害与土地性质转为国有建设用地后的拍卖所得之间，并不具有对应性和等价性。国有土地使用权出让价格与土地用途、市场情况等因素密切相关，而征收集体土地变更为国有土地，对于集体土地的补偿有法定范围和标准。因此，法院认为，本案适用《土地管理法》关于征收征用土地给予补偿的标准和范围作为行政赔偿的基础标准是适当的。因本案中没有证据证明涉案土地上存在地上附着物及青苗，因此，本案赔偿范围仅限于土地补偿费、安置补助费。

《国家赔偿法》规定，赔偿义务机关应当及时履行赔偿义务。此外，依据公平原则，加害人理应及时支付违法损害赔偿金，以使赔偿金的孳息尽早归于受害人，尽可能减少受害人的损失。因此，未及时支付赔偿金所产生的利息亦属于直接损失的范围，应予赔偿。本案中，原告应当在 2002 年 8 月 27 日即土地性质转换之日前获得征地补偿款，但被告违反征地程序转换土地性质，故在行政赔偿中，应当在以征地补偿款作为基础计算赔偿金的基础上，支付其从违法之日至作出赔偿决定时未支付的利息作为赔偿金的组成部分。本案被告以随本金的变化自 2002 年 8 月 27 日起按照五年定期存款利率计算利息。法院认为，对于应当支付的利息，《国家赔偿法》及相关司法解释没有明确规定。《最高人民法院、最高人民检察院关于办理刑事赔偿案件适用法律若干问题的解释》（法释〔2015〕24 号）第二十条第一款规定，返还执行的罚款或者罚金、追缴或者没收的金钱，解除冻结的汇款的，应当支付银行同期存款利息，利率参照赔偿义务机关作出赔偿决定时中国人民银行公布的人民币整存整取定期存款一年期基准利率确定，不计算复利。本案中被告采用五年定期存款利率进行计算对原告更为有利，法院予以支持。

二、关于土地行政赔偿的赔偿标准问题。

行政赔偿标准是计算损害、确定行政赔偿金额所遵循的准则或依据。我国国家赔偿法确定的是使受害人所受到的损失得到适当弥补的标准①，以使受害人的权利得以恢复或补救。现行行政赔偿模式和标准并未给惩罚性赔偿标准提供制度依据或预留适用空间。据此，本案应当根据国家赔偿法的立法精神，综合衡量我国国家赔偿制度总体上呈现出的填平补齐的定位，既要考虑土地违法行为发生的时间及背景，也要让权利人的损失得到有效弥补和赔偿，实现国家赔偿制度目的和当事人权利保护的平衡。就本案而言，赔偿标准的核心问题是确定赔偿时点。

本案被告系以侵权行为发生时的征收土地补偿标准计算赔偿额。2002 年有效的《土地管理法》规定了土地补偿费和安置补助费的具体计算标准。但涉案耕地被征用前三年的平均年产值，原、被告均无法获取。故被告参照 2004 年 10 月 1 日起执行的《北京市国土资源局关于实施〈北京市征地补偿费最低保护标准〉（顺义区部分）的通知》规定，以李桥镇征地补偿费的最低限即 7 万元/亩作为标准计算赔偿金额。

---

① 参见《关于〈中华人民共和国国家赔偿法（草案）〉的说明》，国家赔偿的标准和方式，是根据以下原则确定的：第一，要使受害人所受到的损失能够得到适当弥补；第二，考虑国家的经济和财力能够负担的状况；第三，便于计算，简便易行。转引自沈岿：《国家赔偿法原理与案例》，北京大学出版社 2011 年版，第 441 页。

原告认为，土地无法返还日、确定行为违法判决生效日、赔偿决定作出日，均可供选择确定为赔偿时点。原告不同意被告参照土地征收补偿方式采用最低标准进行行政赔偿，认为存在明显不公平。

法院经审查认为，关于行政赔偿时点问题，现行国家赔偿法及其司法解释没有做出明确规定。2016 年 1 月 1 日实施的法释［2015］24 号《最高人民法院、最高人民检察院关于办理刑事赔偿案件适用法律若干问题的解释》第十九条规定，侵犯公民、法人和其他组织的财产权造成损害的，应当依照《国家赔偿法》第三十六条的规定承担赔偿责任。财产不能恢复原状或者灭失的，财产损失按照损失发生时的市场价格或者其他合理方式计算。鉴于刑事赔偿与行政赔偿同为《国家赔偿法》规定的赔偿种类，前述标准可予参考。此外，行政赔偿的本质是对违法行政行为造成的侵权损失进行赔偿，《侵权责任法》第十九条规定，侵害他人财产的，财产损失按照损失发生时的市场价格或其他方式计算。因此，按照违法行为发生时的标准进行行政赔偿具有法律适用的可得性。需要指出的是，行政赔偿的基本原则是行政机关行使行政职权侵犯公民、法人和其他组织财产权的，应当对受害人的直接损失予以赔偿，违法行为与损害后果之间应当具有直接的因果关系。本案中，涉案土地原为集体土地，而集体土地不具有市场价值，只有当土地性质转换为国有土地之后才具有相应的市场价值。本案被告将原告所有的集体土地未经依法征收直接转换土地性质，变更为国有土地，侵犯了原告使用集体土地及依法取得土地征收补偿的权利，原告就此违法行为有权取得赔偿。但涉案土地后续经司法拍卖而获得的价款，既非被告顺义区政府的所得收益，亦与原告所受损害后果没有直接的因果关系，因此不能以土地无法返还日或确定行为违法判决生效日、作出赔偿决定日作为赔偿时点。综上，法院认为，本案中，在现行法律制度框架下，按照违法行为发生时的标准进行行政赔偿具有事实依据和法律依据。原告关于赔偿时点的主张没有事实依据及法律依据。被告依据《北京市国土资源局关于实施〈北京市征地补偿费最低保护标准〉（顺义区部分）的通知》规定计算赔偿金额具有合理性。该通知所确定的标准于 2004 年 10 月 1 日起执行，迄今有效。该通知规定征地补偿实行最低保护标准制度，包括土地补偿费和安置补助费。顺义区各乡镇的征地补偿费最低保护标准为 4 万元/亩至 11 万元/亩不等，其中李桥镇的土地征地补偿最低保护标准为 7 万元/亩。2004 年的标准距离 2002 年时间点最为接近，不会损害赔偿申请人即原告的合法权益。因此，被告以此 7 万元/亩作为标准计算赔偿金额，同时扣除顺义区李桥镇人民政府已支付的补偿款 160 万元，并支付征地补偿款至作出赔偿决定时未支付的利息。综上，被告决定赔偿原告 20014560 元。

本案诉讼过程中，在双方当事人自愿的基础上，法院组织进行了多次调解。但因双方当事人诉讼请求差距较大，最终未能实现和解。法院最终认为，被告针对原告的赔偿申请作出（2016）顺赔字 1 号《赔偿决定书》，履行了赔偿义务，赔偿了原告的直接损失，未违反法律的禁止性规定。原告请求撤销（2016）顺赔字 1 号《赔偿决定书》及其提出的赔偿请求没有事实依据和法律依据，不予支持。需要指出的是，行政赔偿诉讼属于给付之诉，诉讼标的不是行政行为的合法性和适当性，而是原告的赔偿请求是否能够成立或得到法院支持。但是，这并不意味着法院在赔偿诉讼中可以完全抛开行政机关作出的赔偿决定而进行审查和裁判。法院以被告作出的赔偿决定作为参照系，结合原告对赔偿决定的异议，对赔偿争议进行审理和说理并无不当。

（作者单位：北京市第四中级人民法院）

车管所以未处理违法事项为由拒绝办理车辆年检的行政行为违法

周婷婷　丁恒芳　刘园芝

【裁判要旨】

1.《机动车登记规定》第四十九条将交通违法行为的处理设定为核发车辆检验合格标志的前提条件，与《道路交通安全法》第十三条第一款的规定不一致，违反了法律优先原则和禁止不当联结原则，应当根据《道路交通安全法》认定被诉行政行为的合法性。

2. 车管所以车辆有道路交通违法行为未处理完毕为由，不予核发机动车检验合格标志的行为违法。

【案情】

再审申请人（一审原告、二审上诉人）：唐某。

被申请人（一审被告、二审被上诉人）：某市公安局交通警察支队车辆管理所（以下简称车管所）。

2016年12月20日，唐某向车管所在某市兴腾机动车辆检测服务有限公司设立的业务办理窗口，递交了湘A0KW××车辆的机动车行驶证、机动车牌证申请表、机动车交通事故责任强制保险单、机动车安全技术查验表以及机动车安全技术检验报告、某市在用机动车排气检测报告等材料，申请领取机动车检验合格标志。车管所工作人员以该车辆有违章行为未处理，不符合《机动车登记规定》（2012年公安部令第124号）第四十九条的规定为由，拒绝受理唐某的申请，并口头告知唐某在受理其申请前必须将该车的交通违法行为处理完毕。自2013年12月31日至2017年1月17日，该车辆共有4次违章记录未处理。2016 年 12 月 26 日，唐某向车管所去函要求核发该检验合格标志，车管所回函仍以相同的理由予以拒绝。

另，机动车检验合格标志统一由公安交通管理综合应用平台打印，该系统软件由公安部设计和管理，当车辆有违章记录未清除或交通事故未处理完毕时，此应用平台则无法打印该合格标志。

【审判】

一审法院认为，《中华人民共和国行政许可法》第十六条第三款规定，规章可以在上位法设定的行政许可事项范围内，对实施该行政许可作出具体规定。《机动车登记规定》（2012 年公安部令第 124 号）第四十九条规定并未设立新的行政许可事项，只是对核发检验合格标志这一行政许可事项作出程序上的具体规定。同时，该条关于申请检验合格标志前，机动车所有人应当将涉及该车的道路交通安全违法行为和交通事故处理完毕的规定，符合《中华人民共和国道路交通安全法》“维护道路交通秩序，预防和减少交通事故，保护人身安全，保护公民、法人和其他组织的财产安全及其他合法权益，提高通行效率”的立法宗旨，与该法第十三条的原则性规定并无冲突。另，行政机关履行法定职责须满足特定的条件，要有履行职责的现实可能。机动车检验合格标志统一由公安交通管理综合应用平台打印，按照该平台的设计，若存在道路交通安全违法行为和交通事故未处理完毕的情形时，则无法打印出检验合格标志。因此，在原告未处理完交通违法记录前要求核发机动车检验合格标志，由于受应用平台管理系统的限制，被告客观上也无法办理。综上，原告在未处理完涉案车辆的道路交通安全违法行为前申请核发检验合格标志，其申请的条件尚不完备。据此，判决驳回唐某的全部诉讼请求。

唐某不服一审判决，提出上诉。二审法院认为，公安部《机动车登记规定》第四十九条第二款规定：“申请前，机动车所有人应当将涉及该车的道路交通安全违法行为和交通事故处理完毕。申请时，机动车所有人应当填写申请表并提交行驶证、机动车交通事故责任强制保险凭证、车船税纳税或者免税证明、机动车安全技术检验合格证明。”根据车管所提交的证据，唐某向车管所申请核发机动车检验合格标志时，有交通安全违法行为未处理完毕，故车管所根据上述规定不予受理唐某要求核发机动车检验合格标志的申请，具有事实根据。唐某主张被诉行政行为不合法，不予支持，其据此要求赔偿，无事实根据，不予支持。综上，判决驳回上诉，维持原判。

唐某不服二审判决，申请再审。湖南省高级人民法院再审认为：根据《道路交通安全法》第十三条规定，只要申请人提供机动车行驶证、机动车第三者责任强制保险单，且机动车经安全技术检验合格，公安交通管理部门就应当核发检验合格标志。本案中，唐某提供了机动车行驶证、机动车第三者责任强制保险单，且机动车经安全技术检验合格，车管所依法应核发机动车检验合格标志。在已有法律对核发机动车检验合格标志的条件作出规定的情况下，车管所在法律规定的条件之外附加条件，违反了“法律优先”的原则。关于车管所依据《机动车登记规定》是否合法的问题。其一，《机动车登记规定》是为实施《道路交通安全法》及其实施条例而制定的部门规章，其中第四十九条将交通违法行为的处理设定为核发车辆检验合格标志的前提条件，与《道路交通安全法》第十三条第一款的规定不一致，应当根据上位法《道路交通安全法》认定被诉行政行为的合法性。其二，交通违法行为被处罚的对象主要是车辆驾驶人，而非机动车，其目的是惩戒和警示、避免违法驾驶行为的再次发生。车辆年检的对象是车辆本身，其目的是及时消除车辆的安全隐患、减少因车辆本身的状况导致的交通事故的发生。将交通违法行为的处理设定为核发车辆检验合格标志的前提条件，两者对象不一致，违反行政法上的禁止不当联结原则。综上，湖南省高级人民法院再审判决：一、撤销一、二审判决；二、确认某市公安局交通警察支队车辆管理所以唐某车辆有道路交通违法行为未处理完毕为由，不予核发机动车检验合格标志的行为违法；三、驳回唐某的其他诉讼请求。

【评析】

一、法院对于车管所以未消除违章为由拒绝发放车辆检验合格标志的行为的合法性的认定态度不一

关于交通管理部门发放检验合格标志是否应当以涉案车辆的道路交通安全违法行为和交通事故处理完毕为前提的问题，实务界一直存在不同认识。如孔某诉北京市公安局公安交通管理局车辆管理所要求确认行政行为违法一案，[1] 一、二审法院均认为，车管所要求机动车所有人申请核发检验合格标志时，应当将涉及该车的道路交通安全违法行为和交通事故处理完毕，并未违背《道路交通安全法》的立法目的。再如张某诉某市公安局交通警察支队车辆管理所不履行法定职责一案，[2] 一审法院认为《机动车登记规定》第四十九条（以下简称第四十九条）与《道路交通安全法》第十三条不存在冲突，不过二审法院在本案再审宣判后统一了裁判标准，判决车管所不核发机动车检验合格标志的行为违法。又如闻某诉沈阳市公安局交通警察支队车辆管理所履行年检职责一案，[3] 一、二审法院均认为存在违法未处理问题可依法定程序对其作出相应的行政处罚，不应以此作为核发检验合格标志的法定条件。

法院对第四十九条态度不一，究其原因，一方面在于法官对"参照规章"的理解存在分歧；另一方面在于公安机关以维持和保障道路交通安全秩序为由提出的抗辩意见有其合理性。本案中，一审法院认为"在原告未处理完交通违法记录前要求核发机动车检验合格标志，由于受应用平台管理系统的限制，被告客观上也无法办理"，实际上是受制于行政机关的管理规定，放弃了合法性审查的初衷，没有意识到根本性问题，即行政行为是否违法的判断并不以其客观上是否可以作出相应行政行为为前提。其实，关于这一问题，最高人民法院早在［2007］行他字第 20 号答复中就已明确："对提供机动车行驶证和机动车第三者责任强制保险单的，机动车安全技术检验机构应当予以检验，任何单位不得附加其他条件。对符合机动车国家安全技术标准的，公安机关交通管理部门应当发给检验合格标志。"然而，该答复在实践中并未产生广泛的权威，同案不同判的情形仍时常发生。

二、车管所以未处理违法事项为由不核发机动车检验合格标志的行政行为违法

1. 车管所的行为违反了"法律优先"原则

法的位阶理论确定了"法律优先"原则，隐含了"高位阶的法律规范优于低位阶的法律规范，低位阶的法律规范不得与高位阶的法律规范相抵触"的适用规则，是确保法内在一致性的基础。

---

① 北京市第三中级人民法院（2019）京 03 行终 91 号行政判决书。
② 湖南省某市中级人民法院（2017）湘 01 行终 826 号行政判决书。
③ 辽宁省沈阳市中级人民法院（2018）辽 01 行终 2236 号行政判决书。

规章必须有上位法依据，而“相抵触”是法院审查规章是否符合上位法的常见理由。学术界对“相抵触”有不同认识：有学者将抵触分为直接抵触和间接抵触，前者是指违反上位法的条文，后者是指违反上位法的立法目的、基本原则和精神；[①] 还有学者认为抵触的本质是上下位阶的规范冲突，表现为逻辑冲突、实践冲突、评价冲突。[②] 笔者认为，从本案的裁判理由来看，其对“相抵触”的认定似为：低位阶的法律规范扩大或者增加高位阶的法律规范没有规定的义务，限制或者撤销高位阶的法律规范已经设定的权利。具体而言，《道路交通安全法》对于核发机动车检验合格标志的条件已有明确规定，《机动车登记规定》作为低位阶的部门规章，不能与之相抵触。因而，再审法院认定“在已有法律对核发机动车检验合格标志的条件作出规定的情况下，车管所在法律规定的条件之外附加条件，违反了法律优先原则”。本案中车管所虽是“照章办事”，却是违法办事，因此车管所不核发机动车检验合格标志的行为违法。

2. 车管所的行为违反了“禁止不当联结”原则

禁止不当联结原则，系指行政机关行使公权力、从事行政活动，不得将不合事理关联的事项与其欲采取的措施或决定相互结合，尤其是行政机关对公民课以一定的义务或负担，或造成公民其他的不利益时，其采取的手段与追求的目的之间，必须存在合理的联结关系。[③] 据此，行政机关实施行政行为时应保证手段与目的之间存在逻辑关联。

一审法院认定第四十九条并未设立新的行政许可事项，只是对核发检验合格标志这一行政许可事项作出程序上的具体规定。忽略了第四十九条对车辆年检增加的条件与《道路交通安全法》第十三条之间是否具有必要关联的问题。再审法院对此纠正道：“交通违法行为被处罚的对象主要是车辆驾驶人，而非机动车……车辆年检的对象是车辆本身……将交通违法行为的处理设定为核发车辆检验合格标志的前提条件，两者对象不一致。”实际上，车辆年检与车主是否将交通违法行为处理完毕并不存在逻辑关联，只要机动车符合安全技术检验标准，车管所就应依法发放检验合格标志，在立法未作修改的情况下，车辆所有人的违法不应“殃及”车辆。综上，本案车管所将交通

---

① 胡建淼：《法律规范之间抵触标准研究》，载《中国法学》2016 年第 3 期。

② 王锴：《合宪性、合法性、适当性审查的区别与联系》，载《中国法学》2019 年第 1 期。

③ 李建良：《行政法上不当联结禁止原则》，载《月旦法学杂志》2002 年第 3 期。

违法行为的处理设定为核发车辆检验合格标志的前提条件，系手段与目的的不合理联结，违反了禁止不当联结原则。

三、由本案引发的进一步思考

在本案再审期间，唐某已经处理了车辆违法事项，故法院最终只需判决确认行政行为违法，若唐某未处理违法事项，判决中或许会增加责令车管所作出核发车辆年检合格认定书的判项。但问题在于，根据公安部系统功能的设定，未处理违法事项的无法打印合格认定书，如果公安部不更改系统设置，判决将面临执行难的问题。再审法院意识到这个问题，故在判决中指出，车管所“捆绑式”车检可以提高行政效率，亦隐含了对交通秩序的遵守和对个人生命的尊重，但行政效率的提高须在现行法律的框架内进行。质言之，行政管理效率的提高若以限制相对人依法享有的权利和自由、牺牲实质正义为代价，违反了宪法关于保障公民基本权利的规定。笔者针对本案涉及的规章与法律规定不一致的问题，提出以下解决思路：

第一，由全国人大常委会修改《道路交通安全法》，将公安部《机动车登记规定》第四十九条新增的条件纳入法律。如本案中，再审法院可将修改建议层报至最高人民法院，由最高人民法院根据《立法法》第二十六条之规定向全国人大常委会提出修法建议。

第二，根据《立法法》第九十七条第（三）项规定的程序，由国务院改变或者撤销。不过最大的障碍在于，如果国务院或者公安部不主动开启改变或者撤销程序，人民法院将无法作为，因为《立法法》并未赋予人民法院对规章提起合法性审查的要求或者建议的权力。

第三，从长远来看，笔者建议确立行政审判中规章附带审查机制。通过修改《行政诉讼法》第五十三条的规定，明确法院对规章的司法审查权，并依照以下路径进行合法性审查：法院在行政审判过程中发现规章违反法律法规规定而不予适用后，为不影响案件办理，首先应不予适用。案件审结后，将规章违背法律规定的情况及修改建议层报至最高人民法院，由最高人民法院向公安部提出修改或撤销第四十九条的司法建议；若公安部未在合理期限作出回应的，则可以参照《立法法》第九十九条之规定，提请全国人大常委会进行合宪性审查。①

---

① 张婷：《行政诉讼附带审查的宪法命题及其展开》，载《政法论坛》2018 年 5 月第 3 期。

第四，笔者深知，推动法律修改或者对规章的审查都不是一朝一夕的事。在我国现有法律框架下，制定地方性法规，确立交通违法行为处理的替代性强制措施，为交通部门“捆绑式”执法行为“松绑”提供现实可行性，或许更为必要。如广东省规定机动车有三次以上交通违法行为记录且所有人、驾驶人拒不接受处理的，交通管理部门可以扣留机动车驾驶证、行驶证，确有必要时可以扣留机动车，待处理完毕后立即返还。[①] 这种将处理违法与车辆年检分离的行政执法方式值得借鉴。

正如再审法院所倡导，共同探寻符合我国实际的替代办法，在自由与效率、秩序甚至是生命之间寻求到一种平衡，更是和我们每一位公民息息相关的事情。对于法官而言，提炼和总结裁判规则、通过司法行为助力法治政府建设，是我们义不容辞的责任。

（作者单位：湖南省高级人民法院　湖南省新邵县人民法院）

① 参见《广东省道路交通安全管理条例》第六十七条。

以“拆危”代替拆迁的行政行为应当给予否定性评价

曹 婧　李 伟

【裁判要旨】

危房处置的目的在于保障房屋使用安全，保护公民、法人和其他组织的人身、财产安全，促进城市房屋的有效利用。然而，征收拆迁范围内不依照法定程序的要求进行征收拆迁，反以拆除危房名义实施拆除行为，不符合行政行为的目的正当性原则，应当给予否定性评价。征收范围内未经登记的建筑应当根据《国有土地上房屋征收与补偿条例》第二十四条的规定，依法对未经登记的建筑进行调查、认定和处理；对认定为合法建筑和未超过批准期限的临时建筑的，应当给予补偿；对认定为违法建筑和超过批准期限的临时建筑的，不予补偿。故，在征收范围内，即使属于未登记的涉危房建筑，同样不能未经法定程序以拆危名义径行拆除。

【案情】

上诉人（一审原告）：汪某某。

被上诉人（一审被告）：永嘉县综合行政执法局、永嘉县人民政府东城街道办事处。

原告汪某某在永嘉县上塘镇镇前街 54 号、56 号拥有房屋两间，系其从他人处购买所得，并于 2006 年、2007 年期间办理产权登记手续。同时，汪某某在上述房屋的南面未经审批建造两间三层房屋。2017 年 6 月 21 日，永嘉县人民政府发布《关于确定东城街道城中村改造一期项目改造范围的公告》，上述 54 号、56 号房屋以及屋南面未经登记的房屋位于改造范围内。2019 年 7 月 11 日，浙江某工程检测有限公司受东城街道办事处委托对汪某某上述两间房屋进行勘测检验，并出具《建设工程结构安全鉴定分析报告》，其中载明：周边房屋拆除时对该房屋墙体造成严重损伤，检测时发现东侧承重墙体存在严重破坏和孔洞，房屋的结构体系已破坏，危及安全，存在严重安全隐患，房屋结构安全性评定为 D 级，建议应立即停止使用、立即搬出住户并拆除。当日被告东城街道办事处未将鉴定结论告知汪某某，相关部门也未发出督促通知书，东城街道办事处、综合执法局直接组织工程队对汪某某的房屋予以拆除。汪某某不服，提起行政诉讼，请求确认东城街道办事处、永嘉县执法局的强拆行为违法。

【审判】

瑞安市人民法院经审理认为：根据《浙江省房屋使用安全管理条例》第二十一条第一款、第二款规定："经鉴定为危险房屋的，住房和城乡建设主管部门应当自收到房屋安全鉴定报告三日内，向房屋使用安全责任人发出督促解危通知书，提出对危险房屋的处理意见和解危期限。督促解危通知书提出立即停止使用意见的，住房和城乡建设主管部门应当立即提请本级人民政府按照本条例规定采取应急处置措施。房屋使用安全责任人应当按照督促解危通知书提出的处理意见和解危期限，采取维修加固、拆除等解危措施。督促解危通知书提出立即停止使用意见的，房屋使用安全责任人应当及时撤离或者组织人员撤离。"本案中，被告东城街道办事处委托鉴定机构对房屋进行安全鉴定后，当日径行组织人员予以拆除，并未根据上述规定向原告送达鉴定报告，并由房屋城乡建设主管部门向原告发出督促解危通知书，提出对危险房屋的处理意见和解危期限，也未在期限届满后依法定程序实施行政强制，被告对涉案房屋的拆除行为明显违反了法定程序正当原则，故判决确认该行政行为违法。

汪某某不服，提起上诉称一审判决法律适用错误。根据永嘉县政府作出的《关于城中街道城中村改造一期项目改造范围的公告》，上诉人汪某某的房屋在 2017 年就已经被纳入拆迁范围，被上诉人应当按照拆迁的法律、法规以及行政强制法的规定签署拆迁协议或作出补偿决定后申请法院拆除，而不是依据《浙江省房屋使用安全管理条例》进行处理。故请求变更原判决中的法律适用。

温州市中级人民法院经审理认为：被告的拆除行为属于以"拆危"代替征收拆迁行为，原审法院仅适用《浙江省房屋使用安全管理条例》认定拆除行为程序违法不妥，原审法院判决确认被诉拆除行为违法，结果正确，予以维持，上诉人汪某某的上诉理由成立，但不影响原审裁判结果。

【评析】

本案一审已经支持了当事人的全部诉讼请求，二审法院缘何对被告败诉的理由进行更改？这里涉及法律适用问题及当事人的后续请求权问题，故有必要予以调整说理。其一，法院审查行政行为的合法性属于全案审查，包括实体处理、程序、法律适用等，而实体处理是否合法是构成行政行为是否合法、合理的最重要评价标准，也是对当事人的权利义务产生实质影响的关键所在。本案中，被告以拆除危房的名义实施强制拆除行为，确实没有按照法律、法规规定的程序执行，一审以此判决确认被告拆除行为违法并无不当，但却避开了对被告拆危行为的评价，难以达到司法审查监督与规范行政行为的实质性效果。其二，对于本案原告而言，其被拆除的部分案涉房屋属于业经登记的合法建筑，若危房鉴定及危房认定行为未经评价，根据行政行为的既定力原则，案涉房屋即属于危房，其房屋的建成年份、现状、居住适宜性均会影响到其房屋的价值，而在接下来的征收补偿程序中，势必会减损原告获得补偿的权益。况且，即使属于未登记建筑，也应当启动违法建筑的调查、认定与处置程序，认定为合法建筑的仍应当给予补偿。故此，一审法院判决结果正确，但在处理上仍有不妥。为规范辖区征地拆迁范围内房屋拆除的相关行为，遏制此类行为之发生，应当对此给予否定性评价。

随着经济的快速发展，国有土地上房屋拆迁规模不断扩大，因拆迁引发的社会问题也随之增加。在征收拆迁过程中，由于实施拆除危险房屋的行为简单快捷，以拆危代替拆迁的行为开始大量涌现。但是，以拆危代替拆迁不仅是对立法本意的曲解，也与依法行政的理念背道而驰。对法院而言，审查该类行政行为是否合法，应从行政目的的角度审查其是否符合目的的正当性。

一、目的正当性原则的把握

行政行为目的的正当性是行政行为比例原则的重要组成部分。行政机关作出行政行为应当符合法律目的。行政机关实施行政管理职能可以采取多种方式实现其行政目的，但应排除不相关因素干扰，避免采用损害当事人合法权益的方式进行。《行政强制法》第五条规定："行政强制的设定和实施，应当适当。”行政行为的合法性受到目的正当性的制约。若某一具体行政行为的目的正当性处于否定性评价，则该行政行为便失去合法性根基，从而丧失公信力。因此，目的正当性原则是具体行政行为作出的基本要求，行政机关作出行政行为时，应认真结合当前各方面的具体条件，审慎考虑目的正当性。人民法院司法审查对行政行为的目的是否正当进行评价时，可以从以下几个方面考量。一是以宪法、法律为依据，对行政行为目的进行判断。这种判断不仅限于字面上的目的，更应当考虑该行政行为的目的是否真正符合立法、法律的规定。二是结合主客观条件，寻找支撑的事实，对行政行为的目的正当性进行合理判断。合法性是目的正当性的前提，然而，行政行为即便在形式上有法可依，也不代表其目的具有正当性，还需结合实际情况和其他主客观条件综合审查认定。

众所周知，危房处置的目的在于保障房屋使用安全，保护公民、法人和其他组织的人身、财产安全，促进城市房屋的有效利用。然而，征收拆迁范围内不依照法定程序的要求进行征收拆迁，反以拆除危房名义实施拆除行为，显然不符合行政行为的目的正当性原则，也必将极大地损害行政机关的公信力。本案中，涉案房屋已经纳入东城街道城中村改造范围，就征收补偿问题，征收部门或实施单位应当与被征收人进行协商。在不能达成一致时，行政机关应作出责令交出土地决定，并在对被征收人合理补偿的前提下才可强制拆除。但东城街道办事处作为征收实施单位，在征收部门与被征收人无法就补偿协议达成一致的情况下，在对周边房屋进行拆除时，非但没有对未达成征拆协议的涉案房屋采取合理谨慎的保护措施，反而在委托鉴定机构作出危房鉴定报告的当天径直以此为由进行强制拆除，有为推进工作以拆危手段达到拆除房屋目的之嫌疑。从《建设工程结构安全鉴定分析报告》的结论分析，该涉案房屋虽属于D级危房，但分析报告载明“周边房屋拆除时对该房屋墙体造成严重损伤，检测时发现东侧承重墙体存在严重破坏和孔洞”，且构成D级危房结论的原因主要亦在于此。可见涉案房屋发生危险的原因在于行政机关的相关行政行为。行政机关在征收拆迁范围内不依照法定程序的要求进行征收拆迁，反而以拆除危房名义实施拆除行为，应当对此给予否定性评价。

二、以“拆危”代替拆迁的违法性分析

虽然法律并未赋予行政机关自行决定强制拆除被征收人房屋的权力，但《浙江省房屋使用安全管理条例》第二十一条规定，行政机关一定条件下可以对危险房屋采取拆除等紧急避险措施。可见，危房拆除本身属于一项法定的程序，是为了保护公民、法人和其他组织的人身、财产安全。而实践中，由于旧城改造等征收程序存在耗时长、征收程序有缺陷、补偿协议难以达成等原因，越来越多的地方政府以紧急避险的名义对危房进行拆除，使相关危房处置的地方性法规变相成为违法行政强制行为的“保护伞”。根据《城市危险房屋管理规定》第一条规定，行政机关在管理城市危险房屋时，要以保障房屋所有人居住和使用安全、促进房屋有效利用为目的。而以拆危代替拆迁的行政行为显然不符合上述《规定》的立法精神。

三、征收拆迁的法定程序

在我国，征收拆迁程序仍是以政府为主导。因此，政府在行使征收权力时，更应严格按照相关的拆迁法律程序和行政程序执行，使征收和拆迁过程中的行政行为符合行政权限。根据《中华人民共和国民法典》第二百四十三条和《中华人民共和国土地管理法》第六条规定，为维护公共利益需要，依法征收个人的房屋及其不动产的，应当依法给予拆迁补偿，维护被征收人的合法权益；征收个人住宅的，还应当保障被征收人的居住条件。据此，在行政征收中实施房屋拆迁，应当遵循“先补偿后拆迁”的原则。根据《国有土地上房屋征收与补偿条例》的相关规定①，行政机关要强制拆除被征收人的房屋，应履行以下法定程序：（1）制定并发布征收决定；（2）拟定公布征收补偿方案并公布征求公众意见；（3）发放征收补偿赔偿款；（4）实施房屋拆迁。当房屋征收部门与被征收人无法达成补偿协议时，由房屋征收部门报请作出房屋征收决定的市、县级人民政府按照征收补偿方案作出补偿决定并予以公告。被征收人对补偿决定不服的，可以申请行政复议或提起行政诉讼。被征收人在法定期限内既不申请复议也不提起行政诉讼，又不按期搬迁的，行政机关可以依法作出责令交地决定并申请法院强制执行，在对被征收房屋进行合理补偿的前提下强制拆除。

需要说明的是，合法房屋走法定征收程序理所当然，征收范围内未经登记的建筑也应当根据《国有土地上房屋征收与补偿条例》第二十四条的规定，依法对征收范围内未经登记的建筑进行调查、认定和处理；对认定为合

---

① 参见《国有土地上房屋征收与补偿条例》第八条、第十条、第十三条、第二十五条、第二十六条、第二十八条规定。

法建筑和未超过批准期限的临时建筑的，应当给予补偿；对认定为违法建筑和超过批准期限的临时建筑的，不予补偿。故，在征收范围内，即使属于未登记的涉危房建筑，同样不能以拆危名义径行拆除。

四、违法拆除危房的责任承担

《中华人民共和国国家赔偿法》（以下简称《国家赔偿法》）第四条规定，行政机关及其工作人员在行使职权时有侵犯财产权情形的，受害人有取得赔偿的权利。因此，被拆迁人因行政机关违法强制拆迁遭受财产损害的，可以依法提起行政赔偿诉讼。《国家赔偿法》第三十六条规定，对财产权造成其他损害的，按照直接损失给予赔偿。即我国的行政赔偿立法对违法强制拆除的行为仅限于赔偿直接损失，对间接损失通常不予支持。[①] 而对直接损失如何界定，《国家赔偿法》也并未明确。通常来说，被违法强制拆除的房屋赔偿费用，涉及合法房屋损失、搬迁和临时安置费用以及其他损失等。行政违法强拆行为的屡禁不止，部分原因在于行政行为的违法成本低于依法征收拆迁成本，行政赔偿的惩戒功能无法体现，一些行政机关愿意“违法赔钱”达到拆迁目的。[②] 在审判实践中，法院对违法强拆的情形，普遍遵循“确保被征收人得到的赔偿数额不低于其依照征收补偿方案可以得到的补偿权益”的基本原则，对于最终被认定为违法建筑的强拆赔偿问题，目前尚没有统一的司法裁判尺度，有认为违法建筑不具有合法权益不予赔偿的，也有认为违法建筑的建设成本亦属于合法财产应予赔偿的观点。

本案的案涉房屋较为复杂，前排两间为领取不动产权证的合法房屋，但后期进行了改建行为，后排两间为未经合法审批的建筑。行政机关在实施征收过程中，对该情况未予以区分，既未对合法建筑启动法定征收程序，也未对未登记建筑启动认定与处置程序，却统一以危房的名义启动拆危程序。虽然本案属于强制拆除行为的司法审查范畴，但对于行政行为的评价势必影响到原告后续主张补偿与赔偿的权利，故在确认行政机关拆除行为违法的同时，判决说理部分还应当对其拆危行为的实施目的予以评价。

（作者单位：浙江省瑞安市人民法院）

---

① 石佑启、刘嗣元、朱最新、杨桦：《国家赔偿新论》，武汉大学出版社 2010 年版，第 258 页。

② 苏揉捷：《行政征收中违法强制拆迁赔偿问题研究》，广东外语外贸大学 2020 年硕士学位论文。

非蓄滞洪区水库蓄排水致害的司法救济

陈爱敏

【裁判要旨】

非蓄滞洪区引水、截（蓄）水、排水，损害公共利益或者他人合法权益的，不属于行政诉讼受案范围。受害人可依法向负责管理的企业、事业单位等相关主体请求承担民事责任。

【案情】

再审申请人（一审原告、二审上诉人）：刘某某。

被申请人（一审被告、二审被上诉人）：天津市水务局、天津市蓟州区州河湾镇人民政府。

原告刘某某诉称，二被告建设的引滦工程于桥水库南岸前置库自2017年5月起连续输水蓄水，2018年，该行为导致原告承包的与该前置库紧邻的退耕还林地被水淹渍，承包地上其所栽植树木倒伏、死亡，给原告造成巨大的经济损失。后原告及家人多次维权未果呈讼，请求依法确认二被告建设的于桥水库前置库蓄水因工程质量问题水淹原告承包的退耕还林地致使原告栽植的树木倒伏和死亡的侵权行为违法，诉讼费用由二被告承担。

被告天津市水务局辩称，一、原告并不能证明其属于涉诉行政行为的利益相关者、属于本案的适格诉讼主体。根据刘某某诉天津市水务局确认违法与行政赔偿两案即（2019）津0101行初375号和（2019）津0101行赔初20号案的庭审笔录，以及王某某诉天津市水务局确认违法一案即（2019）津0101行初568号案的行政起诉状，涉诉树木所有权人存在争议，因此涉诉的树木与原告是否存在利益关系需要原告举证证明。同时原告所述承包地均位于 22.0 米高程线以下，土地属于国家所有，原告并不能证明其属于本案的适格诉讼主体。二、本案属于重复起诉、撤回起诉后无正当理由再行起诉，应当驳回原告的起诉。在王某某诉天津市水务局确认违法案即（2019）津 0101 行初 568 号案中，所涉土地与本案原告诉称土地为同一土地，诉讼请求与本案一致。同时刘某某诉天津市水务局的（2019）津 0101 行初 375 号确认违法一案，所诉事实、主张与本案基本一致，该案已由原告申请于 2019 年 11 月 11 日撤诉。根据《最高人民法院关于适用〈中华人民共和国行政诉讼法〉的解释》第六十条第一款、第六十九条“有下列情形之一的，已经立案的，应当裁定驳回起诉：……（六）重复起诉的；（七）撤回起诉后无正当理由再行起诉的；”故应当驳回起诉。三、建设并保障于桥水库正常运行是保障城市供水安全的重要步骤，目的正当、依法合规，具有公共利益属性。四、于桥水库前置库不存在任何工程质量问题，不可能因“工程质量问题”损害原告的权益。即使工程质量存在问题，于桥水库前置库的运行一直处于 22 米以下，根据水往低处流的常识，也不会损害原告的合法权益。五、原告主张的“依法承包”与客观事实不符，于桥水库高程 22.0 米以下为征地范围，土地归国家所有，任何单位和个人不得私自耕种和种植占用。原告占用涉诉区域土地并植树的行为没有任何合法依据。六、“树木倒伏与死亡”与天津市水务局的蓄水行为无因果关系。原告主张的“承包地”属于“水地”，水地具有常年潮湿、容易积水等特点。于桥水库前置库于 2017 年下半年开始试运行，而原告所称的“树木倒伏与死亡”发生时于桥水库已经运行多时，因此树木的倒伏和死亡与天津市水务局的蓄水行为无因果关系。七、天津市水务局在水库前置库运行前已履行警示和告知义务。原告知晓前置库运行蓄水，相关涉诉区域即将淹没的事实，其仍不处置相关财产的后果应自行承担。八、根据原告的诉讼请求，本案不属于行政诉讼受案范围。原告在行政起诉状中认可天津市水务局属于依法建设于桥水库前置库且依法输水蓄水，属于对天津市水务局享有职权且行为合法的自认，同时其认为造成树木倒伏和死亡的行为属于侵权行为，侵权属于民事案件受理范围，行政诉讼中不能确认民事侵权行为违法，因此原告的诉讼请求不属于本案行政诉讼的受案范围。综上，天津市水务局不存在任何违法之处，原告不属于本案的适格原告，其诉讼请求没有事实及法律依据，故请求法院依法予以驳回原告的起诉或驳回原告的诉讼请求，诉讼费用由原告承担。

被告天津市蓟州区州河湾镇人民政府辩称，其不是原告在起诉状中所述的于桥水库前置库建设的主体，也不是向于桥水库前置库蓄水的主体，不应承担原告所主张的法律责任，且原告的起诉超过了法定起诉期限，故请求法院依法驳回原告的诉讼请求。

【审判】

一审人民法院认为，于桥水库及前置库的蓄水、排水等调令系由被告天津市水务局发给其下属单位于桥水库管理部门的运营调度，于桥水库及前置库的蓄水、排水等属于水库的一种日常运行，不属于对外的行政行为。原告刘某某以于桥水库前置库蓄水造成其栽植的树木倒伏和死亡、二被告行为违法为由提起诉讼，不属于人民法院行政诉讼的受案范围。且涉案土地位于于桥水库库区内 22.0 米高程线以下，而 1982 年 8 月原天津市蓟县人民政府作出的《蓟县引滦工程占地拆迁补偿的具体规定》第二条第三款已明确“于桥水库库区内高程在 22.0 米以下的土地，国家已经征用”，故原告占用涉案土地并栽植树木的行为无合法依据，其权益主张不具有正当性。原告提起本案确认违法之诉，缺乏诉的正当利益。依据《中华人民共和国行政诉讼法》第四十九条第（四）项、《最高人民法院关于适用〈中华人民共和国行政诉讼法〉的解释》第六十九条第一款第（一）项、第（十）项、第三款的规定，裁定驳回原告刘某某的起诉。

二审法院经审理查明的事实与一审裁定认定的事实一致。

二审法院认为，本案的争议焦点为上诉人刘某某的起诉是否属于人民法院行政诉讼的受案范围。本案中，上诉人以于桥水库前置库蓄水造成其栽植的树木倒伏和死亡，二被上诉人的行为违法为由提起诉讼。天津市于桥水库管理部门对于桥水库前置库进行蓄水、排水以置换库区水体，确保水质安全，该行为系被上诉人天津市水务局对水库进行的内部管理，属于水库日常运行工作，并非对外的行政行为，对该行为提起的诉讼，不属于人民法院行政诉讼的受案范围。1982 年 8 月原天津市蓟县人民政府作出的《蓟县引滦工程占地拆迁补偿的具体规定》第二条第三款已明确“于桥水库库区内高程在 22.0 米以下的土地，国家已经征用”，涉案土地位于于桥水库库区内 22.0 米高程线以下，故上诉人占用涉案土地并栽植树木的行为无合法依据，其权益主张不具有正当性。二审裁定驳回上诉，维持原裁定。

天津市高级人民法院经审理认为，本案系因于桥水库前置库蓄水、排水导致林木水毁而引发。根据《中华人民共和国水法》第七十六条关于“引水、截（蓄）水、排水，损害公共利益或者他人合法权益的，依法承担民事责任”的规定，本案依法不属于行政诉讼受案范围。两审法院裁定驳回刘某某的起诉正确。刘某某的再审申请不符合《中华人民共和国行政诉讼法》第九十一条规定的情形。依照《最高人民法院关于适用〈中华人民共和国行政诉讼法〉的解释》第一百一十六条第二款之规定，裁定驳回再审申请。

【评析】

公有公共设施，是指由行政机关或其特许主体，出于公共利益的需要，而直接投资或以各种融资渠道兴建的，并由行政机关或其特许主体进行管理的自然物、合成物及其物之设备。[①] 公路、桥梁、公有垃圾场、公有行道树等均属于公有公共设施。本案中，于桥水库前置库系为消减引滦来水入于桥水库的营养盐量，逐步缓解水库富营养化程度，依天津市发展和改革委员会批复建设，其蓄水、排水等系由天津市水务局下属单位于桥水库管理部门运营调度，属于典型的公有公共设施。

一、公有公共设施致害救济的理论探讨

针对公有公共设施在建设、运营中导致的公民、法人或其他组织合法权益受损，根据行政机关或其特许主体对公有公共设施设置或管理是否存在瑕疵，权益受损方在理论上存在以下三种救济可能：

1. 行政补偿

本案中，若于桥水库前置库在设置和管理上不存在瑕疵，仅因其正常蓄水、排水导致周边林木损毁，则在理论上属于行政补偿范畴。行政补偿是基于特别牺牲理论，在行政主体因合法行使公权力致损时，由国家对于权益受损方给予的填补和回复。本案可能涉及的补偿属于非政策性补偿，不同于国家对因其实行公用征收、征用或其他政策所造成的特定损失给予的补偿，是行政主体对其合法公务行为所造成特定损失的补偿，亦即公权力附随效果的

---

① 江必新主编：《〈中华人民共和国国家赔偿法〉条文理解与适用》，人民法院出版社 2010 年版，第 73 页。

特别牺牲补偿救济。

2. 国家赔偿

《中华人民共和国国家赔偿法》（以下简称《国家赔偿法》）第二条第一款规定："国家机关和国家机关工作人员行使职权，有本法规定的侵犯公民、法人和其他组织合法权益的情形，造成损害的，受害人有依照本法取得国家赔偿的权利。"国家补偿和国家赔偿的理论基础均为特别牺牲与公平负担理论，区别在于补偿责任是由合法行为引起的，而赔偿则是由违法行为引起的。本案中，经审查如若行政机关在于桥水库前置库的设置管理中的确存在违法行使职权的问题，并因此导致原告合法所有的林木损毁，则原告在理论上存在通过申请国家赔偿获得救济的可能。

3. 民事侵权

也有观点认为，公有公共设施的设置和管理，属于非权力的公共行政，相关主体之间并非行政法律关系，而是基于相邻关系致损的一种特殊侵权形式，其性质属于民事侵权责任，可通过民事诉讼予以救济。

二、公有公共设施致害救济的现实困境

结合本案中于桥水库前置库蓄水、排水致害问题来看，虽然理论上存在多种救济可能，但在司法实践中可选择的路径非常有限。

1. 行政补偿渠道不畅

一方面，行政补偿须基于合法行为，但实践中因公有公共设施致害引发的纠纷往往源于行政机关或特许主体的不当作为或不作为，这就使得权益受损方很难通过行政补偿寻求救济。另一方面，即使存在因合法行为致损的情形，但因目前法律所确定的补偿制度框架仍有较多疏漏，也很难找到具体的补偿依据。就本案而言，虽然《蓄滞洪区运用补偿暂行办法》第十条、第十一条、第十二条规定了蓄滞洪区运用的损失补偿，但于桥水库并不属于该办法附录名单里的蓄滞洪区，不能适用该办法。而《中华人民共和国水法》（以下简称《水法》）第三十一条、第三十五条、第三十八条也都没有涉及因水库蓄水、排水致损补偿的内容。

2. 未纳入国家赔偿范畴

《国家赔偿法》明确规定我国公民有权获得两类国家赔偿，即行政赔偿和刑事赔偿，而这其中并没有涉及公有公共设施致害赔偿问题。对此，《〈中华人民共和国国家赔偿法〉条文理解与适用》明晰了公有公共设施致害的定义和构成要件[①]，并在此基础上进一步明确了未将其纳入国家赔偿范畴的理由：第一，《国家赔偿法》把归责原则确定为违法责任原则，行政机关及其工作人员违法行使职权是得到国家赔偿的一个前提性条件，而对于公有公共设施设置或管理上的瑕疵行为，全国人大常委会法工委在《关于中华人民共和国国家赔偿法（草案）的说明》中指出“桥梁、道路等公共营造物，因设置或管理瑕疵发生的赔偿问题不属于违法行使职权的问题，不纳入国家赔偿的范围，受害人可以依照《民法通则》的有关规定，向负责管理的企业、事业单位请求赔偿”。第二，由于我国的国家赔偿制度起步较晚，各种配套制度还不够完善，行政机关和司法机关对其操作还不够熟悉，加之公有公共设施的赔偿问题较为复杂，将其纳入《国家赔偿法》势必会增加日常工作的负担，给政府财政带来很大的压力。

三、本案中公有公共设施致害的法律适用

综上，虽然理论界一直不乏将公有公共设施致害纳入国家赔偿范畴的呼声，但在实务中仍然要严格依据现有法律规定进行法律适用。本案中于桥水库前置库蓄排水虽然从行为主体以及行为性质上更符合公务行为特征，但这并不必然使其属于行政诉讼受案范围。如上所述，全国人大常委会法工委在《关于中华人民共和国国家赔偿法（草案）的说明》中已经指出“桥梁、道路等公共营造物，因设置或管理瑕疵发生的赔偿问题不属于违法行使职权的问题，不纳入国家赔偿的范围，受害人可以依照《民法通则》的有关规定，向负责管理的企业、事业单位请求赔偿”。《水法》第七十六条在《国家赔偿法》相关规定的基础上进一步明确规定：“引水、截（蓄）水、排水，损害公共利益或者他人合法权益的，依法承担民事责任。”这就为非蓄滞洪区水库蓄排水致害问题指出了明确的救济路径，即引水、截（蓄）水、排水，损害公共利益或者他人合法权益的，需承担民事责任。

（作者单位：天津市高级人民法院）

① 公有公共设施致害，是指公有公共设施由于设置或管理存在瑕疵，致使其使用人的合法权益受到损害，其具体构成要件包括：第一，致害设施必须为公有公共设施；第二，公有公共设施在设置或管理上存在瑕疵，瑕疵可以基于作为，也可以基于不作为；第三，须是合法权益受到现实的损害；第四，损害必须与公有公共设施设置或管理上的瑕疵存在因果关系。详见江必新主编：《〈中华人民共和国国家赔偿法〉条文理解与适用》，人民法院出版社 2010 年版，第 73 页。

认定视同工伤案件中
不应简单依据有无回家判定是否脱离工作岗位

王　伟

【裁判要旨】

《工伤保险条例》第十五条规定，职工有下列情形之一的，视同工伤：（一）在工作时间和工作岗位，突发疾病死亡或者在48小时之内抢救无效死亡的。字面理解，“工作时间和工作岗位”是指单位规定的上班时间和上班地点，但是，当职工在工作时间内因突发疾病感到身体不适而回家吃药，在家死亡，如申请人有充分证据证明职工突发疾病死亡时并未脱离工作岗位，则可视为“工作岗位”的合理延伸，人民法院在裁判中应综合考量保护劳动者合法权益及社会效应，不应仅仅因为死亡地点是在家中就一概否定视同工伤。

【案情】

再审申请人（一审原告、二审上诉人）：吴某某。

被申请人（一审被告、二审被上诉人）：重庆市沙坪坝区人力资源和社会保障局（以下简称沙坪坝区人社局）。

肖某某系某地质仪器公司物业管理部主任。2018年6月16日，肖某某负责节假日物业值班，当日上午7点57分上班打卡后，肖某某对生产区、家属区用电线路和建筑进行巡查。巡查过程中，肖某某出现咽喉不适、咳嗽、满头大汗、脸色不好等症状。肖某某家住其工作巡查范围的家属区内，遂于上午10点左右回到家中服用头孢丙烯片，病情无好转，出现呼吸困难并逐渐加重。肖某某的妻子吴某某于上午11点55分拨打了120急救电话。急救人员到达现场后发现肖某某已无生命体征，宣告死亡，但在其家属要求下，仍将其送往重庆嘉陵医院抢救室继续抢救并通知病危，最终抢救无效。《居民死亡医学证明书（推断书）》载明肖某某死亡地点为家中。肖某某就职的公司于2018年6月21日提交了肖某某的工伤认定申请，2018年8月6日，沙坪坝区人社局作出了沙坪坝人社伤险不认字（2018）24号《不予认定视同工伤决定书》，载明“肖某某同志于2018年6月16日受到的伤害，不符合《工伤保险条例》第十五条第一款（一）项之规定，不属于工伤认定的情形，现决定不予认定为视同工伤”并向当事人送达。吴某某不服该《不予认定视同工伤决定书》，遂提起本案诉讼，请求撤销《不予认定视同工伤决定书》并责令沙坪坝区人社局重新作出工伤认定的决定。

【审判】

重庆市沙坪坝区人民法院经审理认为：根据《工伤保险条例》第十五条第一款第（一）项的规定，在工作时间和工作岗位，突发疾病死亡或者在48小时之内经抢救无效死亡情形，应当视同工伤。该情形认定视同工伤需同时符合两项条件：第一，在工作时间和工作岗位突发疾病；第二，在工作岗位上死亡或48小时内经抢救无效死亡。本案中，结合证人证言等证据，可以证明肖某某符合第一项条件，即在工作时间和工作岗位突发疾病。本案关键是肖某某死亡是否符合第二项条件。首先，从该条立法本意来讲，“视同工伤”本身已是对劳动者作出了倾向性保护，故对该条的适用条件不宜做扩大解释。其次，肖某某感到不适后于当日10点左右返回家中，迟至11点55分才拨打120急救电话，急救机构赶到后发现肖某某无生命体征，在其家中宣告死亡。因此，肖某某并不符合第二项条件，即不属于在工作岗位上死亡或48小时内经抢救无效死亡。因此，沙坪坝区人社局作出的不予认定工伤决定证据充分，适用法律正确。重庆市沙坪坝区人民法院依照《中华人民共和国行政诉讼法》第六十九条的规定，判决驳回吴某某的诉讼请求。

吴某某不服，提起上诉。

重庆市第一中级人民法院经审理认为：本案的主要争议焦点有两点，一是肖某某死亡地点是在家中还是医院；二是肖某某死亡应否认定为工亡。关于第一个争议焦点，依据《重庆嘉陵医院急救抢救记录》《重庆嘉陵医院120

出诊记录》《居民死亡医学证明（推断）书》等证据及一审起诉状中明确陈述肖某某系在家中被宣告死亡，能够认定肖某某死亡地点为家中；关于第二个争议焦点，根据《工伤保险条例》第十五条第一款（一）项的规定，在工作时间和工作岗位，突发疾病死亡或者在48小时之内经抢救无效死亡的，视同工伤。该条规定的是视同工伤的情形，其所强调的是突发疾病死亡的时间和地点。本案中，肖某某在巡查过程中感到身体不适，返回家中休息吃药，已脱离工作时间和工作岗位，且其发生死亡的地点亦在自己家中，故肖某某死亡不符合上述条文所规定的“在工作时间和工作岗位，突发疾病死亡”的情形。沙坪坝区人社局作出《不予认定视同工伤决定书》认定事实清楚、证据充分、程序合法，并无不当。上诉人的上诉理由与本案现有证据查明事实不符，不予支持。综上，一审判决认定事实清楚、证据充分、程序合法、适用法律正确，依照《中华人民共和国行政诉讼法》第八十九条第一款（一）项的规定，判决驳回上诉，维持原判。

吴某某仍不服，申请再审。

重庆市高级人民法院复查认为：二审判决理由认为“肖某某在巡查过程中感到身体不适，返回家中休息吃药，已脱离工作时间和工作岗位，且其发生死亡的地点亦在自己家中，故肖某某死亡不符合上述条文所规定的‘在工作时间和工作岗位，突发疾病死亡’的情形”，该判决理由将职工突发疾病死亡情形仅限于工作岗位立即死亡这种情况存在对法律条文的狭义理解，故吴某某的再审申请理由成立，符合《中华人民共和国行政诉讼法》第九十一条第（四）项规定的情形。依照《最高人民法院关于适用〈中华人民共和国行政诉讼法〉的解释》第一百一十六条第一款、第一百一十八条第二款的规定，裁定由高院提审并中止原判决的执行。随后，重庆高院作出（2020）渝行再2号行政判决，认为肖某某死亡时符合“在工作岗位上”的情形，应当视同工伤，沙坪坝区人社局作出的《不予认定视同工伤决定书》存在适用行政法规错误，原审两级法院判决亦存在对工伤保险法律的理解适用错误，依照《最高人民法院关于适用〈中华人民共和国行政诉讼法〉的解释》第一百一十九条、第一百二十二条和《中华人民共和国行政诉讼法》第八十九条第一款第（二）项之规定，判决撤销一、二审判决，撤销《不予认定视同工伤决定书》，责令沙坪坝区人社局在判决生效之日起60日内重新作出工伤认定决定。

【评析】

《工伤保险条例》第十五条第（一）项规定视为工伤的实质要件包括两种情形：一是在工作时间、工作岗位上，突发疾病死亡；二是在工作时间、工作岗位上，突发疾病，48 小时内经抢救无效死亡。第一种情况可称之为“未经抢救死亡”，可能存在两种情形：一是突发疾病，来不及抢救即已经死亡；二是发病时，没有其他人员在场，丧失抢救机会，发现时已经死亡。[①] 本案中，肖某某在巡查过程中出现症状，回家吃药后不见好转，在医院急救人员赶到之前已经死亡，就属于“突发疾病，来不及抢救即已经死亡”的情形，本案的争议焦点就是肖某某突发疾病死亡时是否处于工作岗位上，沙坪坝区人社局及一、二审法院均认为，如果肖某某突发疾病死亡时是处于工作岗位上，则可以依照《工伤保险条例》第十五条第（一）项的规定认定视同工伤，否则沙坪坝区人社局作出《不予认定视同工伤决定书》就是正确的。关于这个问题，笔者认为可以从几个方面去考虑：

一、对于“突发疾病”的理解

“突发”——通常理解是指发生出人意料，带有突然、偶发、不可预见性。对“突发”的定义未明确规定疾病发生时的程度，即未要求疾病发生时，必须瞬间失去自理自救能力倒下不起，而只要是症状的出现带有突然性并与之后的死亡具有因果联系，就应当属于《工伤保险条例》第十五条第（一）项中“突发”的情形。“如某职工在上班时间感觉身体不舒服，请假回宿舍休息，第二天一早发现死在床上，如身体不舒服与死亡之间有直接的联系，虽然未经医院抢救，但也可认定工伤。”[②] “疾病”——依据《劳动和社会保障部关于实施〈工伤保险条例〉若干问题的意见》（劳社部函［2004］256 号）第三条的定义，包括各类疾病，此处要求该疾病是在工作时间和工作岗位上发生，若是工作时间之外发生则不能认定为工伤。反之，如果疾病是在工作时间和工作岗位上发生，导致死亡或者是在 48 小时之内经抢救无效死亡的，即使该疾病原因不是由于工作而仅仅是职工个人身体的问题，也可认定为工伤。本案中，肖某某出现流汗、喉咙不舒服等身体不适症状具有突

① 郭修江：《在家加班期间突发疾病死亡应当视同工伤》，载《人民司法》2019 年第 2 期。

② 杨科雄：《最新工伤认定规则及其适用》，法律出版社 2015 年第 2 版，第 137 页。

发性，发生的时间、地点是在上午八点左右其巡查过程中，随后的死亡亦是由于该症状加重所导致，符合《工伤保险条例》第十五条第（一）项规定的情形。

二、对于“工作岗位”的理解

《工伤保险条例》第十四条第（一）项中规定的是“在工作时间和工作场所”，而《工伤保险条例》第十五条第（一）项中规定的是“在工作时间和工作岗位”，相对于工作场所而言，工作岗位强调更多的不是工作的处所和位置，而是岗位职责、工作任务。第十五条第（一）项之所以用“工作岗位”替代“工作场所”，正是强调岗位职责这个概念，只要职工为了单位的利益进行相关工作，就属于在工作岗位上，而非必须是在单位控制的区域内进行相关工作才符合工伤认定的条件。“当劳动者履职区域较为宽泛或履职无固定地点时，工作岗位存在易转化的特质，所在地点既可能是工作岗位，亦可能是与工作无关的普通区域。区分的关键就在于劳动者是否‘因工’，即是否在当时当地开展本职工作。”[①] 如果是，该地点即其工作岗位；如果不是，则其工作岗位不再存在。例如，某经理与客户相约在咖啡厅谈业务，咖啡厅并不属于经理所属公司控制的地域，但此时经理是为了公司的利益而履职，其处于工作岗位；再例如，某小区的清洁工人工作职责为打扫整个小区卫生，当其从事本职清洁工作时，该小区系其工作岗位；若清洁工人在工作时间未打扫卫生，而是和他人打牌娱乐，该小区则成为其娱乐休闲场所，而非其工作岗位。结合本案，肖某某作为某地质仪器公司的物业管理经理，其工作职责包括对公司生产区、办公区、家属区巡查用电线路、房屋安全，是否有滑坡、树木损毁，水电气设施设备运行情况，排查安全隐患，其巡查家属区时处于工作岗位上，巡查过程中突发疾病而回家吃药寻求应急治疗属于人的正常生理需求，不能因为回家吃药就认为产生了阻断效应，脱离了工作岗位。而且，肖某某突发疾病时是在巡查过程中，并不是在娱乐休闲的状态，符合上述“因公”开展本职工作的特征，一、二审法院仅凭肖某某回到家中吃药就认为其脱离了工作岗位，存在对“工作岗位”的机械、狭义理解。

三、对“工作岗位”的延伸理解与最高人民法院的观点相一致

在（2018）最高法行申10600号中，合议庭认为：“根据原审法院查明的

---

① 景象：《“视同工伤”的工作岗位认定》，载《人民司法》2016年第8期。

事实，熊某某在上班时间请假回单位宿舍休息，在宿舍死亡，该宿舍作为员工工作休息场所，可以视为熊某某工作岗位的合理延伸。南昌急救中心出具证明证实事发当日，救护车到现场急救，病人已现场死亡，公安机关亦证明系其他非正常死亡，故原审法院认为熊某某的死亡符合《工伤保险条例》中关于视同工伤的规定，上述认定并无不当。据此，一审法院判决撤销了南昌市政府作出的涉案220号复议决定，二审法院判决驳回上诉、维持原判，有力地维护了劳动者的合法权益，于法有据，并无不妥。”本案中，即使认定肖某某回家吃药属于脱离了工作岗位，也并不一定就得出不能视同工伤的结论，在《最高人民法院行政法官专业会议纪要（七）》（工伤保险领域）第2项“职工在工作时间和工作岗位突发疾病视同工伤的认定”中规定：“职工在工作时间和工作岗位突发疾病，因正当理由未及时送医疗机构抢救，但在离开工作岗位48小时内死亡，或者送医后因医疗机构误诊在离开医疗机构48小时内死亡，有证据证明职工死亡确属上述突发疾病所致，工伤认定申请人请求依据《工伤保险条例》第十五条第一项规定认定视同工伤，社会保险行政部门予以认定的，人民法院应予支持。”该会议纪要表明，此类情形如果社会保险行政部门予以认定视同工伤的，人民法院持肯定态度。

（作者单位：重庆市高级人民法院）

内部行政行为可诉性问题如何类案同判

——以某实业公司诉珠海市人民政府土地行政批复案为例

唐　文

【裁判要旨】

法官判案负有检索权威案例的义务，在审案件涉及指导性案例的，应在裁判理由中予以回应或说理。类案同判，须从“基本案情”与“法律适用”两方面比对，如发现在审案件与指导性案例存在关键区别点，即可排除参照。

【案情】

原告：珠海市西区某实业公司（以下简称某实业公司）。

被告：珠海市人民政府（以下简称市政府）。

2010年12月6日，被告市政府针对珠海市国土资源局（以下简称市国土局）《关于终止珠海市某实业公司用地的请示》作出珠府批（2010）179号批复（以下简称179号批复）。179号批复内容为：“经研究，市人民政府同意你局依法终止某实业公司位于高栏港经济区管委会南水镇镇金龙村的3999.98平方米商住用地供地，请你局按规定办理相关手续。如涉及补偿事宜，由高栏港经济区管委会按有关规定处理。”市政府针对市国土局请示作出的179号批复，并未向原告送达。某实业公司认为，市政府作出179号批复没有向原告送达，在长达六年的时间里，市国土局对原告办理用地手续的要求置之不理，直到最近，才获知有这样一个阻拦原告六年的“批复”存在，而市政府毫无理由收回原告土地使用权，遂诉至法院，请求判决撤销179号批复。

某实业公司在提起本案撤销之诉的同时，还向香洲区法院提起与本案相关的另外两项行政诉讼。其一，（2016）粤0402行初25号。被告是珠海市政府和珠海市国土局，该案被诉行政行为是珠海市国土局给原告某实业公司下达的关于该公司请求办理用地手续的复函，诉请是撤销关于某实业公司申请办理用地手续的复函，要求国土局办理用地手续；该案已经开庭尚未判决。其二，（2017）粤0402行初1号。被告是珠海市国土局，起诉针对的事实是珠海市国土局在2010年给某实业公司下达的闲置土地认定书，但至今长达七年的时间内，该局没有履行法定职责，诉请是责令国土局履行法定职责、拟定闲置土地处置方案。该案已开庭尚未判决。

【审判】

广东省珠海市中级人民法院一审认为，179号批复属于未外化的内部行政行为，某实业公司不可诉。该批复针市国土局请示作出，并未送达某实业公司；无证据显示旨在终止案涉用地的供地之179号批复已直接付诸实施，故179号批复亦未外化，对某实业公司合法权益明显不产生实际影响。

本案与指导案例22号[①]相比，同中有异。两案共同之处是，被诉行政行为都是上级行政机关针对下级收回土地使用权请示作出的内部批复。不同之处在于，本案批复并未外化，且存在两个有一定关联的后续行政行为并被原告提起行政诉讼；指导案例22号的批复由行政管理部门直接付诸实施。指导案例22号“裁判要点”指出：“地方人民政府对其所属行政机关的请示作出的批复，一般属于内部行政行为，不可对此提起诉讼。但行政管理部门直接将该批复付诸实施并对行政相对人的权利义务产生了实际影响，行政相对人对该批复不服提起的诉讼，人民法院应当依法受理。”通说和实践中，一般认为内部行政行为不可诉。在诉权保护方面，最新司法解释着眼于受案范围与利害关系的共同点，强调行使诉权须有“诉的利益”；此与前述司法观点与通说在本质上是一致的。《最高人民法院关于适用〈中华人民共和国行政诉讼法〉若干问题的解释》第三条第一款第（六）项规定，行政行为对其合法权益明显不产生实际影响的，人民法院对已经立案的起诉，应当裁定驳回起诉。指导案例22号强调了特殊情形下内部行政行为可诉的必要条件，即内部

① 指导案例22号即魏水高、陈守志诉来安县人民政府收回土地使用权批复案，最高人民法院于2013年11月8日将其列在第五批指导性案例予以发布。

行政行为外部化。本案因批复缺乏外化的必要条件，不应当参照指导案例22号予以立案。故市政府关于179号批复不可诉的答辩理由，符合案例指导制度的精神，予以采纳。

某实业公司已向香洲区法院提起与本案相关的另外两行政诉讼，其可能受损的权益足以获得司法救济。在此情形下，从诉的利益理论与实践出发，某实业公司也无对179号批复启动行政诉讼的必要。

珠海市中级人民法院依照《中华人民共和国行政诉讼法》第四十九条第一款第（四）项和《最高人民法院关于适用〈中华人民共和国行政诉讼法〉若干问题的解释》第三条第一款第（六）项之规定，裁定驳回珠海市西区某实业公司的起诉。

一审裁定后，珠海市西区某实业公司未提起上诉。

【评析】

一、法律适用的背景

2010年10月，《最高人民法院关于案例指导工作的规定》（以下简称《规定》）第七条规定："最高人民法院发布的指导性案例，各级人民法院在审判类似案件时应当参照。"此后，类案同判遂成我国统一司法尺度进程中一道新风景。学者对此予以十分积极的评价：随着指导性案例的颁布，一种司法规则形成的机制得以产生，并将对我国法制规则体系的发展和完善带来如下四大深刻的影响：一是案例指导制度增加法律规则提供方式；二是案例指导制度取代个案性司法解释的功能；三是案例指导制度改变法官的思维方式；四是案例指导制度重塑法学知识形态。因此，"案例指导制度改变中国法治格局"[①]。不过，由于"案例指导"与"应当参照"在司法实践中时有分歧，法官参照指导性案例的积极性差强人意。最高人民法院经过全面调研与充分酝酿，于2015年5月19日发布《〈关于案例指导制度的规定〉实施细则》（以下简称《实施细则》）。《实施细则》第十条规定："各级人民法院审理类似案件参照指导性案例的，应当将指导性案例作为裁判理由引述，但不作为依据引用。"第十一条规定："在办理案件过程中，案件承办人员应当查询相关

① 陈兴良：《案例指导制度改变中国法治格局》，载陈兴良主编：《中国案例指导制度研究》（序言），北京大学出版社2014年版。

指导性案例。在裁判文书中引述相关指导性案例的，应在裁判理由部分引述指导性案例的编号和裁判要点。公诉机关、案件当事人及其辩护人、诉讼代理人引述指导性案例作为控（诉）辩理由的，案件承办人员应当在裁判理由中回应是否参照了该指导性案例并说明理由。”通观这项制度设计可见，最高司法机关尽管强调指导性案例不是法源，但同时明确了指导性案例具有“事实上的拘束力”若干规则。于是，法官判案必经路径如下：查询相关指导性案例→裁判理由回应引述指导性案例作为理由的控（诉）辩→应当参照时裁判理由引述指导性案例的编号和裁判要点→不予参照时裁判理由阐明排除理由。[①] 本案被告市政府在答辩中提请法院参照指导案例 22 号裁判要点予以驳回原告起诉。于是，审理者必须依照《实施细则》第十一条规定在审判中回应是否参照该指导案例 22 号。

指导案例 22 号的“裁判要点”为：“地方人民政府对其所属行政机关的请示作出的批复，一般属于内部行政行为，不可对此提起诉讼。但行政管理部门直接将该批复付诸实施并对行政相对人的权利义务产生了实际影响，行政相对人对该批复不服提起的诉讼，人民法院应当依法受理。”其“指导意义”在于：“旨在明确内部行政行为外化后的可诉性问题。该案例明确下级行政机关直接将上级行政机关的批复付诸实施，并对相对人的权利义务产生了实际影响，相对人对该批复不服提起诉讼的，人民法院应当依法受理。该案例法律适用符合行政诉讼法立法精神，有利于畅通行政相对人权利救济的渠道，监督和促进行政机关依法行政。”

二、本案裁判思路

1. 内部行政行为通常不可诉。不可诉的行政行为，意味着被诉时不属于行政诉讼的受案范围。内部行政行为的概念源于德国的一般权力关系理论，后经学者引入，目前我国行政法理论界和实务界普遍接受了“内部行政行为与外部行政行为”的划分；对于内部行政行为的范围界定，通常有广义说和狭义说之分，狭义说根据行为的性质将内部行政行为分为工作性质类和人事性质类两类；而工作性质类指上级对下级机关或者行政首长对其所属的机构人员进行的工作上的批准、命令以及指示、批复，还包括行政机关内部的工

① 唐文：《正当程序原则在中国——行政诉讼中原则裁判理论与实践》，法律出版社 2019 年版，第 104—105 页。

作计划、安排、制度等。[①] 本案被诉行政批复即属于工作性质的内部行政行为。通说认为，内部行政行为一般不直接对外产生法律效力，对行政相对人的权利义务不产生实际影响，因而不具有可诉性。从行政诉讼法律文本而言，我国一直以来秉承内部行政行为不可诉的原则，现有可适用的法律依据是《中华人民共和国行政诉讼法》（以下简称《行政诉讼法》）第十三条第（三）项。该项规定，人民法院不受理原告针对“行政机关对行政机关工作人员的奖惩、任免等决定”提起的诉讼。《最高人民法院关于适用〈中华人民共和国行政诉讼法〉的解释》第一条第二款第（十）项规定，对公民、法人或者其他组织权利义务不产生实际影响的行为，不属于人民法院行政诉讼的受案范围。《行政诉讼法》第十三条第（三）项规定并未明确将工作性质类内部行政行为排除在行政诉讼受案范围之外，但前述司法解释的规定可作为工作性质类内部行政行为不可诉的法律依据。

2. 精准理解指导案例 22 号所明确内部行政行为可诉的必要条件。内部行政行为通常不可诉，但在特殊情形下具有可诉性，即内部行政行为外部化，这是指导案例 22 号要义与精华所在，“外部化”遂成为内部行政行为可诉的必要条件。在指导案例 22 号中，本来下级行政机关根据批复应当作出一个对外发生法律效力的决定，但怕做被告，就直接依据上级批复实施了；如果相对人对批复不服提起诉讼不被受理，就很难得到权利救济。于是，指导案例 22 号“裁判要点”明确了内部行政行为外部化后，且对行政相对人权利义务产生了实际影响的，如行政相对人对该批复不服，即享有行政诉权。何谓内部行政行为外部化，学理解释见仁见智，而最能影响司法实践的当属指导案例 22 号及其权威解读。“内部行政行为的外部化是指内部行政行为作出的本意是不对外产生法律效力，但其实施对行政机关以外的行政相对人产生了实际影响，其效力超出了机关内部的范围。”[②] 套用指导案例 22 号“裁判要点”用语简而言之，内部行政行为外部化是直接将内部批复（指示）付诸实施并

---

① 最高人民法院案例指导工作办公室石磊执笔：《指导案例 22 号〈魏水高、陈守志诉来安县人民政府收回土地使用权批复案〉的理解与参照》，载最高人民法院案例指导工作办公室编著：《中国案例指导》（总第 2 辑），法律出版社 2015 年版。

② 最高人民法院案例指导工作办公室石磊执笔：《指导案例 22 号〈魏水高、陈守志诉来安县人民政府收回土地使用权批复案〉的理解与参照》，载最高人民法院案例指导工作办公室编著：《中国案例指导》（总第 2 辑），法律出版社 2015 年版。

对行政相对人产生了实际影响。这是作为判例解释的指导案例 22 号之精髓，亦即判断内部行政行为可诉性的关键。关于内部行政行为外部化的界定，通常不以送达或者是否为相对人知悉为标准。最高人民法院法官早在［2004］行终第 1 号行政判决书的裁判要旨就明确地表达了该观点：“内部行政行为外部化并不指内部行政行为因通知利害关系人或者以其他途径为利害关系人所知悉为外部具体行政行为。送达或者是否为相对人知悉，不是衡量内部行政行为外部化的标准，认定内部行政行为是否外部化，关键在于行为本身的性质，即内部行为是否具有外部效果。”[①] 毫无疑问，该裁判要旨也是判断内部行政行为是否外部化的权威司法观点。

3. 经比对发现本案与指导案例 22 号有本质差异。如何进行案例比较，最高人民法院法院也有原则指引。根据《实施细则》第九条规定，审理者须将在审案件与指导性案例从“基本案情”和“法律适用”两方面予以比对。就思维过程而言，我国的案例指导与判例法国家法律适用并无本质差异，即经比对发现在审案件与判例高度类似，即“同案同判”，如发现二者有重大差别即排除先例适用。排除适用，是判例法国家法官法律适用中重要而又常用的区别技术，关键在于发现在审案件与先例的重大差别。这种重大差别无外乎《实施细则》所指的“基本案情”与“法律适用”两方面。本案与指导案例 22 号类似，即被诉内部行政行为均属上级行政机关在土地行政中的内部批复，但有重大差异，即“本案批复并未外化，且存在两个有一定关联的后续行政行为并被原告提起行政诉讼”，故应予以排除参照。具言之，指导案例 22 号合法有效，只因与本案在是否外部化这一关键事实上存在明显差异，经比对后，人民法院不应当参照其“裁判要点”受理原告的起诉。

三、本案引发的思考

1. 法官负有检索权威案例的义务。所谓权威案例，通常是指上级法院发布的对下级法院法律适用有影响的案例（广义上还包括上级法院生效裁判），其中最权威的案例当属最高人民法院发布的指导性案例。法律人周知，在审理疑难案件时，如果有权威案例参照，那么既可提高审判效率，还能让当事人直接感受到“类案同判”或“异案异断”的实体正义。为推进司法尺度统

---

① 刘德权主编：《最高人民法院司法观点集成（第二版）》（行政及国家赔偿卷），人民法院出版社 2017 年版，第 152 页。

一，确保审判质效，最高人民法院除颁布《实施细则》外，在近年来的案例指导工作中日益强调法官应尽检索上级法院案例和关联案件的义务。因此，审理者一旦遇有内部行政行为可诉性问题，即便当事人未引述指导性案例作为诉辩理由的，法官仍应主动检索权威类案；在审案件如果涉及相关指导性案例的，应在裁判理由中予以回应或说明。

2. 案例是否参照可先查找案例的关键区别点。从案例参照的难易而言，参照适用的难度往往大于排除适用。指导性案例应当参照时，必须从“基本案情”与“法律适用”两方面找到多点相似，而且这些相似点均具有重要性，如此比对与归纳并非轻而易举；而在审案件与指导性案例之间只要发现关键区别点即可排除参照，因而从寻异出发往往事半功倍。诸如本案，它与指导案例 22 号相比，同中有异，但裁判者经必要比对后，聚焦于在审案件的行政审批并未外部化这一关键事实，果断裁定驳回了原告起诉，遂取得快速息诉的效果。

3. 审查原告诉权须分层次、多角度进行。根据法律和司法解释，审查原告诉权必须考量受案范围、原告资格、起诉期限、起诉时机、被告适格和是否重复起诉等多项法定要件。当然，首先应从受案范围角度审查。内部行政外部化只是判断类似行政行为可诉性标准之一，如果经审查内部行政外部化已具可诉性，那么在后续的诉权审查中还需从原告资格、起诉期限等角度切入。

（作者单位：广东省珠海市中级人民法院）

当事人之间的民事争议能否产生阻却协议履行的效果

何信丽

【裁判要旨】

在大量的城中村改造过程中，政府按照家庭户为单位与家庭成员之一签订安置补偿协议后，其他家庭成员或者其他利害关系人因对协议项下的安置补偿利益主张权利，要求行政机关不得向协议签订人履行交付义务的，在其对行政协议的合法有效性未通过法定程序主张权利或者家庭成员之间的民事争议未启动法律程序予以确定的情况下，均不产生阻却行政协议履行的效果。行政机关以相关权利人要求不得交付为由，拒绝履行行政协议的，构成不履行行政协议，依法应承担违约的法律后果。

【案情】

上诉人（一审被告）：郑州市某区人民政府（以下简称某区政府）。

被上诉人（一审原告）：曹某某。

曹某某系郑州市某区须水镇柿园村村民，在柿园村北街71号有住宅一处。2013年12月18日曹某某（乙方）与某区柿园村城中村改造指挥部（甲方）就柿园村北街71号的房屋签订《拆迁补偿安置协议》。根据协议约定，曹某某本次拆迁可以领取的补偿款共计为143147.02元，其中包含半年的过渡费57600元。关于过渡费的发放标准，协议约定按照测算的回迁安置面积1200平方米，以每平方米每月8元的标准发放。甲方为乙方设立存折账户，每半年支付一次过渡费，每次支付57600元。协议签订后，曹某某将其持有的宅基地使用证（证号为证郑宅字0007071，使用权人为李某某）上交拆迁指挥部，并于2013年12月24日交回空房。拆迁指挥部同日向原告曹某某出具《空房验收单》。多数村民在协议签订后即收到拆迁补偿款项。曹某某因第三人曹某枝主张享有拆迁补偿份额，被告某区政府一直未将协议约定的补偿款项支付给曹某某。曹某某因此多次向拆迁指挥部反映，并先后以借款的名义从拆迁指挥部借款 350000 元，其中 2017 年曹某某从被告处借款 250000 元，2018 年曹某某从被告处借款 100000 元。该款项曹某某同意在本案判决时予以扣除。

庭审中被告某区政府认可关于过渡费的发放标准，签协议时约定前三年按照回迁安置房屋的面积，以每平方米每月 8 元发过渡费。三年之后，如果不能安置的，当时被告口头承诺过渡费翻倍发放。现在该村其他村民自 2017 年以来正在按照翻倍的标准发放过渡费，即按照每平方米每月 16 元的标准发放。原告的回迁安置面积为 1200 平方米，按照上述标准，其 2014 年至 2016 年每半年应获得过渡费 57600 元；2017 年至 2019 年每半年应获得过渡费 115200 元。曹某某诉请某区人民政府按照拆迁补偿协议发放补偿款及利息。某区人民政府辩称，案涉协议不能履行的责任不在某区人民政府，曹某某的诉讼请求没有事实及法律依据；曹某某的诉请显然已超过起诉期限，依法应予以驳回起诉。

【审判】

法院生效裁判认为：关于被告主张的原告与第三人之间存在民事争议是否能够成为被告至今不履行协议的正当理由，是本案的争议焦点。本案原告曹某某也认可可以分给第三人曹某枝一定的份额，但多年来双方就分割问题一直未达成协议，曹某枝未通过法定途径主张撤销协议，被告也未通过单方行政行为改变该协议的效力，原告与被告签订的安置补偿协议，亦不存在违反法律法规规定的无效情形，故涉案协议属于有效协议，被告应当履行。至于原告与其家庭其他成员之间对于拆迁补偿款的分割问题，属于原告与第三人之间的民事争议，可以通过其他途径另行解决，该事由不能成为被告拒绝履行生效协议的理由。虽然该协议并未约定履行期限，但从该村其他村民在签完协议后即领取补偿款的事实，被告也应当在原告签订协议后将协议约定款项支付给原告。

按照协议约定被告应当支付给原告各项补偿费用 772347.02 元。因被告延迟支付原告上述补偿款项，原告不能合法享有该款项带来的孳息，故原告请求被告按照同期银行存款利率支付利息，本院予以支持。依据《中华人民共和国行政诉讼法》第七十八条的规定，判决：被告郑州市某区人民政府于本判决生效之日起10日内向原告支付补偿款772347.02元，并按照同期中国人民银行存款利率支付原告利息。

宣判后，郑州市某区人民政府向河南省高级人民法院提起上诉。河南省高级人民法院于2020年10月13日作出（2019）豫行终3971号行政判决，驳回上诉，维持原判。

【评析】

行政机关通过与公民、法人或者其他组织协商签订协议，在行使行政管理职权、履行管理职责过程中实现国家利益和社会公共利益，是现代行政管理的新方式。合法有效的行政协议，对于协议双方而言都负有严格履行义务，作为政府一方，更应当守信践诺，按照行政协议约定，严格兑现向行政相对人依法作出的承诺，因为政府诚信是社会诚信建设的重要基石。而本案原告与被告签订了行政协议后，长达几年的时间没有履行，被告抗辩的主要理由是因为第三人对于协议项下的安置补偿利益主张权利，要求被告不得向签订人履行交付义务，故被告认为其属于有正当理由不予履行协议的情形，不构成违约。对于家庭成员之间或者协议签订人与案外人之间的民事争议是否属于行政机关不履行行政协议的正当理由，实践中存在分歧。

一、不履行行政协议的一般正当事由考量

1. 可撤销的行政协议，利害关系人已提起撤销之诉。根据《最高人民法院关于审理行政协议案件若干问题的规定》第五条规定，认为行政协议的订立、履行、变更、终止等行为损害其合法利益的公民、法人或者其他组织，可以提起行政诉讼。本案中第三人曹某芝认为涉案的协议涉及的权利属于其和曹某某共有的，或者认为协议项下的财产权利应当归属其本人所有，不能与曹某某签订协议，第三人曹某芝对案涉协议提起撤销之诉的情况下，行政协议的效力处于不确定状态，行政机关可以暂缓履行，待协议效力确定后再决定是否履行。

2. 利害关系人对协议项下的财产权利已通过法定途径解决，并明确告知行政机关暂缓履行的。行政协议虽然是行政机关与行政相对人经协商一致达成协议，但有可能行政相对人处分的协议项下的财产并不属于自己，或者对

项下财产的归属存在争议。在当事人已经通过法定途径解决民事争议的情况下，实际权利人尚未确定。为避免因为被告过早履行产生新的争议，被告可以暂缓履行。

3. 被告在诉讼之前已经作出变更或者解除协议决定或者协议存在其他明显严重违法情形的。被告以原协议存在严重违法情形已经决定变更或者解除的，基于行政行为的先定力，原协议失去法律效力，不具有继续履行的法律效果，利害关系人要求继续履行原协议的，失去事实基础，可以成为被告不履行协议的正当理由。但应当仅限于被告对其作出变更或者解除协议之后的不履行行为，不能作为判断被告之前不履行行为的合法性。

二、案涉协议应当判决履行的主要理由

（一）案涉行政协议不存在无效情形，存在应当履行的法律基础

行政协议的履行，除当事人提出抗辩理由外，是否存在无效情形，是判决是否履行协议的首要条件，也是行政协议履行之诉里法院应当主动审查的内容。因为只有合法有效的协议才存在履行的问题。《最高人民法院关于审理行政协议案件若干问题的规定》第十二条第一款规定："行政协议存在行政诉讼法第七十五条规定的重大且明显违法情形的，人民法院应当确认行政协议无效。"《行政诉讼法》第七十五条规定："行政行为有实施主体不具有行政主体资格或者没有依据等重大且明显违法情形，原告申请确认行政行为无效的，人民法院判决确认无效。"《合同法》第五十二条规定："有下列情形之一的，合同无效：（一）一方以欺诈、胁迫的手段订立合同，损害国家利益；（二）恶意串通，损害国家、集体或者第三人利益；（三）以合法形式掩盖非法目的；（四）损害社会公共利益；（五）违反法律、行政法规的强制性规定。"本案经审查不存在上述法律规定的重大且明显违法情形。此外，根据《最高人民法院关于审理行政协议案件若干问题的规定》第十六条规定，对严重损害国家利益和社会公共利益的协议，被告可依法作出变更、解除协议的行政行为。本案被告在原告提起本案诉讼之前未作出变更、解除协议的行为，因此人民法院可以认定案涉协议不存在无效情形，属于可以履行的行政协议，存在履行的前提。

（二）利害关系人消极主张权利，不能产生阻却行政协议履行的法律后果

在大量的拆迁补偿安置协议的纠纷中，因为拆迁协议的签订均是按家庭

户进行的，由家庭代表签字，很大一部分争议系因为家庭成员之间对于协议项下的财产权益的分配产生争议，因此导致协议的继续履行出现困难。有的甚至明确告知行政机关不得继续履行协议，将协议项下的利益发放给协议的签订人。但仅仅告知行政机关其与协议签订人之间存在民事争议，而未按照法定程序主张权利，不能产生阻却行政协议履行的法律后果。主要理由是：一是家庭成员之一对协议项下的财产主张权益，一般属于家庭内部纠纷，在被拆迁农民普遍以户为单位签订拆迁安置补偿协议的方式下，不应轻易否定协议签订的合法性。家庭成员之间的利益分割可以通过协商、民事诉讼或者其他途经解决，才能增加行政协议的稳定性，有利于稳定行政法律关系，提高行政效率，尽快达成行政管理目标。二是协议签订人与其他利害关系人对协议项下的财产权益存在民事争议，对于财产权属的争议，需要经过法定的机关解决，行政机关显然不具有解决权属争议的权能，仅根据利害关系人的主张，行政机关不能作出财产归属的判断，因此协议项下财产的权属争议，需要利害关系人与协议的行政相对人之间通过民事诉讼解决或其他法定途径解决。故利害关系人仅以存在民事争议为由要求行政机关暂缓履行协议，但未提起民事诉讼或未启动其他法定救济的，不能构成行政机关不履行生效协议的正当理由。

司法应以解决争议为目的。本案中，第三人虽主张协议中包含了其合法利益，但既不去通过民事诉讼等法定途径解决其和原告之间的民事纠纷，又不对行政协议提起撤销之诉，其以告知行政机关不能履行协议的方式，导致行政机关在协议签订后多年里均不能得到履行，严重损害了协议当事人的合法权益。判决履行协议，有效保障了协议当事人的合法权益。如果协议项下的权益归属于第三人，或者部分归属于第三人，第三人的财产权益同样也得到了保护。此外，判决被告履行协议，能够改变第三人主张权利的消极方式，促使行政和民事法律关系都尽快稳定。反之，将导致本案纠纷陷入一直无法解决的困境里，这显然与行政诉讼法以解决行政争议为目的的立法宗旨背道而驰，不是司法追求的价值。

（作者单位：河南省郑州市中级人民法院）

调查研究

集体土地征收与补偿行政案件司法审查报告

广西壮族自治区高级人民法院行政庭

近年来，随着我区经济社会纵深发展，城镇化、工业化进程加快，农村集体土地征收的规模扩大、次数增加，不服集体土地征收与补偿行为而提起的行政案件（以下简称集体土地征补案件）数量随之增加。集体土地征补案件往往牵涉地方党委政府的中心工作和重大部署，又事关被征地群众切身重大利益，涉众性、对抗性、敏感性强，连环诉讼多，加之现行集体土地征收补偿的法律规范较为原则，由此引发诸多问题，亟须高度重视并认真解决。为妥善处理集体土地征收与补偿争议，保障行政机关征地补偿工作的顺利实施，保护被征收人及利害关系人的合法权益，推进征地补偿工作法治化，我院对近三年全区法院审理集体土地征补案件裁判情况进行梳理分析，提出意见和建议，供参考。

一、我区集体土地征补案件的基本情况及特点

集体土地征补案件，是指被征地农村集体经济组织、被征地户以及利害关系人不服农村集体土地征收与补偿安置行政行为，诸如征地批复行为、征地方案公告行为、征地补偿安置行为、责令交出土地行为、土地清表行为等提出的请求撤销、确认违法、确认无效、履行补偿安置职责、赔偿的行政诉讼案件。根据原国土资源部、农业部《关于加强国有农场土地使用管理的意见》第三条的规定，收回国有农场建设用地的，参照征收农民集体建设用地

的补偿标准进行补偿，故本报告的数据和案例包括收回国有农林用地行政案件。2018—2020 年，全区法院受理一审集体土地征补案件 3185 件，审结 2934 件。[①] 我区集体土地征补案件主要有以下特点：

（一）案件数量快速增长

2018—2020 年，全区各级法院受理一审行政案件分别为 8706 件、9804 件、11761 件。其中，受理一审集体土地征补案件分别为 750 件、1230 件、1205 件，在全部一审行政案件中占比分别为 8.61%、12.55%、10.25%，2018 年、2019 年分别同比增长 88.92%、64.00%。作为对比，全部一审行政案件近三年分别同比增长 15.17%、12.61%、19.96%。可以看出，一审集体土地征补行政案件的增幅明显高于全部一审行政案件，所占比重亦持续增长，2020 年略有回落。

表 1：全部一审行政案件及集体土地征补一审收案数

	全部一审行政案件	同比增长	集体土地征补案件	同比增长	占比
2018 年	8706	15.17%	750	88.92%	8.61%
2019 年	9804	12.61%	1230	64.00%	12.55%
2020 年	11761	19.96%	1205	-2.03%	10.25%

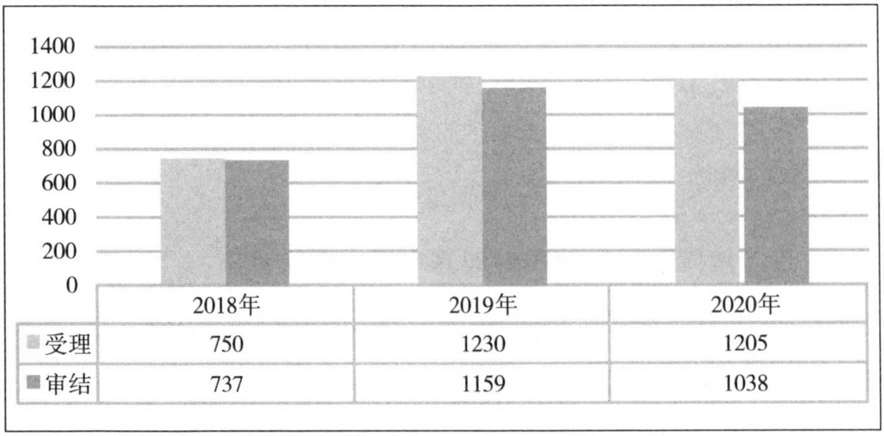

图 1：一审集体土地征补行政案件受理与审结数

① 该数据系根据各市中级法院上报数据汇总。

从地域分布看，各市一审集体土地征补案件受案数量不均衡。近三年，南宁、桂林、柳州、贺州[①]等市集体土地征补案件数分别为：1137 件、464 件、341 件、311 件，河池、防城港等市为 27 件、25 件。铁路运输两级法院受案数，实际应计入南宁、柳州两市受案数，由此南宁、柳州两市受案数合计 1665 件，占全区各市总受案数的 52. 28%。

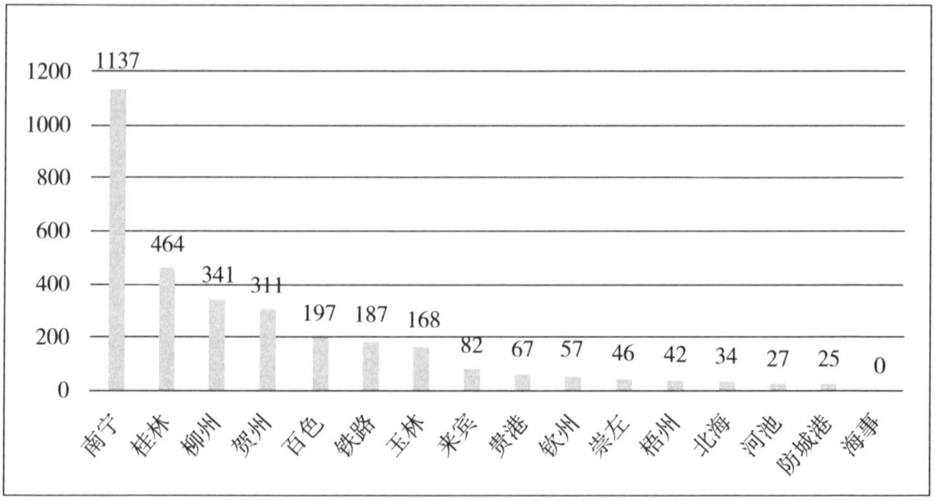

图 2：2018—2020 年各市法院一审集体土地征补案件受案数

从原告起诉请求看，原告起诉要求法院确认征地行为违法的案件比较集中，高达 58%。

（二）群体性、对抗性、敏感性特征突出

部分被征收人为实现自身利益最大化，以诉讼为手段，围绕征收补偿，对前置及相关行政行为包括立项审批、征收公告、安置补偿公告、行政强制执行等一系列行政行为，以及相关的行政复议、政府信息公开分别提起诉讼，形成连环诉讼。有的当事人因为一个征补事项，先后提出十几起诉讼，一旦处理结果达不到其要求，还申诉上访，给法院和政府施加压力，以达到获得高额补偿的目的。例如，冯某某等 39 人分别诉玉林市自然资源局土地出让、强制清表行为的连环诉讼，形成 2 批 39 件系列案件；唐某某等 4 人因集体土地征收补偿，向不同行政机关申请政府信息公开并提起多个复议和诉讼。同

① 南宁、柳州两市数据未包括铁路两级法院受案数。

时，集体土地征补案件往往涉及多个农村集体经济组织，各村组、村民经常抱团诉讼，涉众性、敏感性强，处理难度大。例如，廖某某等诉宾阳县政府土地行政征收及行政赔偿系列案（28 件），田林县六隆镇六隆村赖屯等村组诉田林县政府土地行政协议及行政赔偿系列案（12 件）、韦某某等 147 人诉南宁市自然资源局及南宁市政府行政协议案、田阳县头塘镇新山村委第 1—14 村民小组等诉田阳县政府土地行政征收案等。

（三）行政机关败诉率偏高

2018—2020 年，一审集体土地征补案件行政机关败诉率分别为 23. 74%、31. 67%、43. 35%。败诉案件主要集中在要求法院确认征地行为违法的案件。反映行政机关为提高工作效率，加快征收的速度，一定程度上放松了对依法征收的严格要求，征收法定程序以及执行征收法律政策不到位。

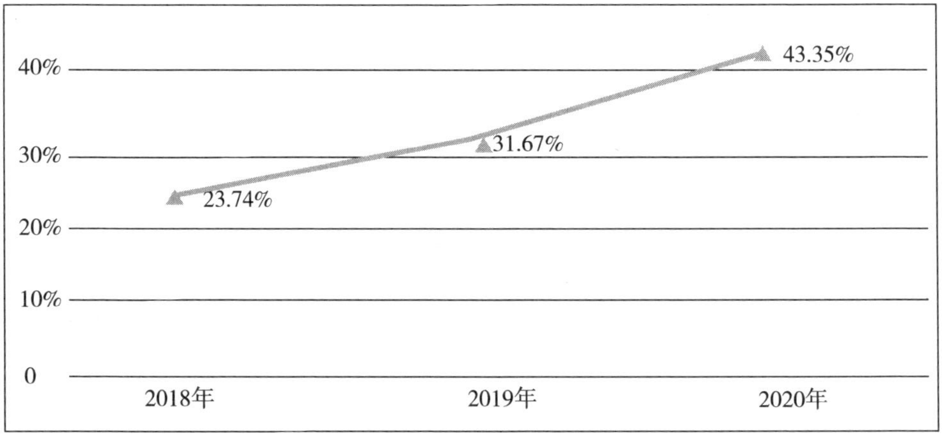

图 3：2018—2020 年一审集体土地征补案件行政机关败诉率

（四）裁判结果与原告诉请差距大，容易引发不利社会舆论

有的原告提起集体土地征补案件，目的是获得巨额补偿或赔偿款，提出的主要理由有：由于行政机关征补行为违法，应当赔偿原告损失，而赔偿的标准应当高于补偿标准，即按照国有土地上房屋的标准予以赔偿；被征收集体土地已纳入城市规划区，应当适用《最高人民法院关于审理涉及农村集体

土地行政案件若干问题的规定》第十二条第二款[①]的规定，按国有土地上房屋的标准予以补偿；被拆除房屋属于商业用途，或者高档装修，或者种植名贵植物；案涉房屋虽然没有合法手续，但应当按合法房屋给予补偿；等等。所提出的赔偿或补偿金额往往数倍于补偿安置方案所规定的补偿金额，如南宁青秀山风景名胜区管委会征收青山园艺场的系列案，各被征收户提出6000多万元的赔偿请求。法院对于行政机关征地违反法定程序，但补偿合法合理的，依照行政诉讼法规定确认征地行为违法，不支持原告的巨额赔偿请求。不少案件的原告或其诉讼代理人在赔偿请求得不到法院支持的情况下，故意挑起舆论炒作，博取不明真相群众的同情，行政机关和法院因此承受巨大的舆论压力。

（五）造成不利社会影响

主要表现为：一是影响征地工作的顺利实施。大部分集体土地征补案件都一定程度上、一定范围内对征收补偿工作造成了不利影响，拖延了征收期限，增加化解争议的压力，致使计划项目不能如期实施，妨碍经济社会发展。二是引发其他争议，如分配争议、确权争议。例如，百色市百林林场诉右江区政府不履行征地补偿协议案，柳州市鱼峰区雒容镇南庆村民委员会藕塘屯第二村民小组诉柳州市政府不履行征地补偿法定职责案等案件，除了征地补偿诉讼，还引发了土地权属争议，造成新的社会矛盾。三是申诉、信访多，案结事未了。例如，来宾市政府征收古三村、西山村集体土地补偿案，法院判决政府对征收户予以依法妥善安置，由于具体安置工作又存在争议，致使安置工作长期未能到位，当事人经常上访、闹访，影响社会稳定。

二、集体土地征收补偿行政执法的常见问题

（一）强制执行行为违法

从前文分析的行政机关败诉案件类型可见，近年法院判决确认征地行为违法在败诉案件中所占比例逐年上涨，如2019年一审集体土地征补案件中确

---

① 《最高人民法院关于审理涉及农村集体土地行政案件若干问题的规定》第十二条第二款规定：征收农村集体土地时未就被征收土地上的房屋及其他不动产进行安置补偿，补偿安置时房屋所在地已纳入城市规划区，土地权利人请求参照执行国有土地上房屋征收补偿标准的，人民法院一般应予支持，但应当扣除已经取得的土地补偿费。

认征地行为违法占各类案件比重高达69%。主要情形有：一是未经申请法院强制执行而径行强制清表行为违法，此种情况占败诉案件的绝大多数。《中华人民共和国土地管理法实施条例》（2014年修订）第四十五条规定："违反土地管理法律、法规规定，阻挠国家建设征收土地的，由县级以上人民政府土地行政主管部门责令交出土地；拒不交出土地的，申请人民法院强制执行。"集体土地征收补偿拆迁过程中，行政机关无权直接强制拆除或者清理被征收范围内的建筑物、青苗等地上附着物，被征收人拒不交出土地的，依法应当作出责令交出土地决定并申请法院执行。未经申请法院执行，径行强制清表，属超越职权、违反法定程序。例如，平南县平南镇乌江村田廖屯61户被征收户诉平南县政府行政强制执行案件，就存在该情形。二是未达成补偿安置协议，也未作出补偿决定并提存补偿款就实施清表行为，违反先补偿、后拆迁的规定。例如，容县石头镇石头村黄某某等26人诉容县政府行政强制执行及行政赔偿案，存在未补偿、先清表的违法行为。

（二）各地补偿安置标准差异大，且不够合理

主要情形有：1. 按户数或按面积安置回建地，各地不统一。由于有的征收补偿安置方案规定按照户数落实回建地，被征收人以被征收房屋属家族共有、多个兄弟姐妹共有，或者成年子女分户等理由，要求按安置户数落实回建地，所要求回建地的总面积大大超过被征收房屋的占地面积。例如，陈某某等人诉东兴市政府征收补偿案，请求对被征收的20多平方米祖祠按家族户数落实回建地。2. 地上农作物补偿标准不统一。例如，武鸣华侨农场征收补偿案，东盟高新区管委会的征地补偿安置方案没有列明沃柑的补偿标准，因此按一年生作物补偿3000元/亩，但南宁市武鸣区的征地补偿安置方案列明了沃柑的补偿标准，且远远高于3000元/亩，被征收户请求参考武鸣区的有关补偿标准予以补偿。3. 外来户买地建房应否补偿，各地差异大。例如，来宾市兴宾区古三村整体搬迁系列案件、贵港市白凹窝系列案件，都涉及外来户买地建房应否补偿问题，但处理差异大，有的予以补偿，有的不予补偿。4. 被征收人在征收范围内拥有多套住房的补偿标准，各地不统一。例如，南宁市五象新区征地补偿的众多案件，绝大部分被征收人在不同征收项目内拥有多套住房，按南宁市补偿标准规定应当予以折算，即不能拆一补一，但被征收人对此不服，请求参照其他地方的补偿安置方案，予以拆一补一。5. 历

史老房的补偿标准，各地差异大。对于历史老房的认定，有的地方截至 1991 年，有的截至 1994 年，引起互相比较的争议。6. 安置人口的资格认定标准不统一。比如，冯某某诉恭城县政府、恭城县教育局房屋行政强制及行政赔偿案中，案涉房屋属于集资住房，冯某某出资建设并长期居住于案涉房屋，具有房屋使用权和继承权，且可对房屋装修、屋内财产损失主张权利，恭城县政府未确认冯某某补偿安置资格即拆除涉案房屋违法。再如，黄某某诉兴宾区政府土地征收安置补偿案中，政府未将黄某某纳入安置人员名单，二审法院在审查时结合黄某某生产、生活的实际情况，综合认定其属于古三村的集体组织成员，改判支持其要求安置主张符合法律规定。

（三）补偿安置不及时、不到位

根据《土地管理法》第四十八条规定，征收土地应当给予公平、合理的补偿，保障被征地农民原有生活水平不降低、长远生计有保障。但是，我区集体土地征收补偿中，补偿不及时、不到位，补偿标准偏低的情况仍不鲜见，且各地补偿标准和补偿内容差异较大。有的补偿标准远远低于被征收人预期，补偿标准和范围确定与计算方式不合理。随着土地越来越稀缺，回建地安置方式越来越少，安置房补偿面积、数量有限，仅有单一、有限的货币补偿方式，难以弥补失地农民的损失。有的征收决定作出多年后才实施，但补偿标准没有进行合理调整。有的未依法签订安置补偿协议，一些地市征收决定作出多年后才具体实施，补偿安置标准仍按征收决定作出时确定。有的执行法院生效判决历时长，被征收人胜诉后多年未得到补偿安置。比如，来宾市兴宾区古三村集体土地征收系列案件，2013 年取得征地批复，2014 年发布征收决定公告，2017 年要求整体搬迁，2018 年 9 月强制拆除，有部分被征收人直到 2019 年起诉时行政机关仍未签订补偿协议也未作出补偿决定，而且按照 2017 年之前的标准补偿难以让被征收人保持原有生活水平不降低，被征收人对抗情绪激烈，引发一系列诉讼。

（四）补偿安置协议违法或超期未履行

行政协议作为现代政府创新管理方式、实现行政管理目标的一种新型手段，兼具行政性与契约性的双重特点，2015 年 5 月 1 日施行的新《行政诉讼法》明确将行政机关不依法履行、未按照约定履行或者违法变更、解除政府特许经营协议、土地房屋征收补偿协议等争议列入行政诉讼受案范围，行政协议类案件数量增长迅速。法院审理案件过程中发现，行政机关在行政协议签订及履行等过程中存在一些问题不容忽视。有的行政机关将签订补偿安置协议的职权违法转委托下属的城投公司；有的行政机关不依法、不依约履行征收安置补偿协议，不将协议安置的建设用地列入规划或者挪作他用，履行期届满时无法兑现承诺；有的行政机关迟延履行安置义务后，拒绝支付迟延期间的过渡费用；有的行政机关履行安置补偿协议后，被征地对象拒绝交出土地，不能依法规制。比如，余某某等人诉河池市金城江区政府签订补偿安置协议案，河池市自然资源局交由其下属事业单位河池市土地储备中心委托城投公司行使签订补偿协议职权，该转委托行为违法。又如，黄某某诉贵港市港北区政府不履行行政协议及行政赔偿案，港北区政府与黄某某依据 2011 年补助方案签订协议，但是港北区政府未履行协议中提供安置房的义务，导致系列纠纷及诉讼发生。再如，麦某某诉昭平县政府不履行土地房屋征收补偿协议案中，涉案《房屋拆迁补偿补充协议》签订后，昭平县政府没有按补充协议约定及时交付回建地，也没有按照协议约定及时解决落实回建地后自建或代建的问题，导致麦某某因房屋拆迁造成的损失不断扩大，麦某某依据补偿协议约定主张相关损失，有事实依据，法院判决昭平县政府应当按照协议予以补偿。

（五）土地及地上附着物现状及权属申报、调查、登记工作粗糙

主要情形有：一是对拟征土地现状的调查结果未经征地农户确认，或对被征收范围内的土地利用现状未经被征地农户参与丈量、登记、确认，特别是强制执行时又没有保存现场视频照片的情况较为普遍。例如，邓某某诉灵山县政府行政征收案，涉及多块承包地，未查清在征收范围内的承包地范围。二是被征收集体土地权属争议未依法裁决前支付补偿款项。例如，百色市百林林场诉百色市右江区政府不履行征地补偿协议案，百林林场与村民小组对被征收土地存在权属争议尚未依法裁决，百色市右江区政府就将补偿款项支付给了村民小组。三是权属凭证登记的土地面积与实际补偿面积不一致。例如，吴某某诉浦北县政府征地补偿案，吴某某《林权证》登记林地面积 14.1 亩，浦北县政府补偿面积只有 8.6 亩，由于浦北县政府不能提供有效的面积测量证据，法院判决按照《林权证》登记面积给予补偿。

（六）证据保全不落实、不规范

对证据的形式、种类、要求和取证的程序仍需更规范、更全面，尤其是

某些关键证据未固定或未保全的现象仍存在。例如，韦某某诉西林县政府行政强制及赔偿案，西林县政府在实施强制拆除行为时，虽然申请了公证机关派员到现场公证，但公证人员未制作认定建筑物内是否有相关动产，相关动产是如何移交给当事人的公证内容，造成损害情况不明，最终法院判决酌定赔偿。再如，朱某某等21人诉博白县政府土地行政征收案，政府提交的批复文件均未涉及老牛圩组土地，2011年8月16日《土地分类面积表》虽载有老牛圩组土地，有填报时间和填报单位（博白县国土局），但该表无上下文，无法判断该表的来源和效力，博白县政府主张是用地报批文件的组成部分，但未能提供该报批文件及相对应的批复文件，不能证明对该表所列土地进行了申报并获得批准，也未能提供证据证明针对征收老牛圩组土地进行了征地方案公告和补偿安置方案公告。

（七）“未批先征”“少批多征”

如钟某某诉柳州市柳北区政府房屋征收补偿协议无效案，已签订补偿协议并履行完毕将房屋交付拆除建设国道后，所涉柳州市沙塘至沙埔道路改造工程（二期）项目在诉讼期间才取得征地批复，甚至有部分已拆除房屋到二审结案时仍未取得征地批复。新《土地管理法》已将旧法规定的先批后征改为预征收制度，但仍应当明确，签订征收补偿协议仍需依法取得征地批复并公告后，才能具体组织实施。

三、对行政机关依法开展集体土地征收征拆工作的建议

针对上述存在问题，我们分析认为，主要原因有：一是法律法规对于集体土地征收补偿的规定过于笼统；二是行政机关在集体土地征收补偿工作中法治思维和法律运用能力还有待加强；三是宣传发动、教育引导力度薄弱，群众存在误解，容易被一些不实信息误导，等等。针对原因，为妥善处理集体土地征收与补偿纠纷，保障行政机关征地补偿工作的顺利实施，保护征地相对人及利害关系人的合法权益，推进征地补偿工作的法治化，我院提出如下意见和建议。

（一）积极应对新《土地管理法》的新变化，完善配套法律规范

新《土地管理法》对集体土地征收进行了三大重大改革，一是对土地征收的“公共利益”范围进行细化界定，弹性空间收窄；二是明确征收补偿的

基本原则是保障被征地农民原有生活水平不降低，长远生计有保障，进一步以立法方式明确应当依法、及时、合理补偿；三是改革土地征收程序。将原来的征地批后公告改为征地批前公告，多数被征地的农村集体经济组织成员对征地补偿安置方案有异议的，应当召开听证会修改，进一步落实被征地的农村集体经济组织和农民在整个征地过程的知情权、参与权和监督权。倡导和谐征地，征地报批以前，县级以上地方政府先与拟征收土地的所有权人、使用权人就补偿安置等签订协议。建议有关行政机关结合以往的实践，完善好当地的配套规范。

重点有以下几个方面：1. 进一步完善征地公告程序，明确征地公告属有效发布或送达的标准，征收村民小组土地的应当在村小组范围内以适当方式公告，确保实际使用土地的村民及时知晓征地方案和补偿安置方案内容；2. 进一步细化涉及地上附着物或青苗的测量、清点、登记以及评估方式、标准和程序，保障清点登记的客观可靠和评估的公平公正；3. 进一步完善农村宅基地使用权人、集体土地房屋所有权人的产权保护机制，确保有效保护农民宅基地使用权；4. 进一步细化征收补偿各项标准和程序，建立健全公平、公正、透明、可监督的征地补偿程序性规范，明确规定各项征地补偿款的发放时间、方式、相关义务主体以及违法责任，确保行政执法和司法审查有据可依；5. 进一步明确涉及征地补偿的政府信息公开方式和责任主体，畅通信息公开渠道。

（二）进一步增强依法征收补偿的法治思维和法治运用能力

充分运用法治思维和法治方式深化改革、推动发展、化解矛盾、维护稳定，强化对不作为、乱作为、选择性执法的行政问责，从源头上预防和化解行政争议。通过建章立制的形式进一步明确房屋征收拆迁的各项程序及实体要求，改进以往征收拆迁过程中一些随意性做法，避免因程序违法等原因诱发被诉的风险。

明确各级行政主体职责。各地政府依法负起征地主体责任，依法履行征收决定公告和听证程序，避免剥夺被征地农民的知情权、参与权、表达权和监督权，严格控制征地范围杜绝“未批先征”“少批多征”，科学制定并及时更新征地补偿标准，保障好被征收人的生存权、居住权和原有生活水平不降低，严格落实农村社会保障制度，保障好失地农民的生存发展。各土地管理部门依法签订和履行补偿安置协议，及时公布土地征收各项补偿费用的分配方案，加强对被征收的村委会分配补偿款的监督。各级行政机关依法完全履行集体土地征收补偿过程中与被征收人依法签订的各类协议，及时、合理、合法地落实好补偿安置，审慎行使行政优益权，不因政府换届、领导更替、土地价格上涨等因素随意变更或拒不履行承诺和协议约定。

提高证据意识和应诉能力。在征收补偿拆迁的每个环节中，均要牢固树立程序规则意识和证据意识，不仅要依法履行法定程序，还要依法收集和保存相关证据。同时积极应诉答辩，提高行政机关负责人出庭应诉率和出庭应诉的实效性，从出庭应诉过程中，通过积极应诉，及时掌握和校正、解决行政执法存在的问题。

（三）进一步完善被征收人利益保障机制

一是以保障被征收人合法权益为核心，平衡好公权与私权、公平与效率、绝大多数与少数个体之间的利益。用法定的征收范围、公平的征收补偿、正当的征收程序制约和监督征收公权力及征收效率，用社会公共利益限制和规范被征收人私有产权及公平补偿，平等保护绝大多数与少数个体之间的利益，对于个别情况特殊的被征收户，可在不损害绝大多数被征收户合法权益基础上，予以适当倾斜，促成征收项目顺利推进。

二是以利益协调为中心点建立补偿机制。进一步完善被征收人利益表达与参与机制、平等协商的对话机制。在信息公开的基础上，吸引被征收人通过直接或间接的途径参与到整个房屋征收拆迁实施过程中来，使其通过正常的程序和法律途径表达自己的利益诉求。让征收人和被征收人在充分掌握对方信息的前提下作出理性选择，避免被征收人因对征收拆迁政策的误解产生矛盾。

三是充分发挥政策作用。要在法律框架内，充分运用政策的灵活性。尤其是征地立法严重滞后、法律和政策之间缺乏衔接的方面，可充分探索健全超前的、授益性的、有利于保护被征收人合法权益的地方政策，通过给予政策奖励和倾斜，调动被征收人配合征收的积极性。如对在协议期内提前搬迁的住户给予适当奖励，协助生活贫困的被征收人办理有关民政救济，对符合条件的被征收人在就业、申请廉租住房方面给予政策倾斜，保障其基本的生存条件。

（四）进一步提高行政与司法的协同配合

一是在各级法院已建立多元化纠纷解决机制基础上，建议有关行政机关积极协调配合，实现调解、仲裁、行政裁决、行政复议、行政诉讼等有机衔接、相互协调，形成化解行政争议的社会合力，促进行政争议实质性化解，真正使司法成为行政争议化解的最后一道防线。

二是常态化行政与司法互动机制。各级法院与行政机关可以在已建立的协调配合工作机制下，加强信息沟通与职能衔接，通过行政法律实务培训、府院联席会议、白皮书通报机制、司法建议、败诉率考核、败诉典型案例发布、具体案件协调沟通等多种方式，共同研究解决土地房屋征拆领域遇到的问题，通过统一法律适用和执法尺度，减少司法审判与行政执法中的分歧，共同研究化解行政争议。对法院司法建议，行政机关应进一步完善反馈制度，及时将处理结果或者处理方案反馈给法院。

三是推行集体土地征收拆迁“裁执分离”模式。“裁执分离”是解决当前征收集体土地中行政机关因未经申请人民法院执行而被确认违法的困境的最佳途径。2014 年 7 月最高人民法院作出《关于在征收拆迁案件中进一步严格规范司法行为积极推进“裁执分离”的通知》，该通知明确了国有土地上房屋征收拆迁适用“裁执分离”执行模式，没有明确农村集体土地征收拆迁可否适用。我院建议政府主导司法行政机关、自然资源主管机关与人民法院共同研究探索，达成共识，参照国有土地上房屋征收拆迁“裁执分离”的执行模式，推广到集体土地征收拆迁工作中。

关于 2018—2020 年山东省
公安管理领域行政案件的调研报告

山东省高级人民法院行政庭

2018—2020 年，全省法院一审新收涉公安行政案件 5894 件，占行政一审收案总量的 8.9%。收案数量逐年增长，占比有所回落。

表 1：2018—2020 年新收一审涉公安行政案件收案数量与占比

	2020 年	2019 年	2018 年
收案数量	2328	2247	1319
占比	9.0%	9.8%	7.5%

一、从涉及领域看，治安相关案件占比最高且逐年增加

在涉公安一审行政案件中，治安相关案件占比最高，其次是道路相关案件。治安领域案件逐年增长，道路领域案件有所下降。

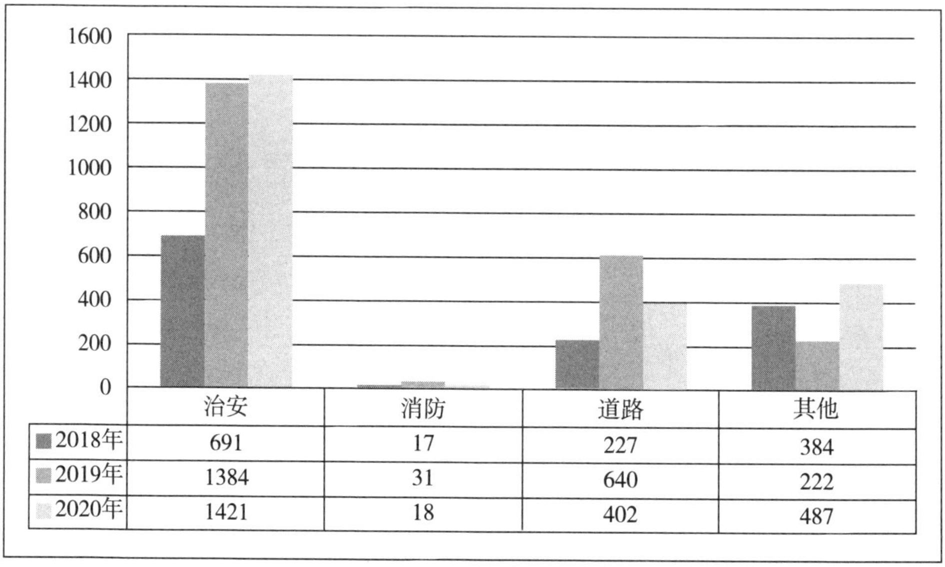

	治安	消防	道路	其他
2018年	691	17	227	384
2019年	1384	31	640	222
2020年	1421	18	402	487

图 1：2018—2020 年涉公安一审行政案件收案情况

二、从结案方式看，撤诉、不予立案、驳回起诉案件过半

涉公安行政一审案件有 43%以判决方式结案，以准予撤诉或按照撤诉处理结案的占 28%，不予立案或驳回起诉的占 24%。

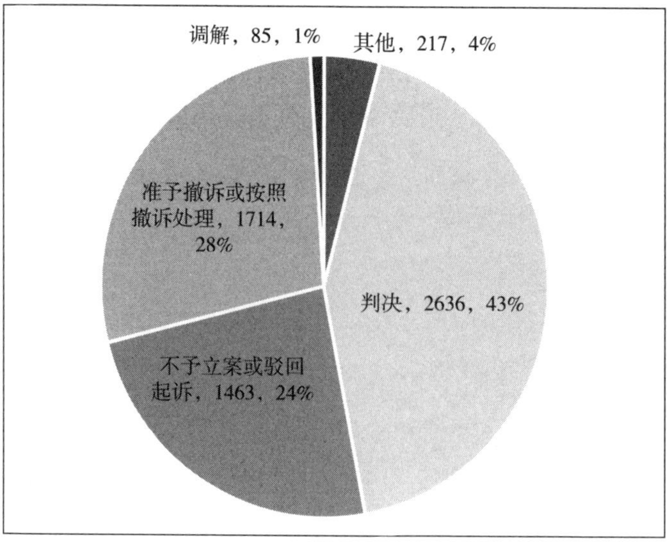

图 2：2018—2020 年全省涉公安一审案件结案方式

三、从裁决结果看，公安管理领域败诉率低于各领域均值

以 2020 年为例，全省涉公安行政一审案件败诉 145 件，败诉率为 6%，比全省行政机关败诉率低 3.4 个百分点。威海辖区公安机关败诉率最低，为 1.8%；烟台辖区败诉率最高，为 11.5%。

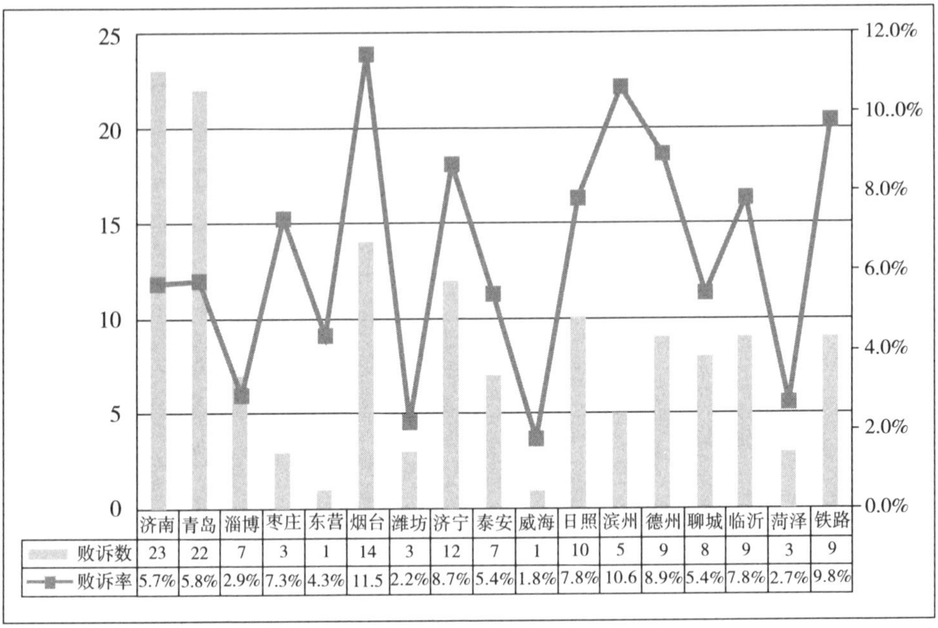

图 3：2020 年各辖区败诉案件与败诉率情况

四、从出庭应诉情况看，公安机关负责人出庭应诉率低于各领域均值

2020 年全省涉公安行政案件行政机关负责人出庭应诉率为 92.34%，略低于全省行政机关负责人出庭应诉率。

表 2：2020 年全省及各辖区涉公安行政案件行政机关负责人出庭情况

地区	公安机关应参加庭审的案件总数	负责人出庭案件数	负责人出庭应诉率	正职出庭案件数
全省	1502	1387	92.34%	94
济南	287	203	70.73%	9

续表

地区	公安机关应参加庭审的案件总数	负责人出庭案件数	负责人出庭应诉率	正职出庭案件数
青岛	179	179	100%	28
淄博	103	102	99%	4
枣庄	38	38	100%	2
东营	43	41	95.35%	5
烟台	98	90	91.83%	1
潍坊	55	52	94.54%	6
济宁	60	59	98.33%	1
泰安	56	54	96.43%	7
威海	75	75	100%	4
日照	40	40	100%	7
滨州	48	48	100%	1
德州	68	68	100%	0
聊城	101	101	100%	17
临沂	124	110	88.70%	0
菏泽	46	46	100%	2
铁路	81	81	100%	0

五、审判实践中发现的问题

2020年全省公安机关因执法程序违法被判决败诉80件，占败诉案件的55.2%；因事实认定错误被判决败诉24件，占败诉案件的16.6%；因未依法履行法定职责被判决败诉27件，占败诉案件的18.6%。

（一）执法程序方面

一是未充分保障行政相对人陈述申辩、听证等权利。根据正当程序原则，行政机关在作出增加行政相对人义务、减损行政相对人权益的行政行为时，应听取行政相对人的陈述和申辩，在作出对行政相对人权利义务有较大影响的行政行为时，应保障行政相对人听证的权利，但有的公安机关在作出行政处罚过程中未充分保障行政相对人的上述权利。

二是委派不具有执法资质人员执法。2017 年修订的《中华人民共和国行政处罚法》规定，在行政机关负责人作出决定之前，应当由从事行政处罚决定审核的人员进行审核。行政机关中初次从事行政处罚决定审核的人员，应当通过国家统一法律职业资格考试取得法律职业资格。有的公安机关不能证明其作出的处罚决定已由具有从事行政处罚决定审核资质的人员进行审核，违反法定程序。此外，有的公安机关在进行调查询问时，仅委托警务辅助人员或仅有一名警察进行。

三是随意简化执法环节。有的公安机关在执法过程中随意简化、合并执法流程，甚至缺失必要的环节、步骤。如某公安机关在未完成鉴定程序规定的必要步骤，即将鉴定结论作为认定事实的一部分，或省略鉴定程序直接作出结论，影响了对案件事实的客观认定。

四是办理治安案件超过法定期限。《治安管理处罚法》对公安机关办理治安案件的期限作出明确规定，有的公安机关因办理的治安案件未能在法定期限内完成，被确认办案程序违法。

五是送达程序不规范。有的公安机关针对当事人提出的政府信息公开申请作出答复后，未能及时送达文书；有的公安机关采取邮寄方式送达，但没有依法确认送达地址，或邮寄后不再关注是否签收，导致送达义务未实际履行完毕。

（二）事实认定方面

一是未能综合分析采信证据。针对在调查执法过程中出现的多种形式多份证据，有的公安机关采纳不全面，不注重证据之间的相互印证对比，没有进行必要的调查，或采信的证据并不能证明认定的事实；有的公安机关在作出行政行为时，没有列出查明的事实，未进行必要的说理论证，直接得出结论，难以令当事人信服。

二是未能提交已尽勤勉检索义务的证据。政府信息公开案件中，有的公安机关仅告知申请人其申请的政府信息不存在，或者其申请公开的政府信息涉及国家秘密、商业秘密、他人隐私故不予公开，但对该政府信息是否存在、是否有不宜公开的情形及被申请人是否进行必要检索等没有予以说明，导致政府信息公开申请人不服其作出的答复。

三是未能审慎审查登记材料。有的公安机关在对流动人口进行服务管理过程中，未能积极审慎地审查相关登记材料，导致错误核发居住证，后当事人起诉要求撤销。

（三）履职担当方面

一是不履行或拖延履行职责。当事人提出政府信息公开申请，有的公安机关不予答复或拖延答复；有的公安机关对当事人的报案不能依照法律规定的情形分别作出处理，以报警事项不属于其职责范围为由，拒绝履行职责。

二是实质性化解行政争议的主动性不强。根据教育与处罚相结合的法定原则，行政处罚兼具惩罚和教育的双重功能，通过处罚既应达到纠正违法行为的目的，也应起到教育违法者及其他公民自觉守法的作用。有的公安机关未能综合考量当事人违反治安管理行为的性质、情节以及社会危害程度，处罚过当却疏于教育，不利于行政争议的实质性化解，也不利于树立行政处罚的公信力。

三是履行职责不严谨细致。有的公安机关在最终的具有法律强制力的处罚决定中表述为“拟”作出行政拘留的处罚，并依据该决定实施了处罚行为；有的公安机关向当事人送达的决定书未加盖公章；有的公安机关作出的处罚决定书载明的事实与公安机关自行查明的事实不一致；有的公安机关对同一事实的认定不能统一标准，互相否定自己作出的行政行为。

六、意见建议

一是维护管理秩序的同时注重保护当事人合法权益。作出行政处罚决定是公安机关维护行政管理秩序的重要手段，建议公安机关作出处罚决定之前，慎重对待相对人合法的、正当的权益，如此才符合公正执法的要求。

二是提高行政管理效率的同时注重遵循法定程序。依法行政不仅要求行政活动实体合法，也要求行政活动程序合法。建议公安执法人员作出行政行为时应严格遵守法定程序，尤其在实施涉及相对人人身自由权且具有不可逆性的行政行为时，更应当严格遵循法律规定的程序，依法保障相对人、利害关系人的知情、陈述、申辩、听证等程序性权利，并在事后为相对人提供相应的救济途径等。

三是强化出庭应诉能力建设的同时注重实质性化解行政争议，从源头上预防和化解行政争议。被诉行政机关负责人出庭应诉，有利于行政机关负责人了解和改善执法情况，有利于从源头上规范行政行为，有利于实质性化解行政争议。建议公安机关负责人要进一步提高出庭应诉的主动性，通过出庭参加诉讼，增强应诉能力，做到出庭、出声、出解、出治。

基层社会治理体系下街道办综合执法风险防控的调研报告

——以《北京街道办事处条例》为切入点

北京市通州区人民法院行政庭调研组*

为了贯彻落实党的十九届四中全会对共建共治共享的社会治理制度要求，北京市一直在构建基层社会治理的新格局，不断尝试并推进首都治理体系和治理能力现代化的改革。2020年1月1日，《北京市街道办事处条例》（以下简称《条例》）正式实施，街道办事处（以下简称街道办）被赋予新的历史角色和重要定位。同年4月1日，北京市人民政府作出《关于向街道办事处和乡镇人民政府下放部分行政执法职权并实行综合执法的决定》（以下简称《决定》），将市、区级部门承担的部分行政处罚权、行政强制权下放至街道办事处和乡镇人民政府，并由其行使与之相关的行政检查权，实行综合执法。赋权街道，打造北京经验，是实现“一支队伍管执法”，并破解“看得见的管不着”难题的重要举措，但基层执法内容庞杂，街道办在执法初期将面临诸多问题，街道办能否“管得好”、如何“管得好”是摆在面前的首要考验，因此，亟须对街道办综合执法问题进行研判，完善执法风险防控体系，促进社会基层治理现代化。

一、街道办综合执法的立法改革

北京市赋权街道办，实行综合执法是改进城市基层治理方式的重大变革之一，作为基层治理的重要抓手，综合执法涵盖了与居民生活密切相关的各个方面，并始终孕育于城市和社会治理之中，而非将执法与治理完全割裂。

---

* 课题主持人：陈立如；课题负责人：邱春阳；课题组成员：佟艳艳、张璐、甄硕、章志豪。

本报告将从以下两方面简要介绍街道办综合执法改革后的立法状况。

（一）街道办综合执法改革现状

街道办综合执法的改革成果主要体现在《条例》和《决定》中，本报告亦围绕《条例》和《决定》展开研究。《条例》将街道办的职责由城市管理、社会管理、社区服务、居民工作转变为公共服务、城市管理、社会治理，扩宽了职责外延。此外，《决定》下放的431项职权主要涉及城管执法、生态环境、农业农村、水务及卫生健康5个部门，范围广，项目多。并且，行政执法相应的领导指挥权也随之下放，包括协同执法的统筹协调指挥权和对政府部门派出机构、人员的领导权，改变了街道办“有责无权”的局面。

1. 事权分配合理化。（1）明确了街道办与政府及其执法部门的关系。实行街道办事处“职责清单”制度，未经市、区人民政府批准，街道办不承担职责清单之外的事项，街道办可组建综合行政执法机构开展综合执法，也可以协调其他政府部门，开展联合执法。（2）明确了街道办与居委会的关系。街道办对居委会进行“指导、支持和帮助”，而非“领导”，居委会履行“协助”职责，市、区政府部门和街道办不得将任务清单以外的事项交由居委会办理。

2. 行政执法法治化。（1）遵循依法行政原则。街道办须依据行政执法事项清单开展执法，在职权下放与衔接过程中，市城管执法部门和区政府要承担各自的协助职责，其中，城管部门负责统筹指导和综合协调，区政府负责落实行政执法公示制度、执法全过程记录制度、重大执法决定法制审核制度和行政处罚裁量基准制度。（2）法制工作专门化。由专门负责法制工作的机构承担街道办的行政规范性文件审查、行政执法监督指导、行政复议、行政诉讼等工作，严禁执法辅助人员独立开展执法活动。

3. 执法观念服务化。街道办依托北京市12345市民服务热线，及时回应、解决人民群众的诉求。“接诉即办”并非行政执法程序，但热线服务中心的行为可能成为相关法定程序的延伸，通过分类转办，将人民群众的诉求与行政执法工作有效衔接，倒逼执法速度的提升。

（二）街道办综合执法的主要类型

《决定》下放的431项职权类型主要为行政处罚权、行政强制权及相应的行政检查权，具体如下：

1. 行政处罚权

《决定》中明确授予街道办的行政处罚事项共408项。其中，职权来源于城管执法部门的事项为373项，涉及能源、环境保护、运输、宣传标语、城乡建设、无照经营、食品安全等领域，这些事项中，由街道办独立办理的事项为318项，由区级部门和街道办分区域、分条件办理的事项为55项。职权来源于农业农村部门的事项为1项，由市级机关、区级部门和街道办分区域办理。职权来源于生态环境部门的事项为4项，由区级部门和街道办分条件办理。职权来源于水务部门的事项为19项，这些事项中，由街道办独立办理的事项为3项，剩余的16项由市级机关、区级部门和街道办分区域处理。职权来源于卫生健康部门的事项为11项，全部由街道办独立办理。

2. 行政强制权

《决定》中明确街道办享有的行政强制职权共23项，其职权来源于城管执法部门和税务部门，其中，由街道办独立行使的事项为20项，由市级机关、区级部门和街道办分条件办理的事项为3项，需要注意的是，对于行政机关依法作出金钱给付义务的行政决定当事人逾期不履行的加处罚款这一职权，市、区、街道可以通办。

3. 行政检查权

《决定》明确街道办依法行使与行政处罚权和行政强制权相关的行政检查权，实行综合执法，故除明确排除外，街道办一并享有与市、区有关部门下放的部分行政处罚权、行政强制权相对应的行政检查权。综观《决定》，仅有一处提到行政检查权，即石油天然气管道保护的行政检查权由城管执法部门、街道办和镇人民政府共同行使，但行政处罚权仍由城管执法部门行使。故从数量上统计，赋予街道办和乡镇政府的行政检查权应比行政处罚权、行政强制权多1项，即432项。

二、街道办综合执法的实践调研

（一）行政案件情况

1. 行政诉讼案件

在中国裁判文书网中，以“街道办事处”和“行政执法”为关键词，案件类型为行政，地域为北京市，共检索出相关法律文书216件（详见图1）。

从数据中可以看出，自 2017 年开始推行“街乡吹哨、部门报道”工作机制以来，街道办的行政执法涉诉案件增长迅速。受执法周期影响，案件数量在 2019 年达到峰值，比 2018 年增长 2 倍。在 2020 年有所回落，但并不影响街道办作为基层行政执法主体的确认，也反映出街道办愈加深刻地参与城市基层治理的行政执法工作。

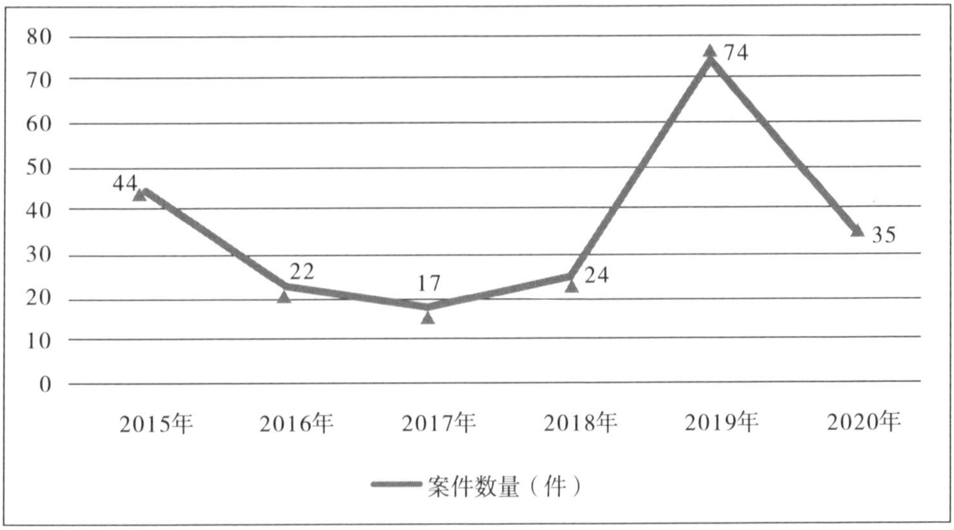

图 1：2015 年以来街道办行政执法涉诉案件数量统计

乡镇政府与街道办在基层治理上具有很多相似性，在《条例》和《决定》颁布实施后，街道办作为类一级政府的功能更加明显，以乡镇政府为被告的行政执法案件对于研究街道办行政执法情况具有极高参考价值，故调研组将以乡镇政府为被告的一审诉讼案件进行统计，并与街道办为被告的一审诉讼案件进行对比。在聚法案例网以“案由：行政”“审理程序：一审”和“街道办”“镇政府”为关键字进行检索，检索出北京市 2015 年以来的乡镇政府和街道办行政执法涉诉一审案件总数（详见图 2），包含街道办案件总数 110 件，镇政府案件总数 171 件，其中街道办涉及违法建设的 84 件，乡镇政府涉及违法建设的113件①，纠纷类型主要集中在违法建设的查处领域，预判赋权街道后，违法建设的查处纠纷将是未来涉街道办行政争议的高发区。除此之外的其他案件类型相对平均，几乎囊括了行政诉讼的所有案件类型，反映出街道办行政管理范围的广泛性，对街道办开展工作和行政应诉提出严峻挑战。

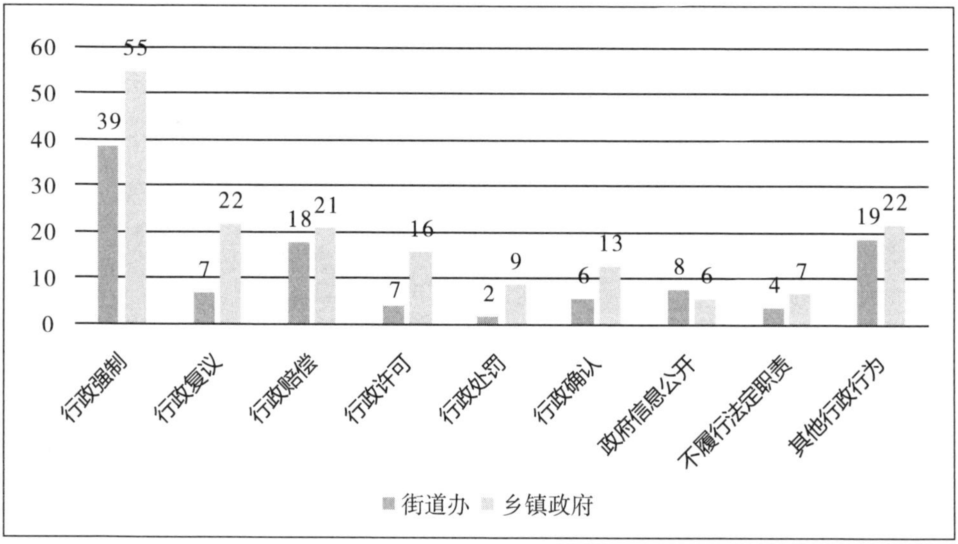

图2：2015年以来的街道办和乡镇政府行政执法涉诉一审案件类型统计

从上述案件裁判结果看，街道办行政执法涉诉案件共计110件，其中，裁定驳回起诉的案件42件，全部或部分支持原告诉讼请求的案件36件，原告撤回起诉的案件14件，判决驳回原告诉讼请求的案件26件，不予受理的案件3件，案件败诉率为32.7%。在上述案件中，涉街道办违法建设案件共计84件，败诉案件30件，占街道办总败诉案件的83.3%。北京市乡镇政府行政执法涉诉案件171件，其中，裁定驳回起诉的案件61件，全部或部分支持原告诉讼请求的案件43件，原告撤回起诉的案件32件，判决驳回原告诉

① 北京市2015年以来的街道办行政执法涉诉一审案件中，行政强制39件，行政复议7件，行政赔偿18件，行政许可7件，行政处罚2件，行政确认6件，政府信息公开8件，不履行法定职责4件，其他行政行为19件。北京市2015年以来的乡镇政府行政执法涉诉一审案件中，行政强制55件，行政复议22件，行政赔偿21件，行政许可16件，行政处罚9件，行政确认13件，政府信息公开6件，不履行法定职责7件，其他行政行为22件。

讼请求的案件28件，不予受理的案件10件，案件败诉率25.1%。在上述案件中，涉乡镇政府违法建设案件共计113件，败诉27件，占乡镇政府总败诉案件的62.8%（详见图3）。

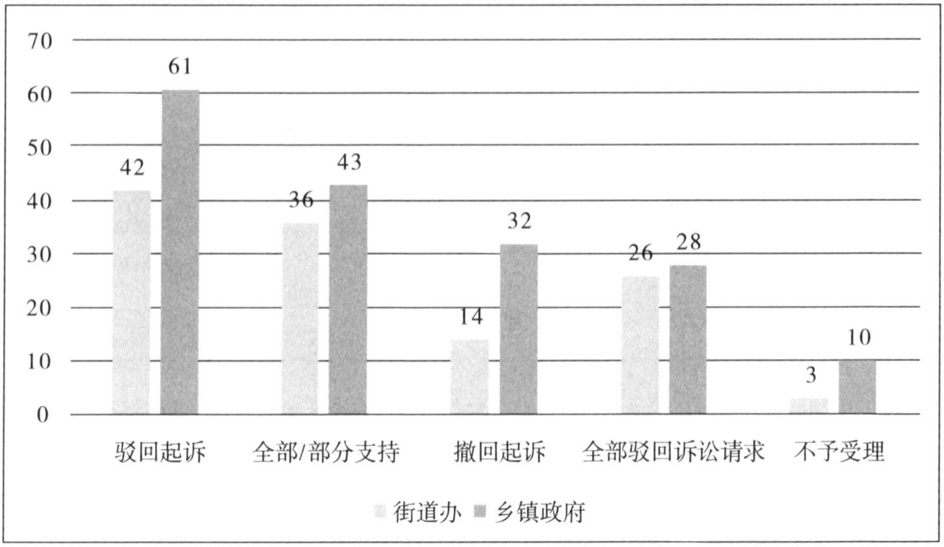

图3：北京市街道办和乡镇政府行政执法涉诉一审案件结果统计

从败诉理由看（详见图4），程序违法是乡镇和街道办的主要败诉原因；事实认定不清、证据不充分在街道办败诉中占有一定比例，高于乡镇政府；法律适用错误占比较少，但仍高于乡镇政府。通过以上比对，街道办行政执法涉诉案件的败诉率高于乡镇政府，事实认定和法律适用错误也高于乡镇政府，从侧面反映出街道办在执法规范性和行政应诉能力上还存在不足，在违法建设的查处程序方面和乡镇政府一样不规范。同时，街道办案件中撤回起诉的数量也明显低于乡镇政府，说明街道办在矛盾纠纷的化解能力上存在不足。

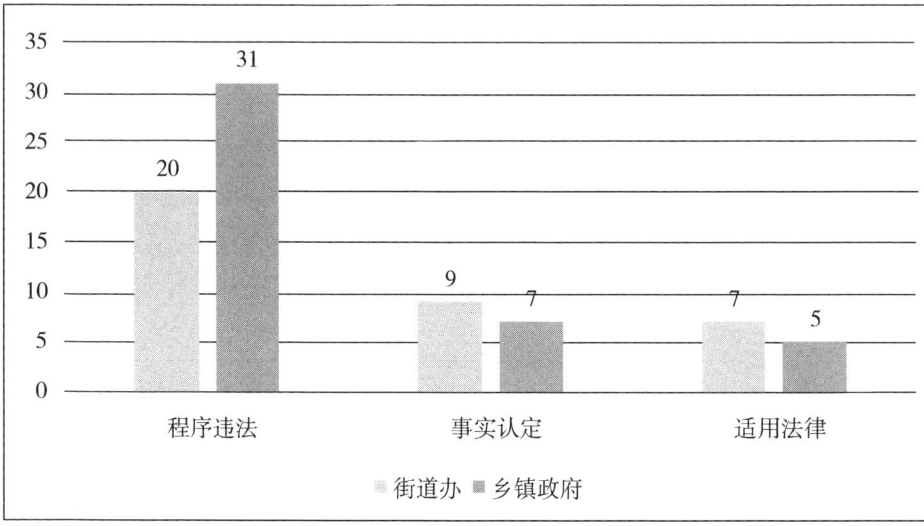

图 4：街道办和乡镇政府行政执法败诉案件原因统计

2. 行政非诉执行审查案件

根据《条例》及《决定》的规定，街道办具有相关领域的行政处罚权，按照一般行政处罚的执行，对于行政相对人逾期不主动执行行政处罚决定的，既未申请行政复议又未提起行政诉讼的，行政机关可以申请法院强制执行或者依法强制执行。调研组所在法院未受理过以街道办作为申请主体的行政非诉执行审查案件（以下简称非诉审查案件），亦未受理过以乡镇政府作为申请主体的非诉审查案件。调研组在聚法案例网以“案由：行政”“审理程序：非诉执行审查”和“街道办”为关键字进行检索，全国范围共有行政裁定书856份（详见图5、图6），均系外省市法院作出，其中广西壮族自治区280件，陕西省92件，江苏省、湖南省、四川省、贵州省、广东省平均五六十件，未检索出北京市法院出具的行政裁定书。以上省份中广西壮族自治区自2014年起以部分乡镇作为试点，探索乡镇机构设置和运行机制新模式，在乡镇“四所合一”取得良好成效的基础上，其他市区也都开展了试点工作，并于2015年获得批准，部分城区政府从工作实际出发，进一步调整城管执法模式，执法重心下移，因其较早启动执法体制改革，以街道办为申请主体的非诉审查案件位居全国首位。

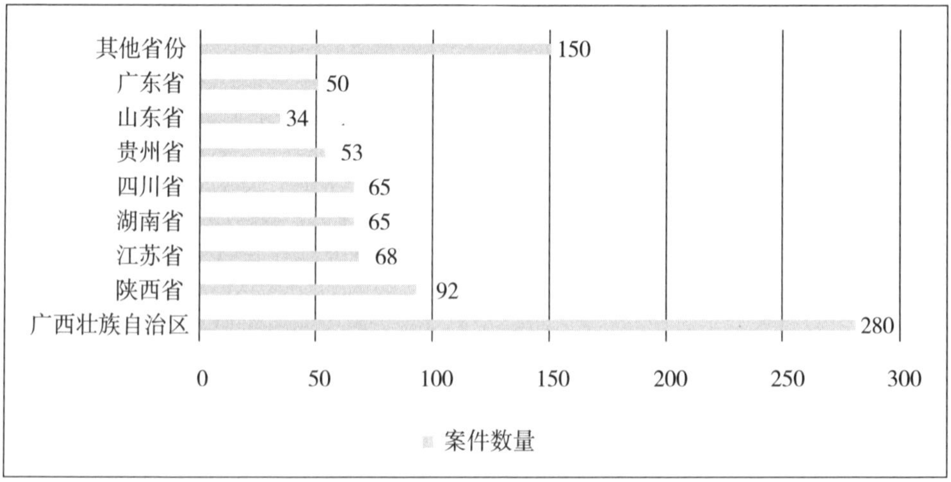

图 5：各省市街道办非诉执行审查案件统计

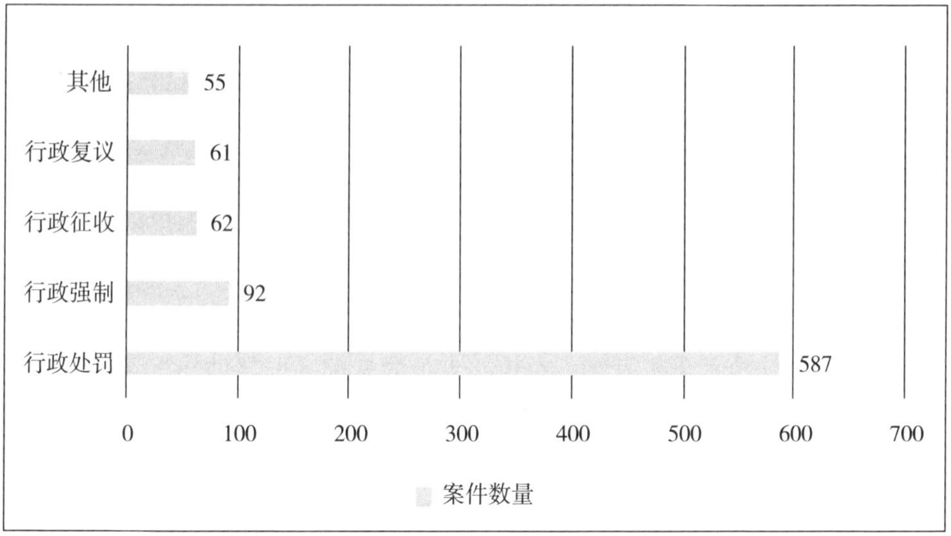

图 6：各省市街道办非诉执行审查案件类型统计

3. 数据分析

调研组通过对以上行政案件的数据分析，发现街道办综合执法案件呈现以下几个特点：

（1）违法建设查处类案件将成为街道办主要涉诉类型。赋权街道后，街道办承接了原城管执法局查处违法建设的职权，而此类案件关系到行政相对人的重大财产利益，当事人一般会申请行政复议或者提起行政诉讼，比照原城管执法局涉诉案件情况，预判违法建设查处类案件将成为街道办主要的案件类型。比照乡镇政府的败诉情况，此类案件亦将成为街道办败诉的高发区，极易引发行政赔偿。

（2）投诉举报和履责类案件也将大量涌入法院。赋权街道后，基于街道办的公共服务职能定位与“接诉即办”机制的建立，居民多会以投诉举报形式直接反映诉求，而且诉求涉及面广，与老百姓的生活息息相关，处理难度及化解难度大；同时，《决定》下放职权数量多、领域广，“街乡吹哨、部门报道”需要统筹协调的部门繁多，若街道办未能及时履职、不能规范履职，易引发大量的投诉举报及履责类诉讼。在审理过程中，人民法院将面临对于是否属于受案范围的甄别难题。

（3）明确适格被告或成行政审判工作首要难点。在权力来源上，街道办的执法权除源于行政授权外，还有一部分源于行政委托，不同的赋权方式将直接影响行政诉讼适格被告的认定。在执法方式上，街道办既可以指挥调度区人民政府工作部门开展联合执法，又可以统一领导、指挥调度区人民政府工作部门派出机构进行执法，双重领导机制下的联合执法主体也增加了确定行政诉讼适格被告的难度。在职权衔接上，对于行政行为已作出但尚处于履行期或正处于诉讼中的案件，适格被告的确定也存在难点。

（4）应诉能力不足或增加街道办败诉风险。本次赋权街道后的职权内容项目繁多，执法流程千头万绪，在执法人员尚未配齐配足的情况下，街道办可能出现越权执法、程序违法，从而引发行政诉讼。《决定》要求街道司法所承担行政应诉、行政复议等相关法制工作，但是在案件数量激增、案件类型疑难复杂的重压之下，司法所法律人才配备不足、专业化程度不足的问题将会凸显，街道办的败诉风险或将增加。

（二）问卷调研情况

为了解街道办综合执法存在的问题和面临的法律风险，调研组以“法院版”“街道版”和“社会版”三版问卷来分别调查人民法院①、街道办以及社

① 鉴于北京地区的审判团队主要实行“一审一助一书”搭建模式，故法官助理和书记员的办案情况与法官多有重合，为确保调查数据的有效性和专业性，本文未将审判和执行部门的法官助理和书记员计入本次问卷调查范围。

会公众对街道办综合执法的认知和评价。“法院版”问卷的发放对象为北京市2家中级法院和6家基层法院，发放问卷700份，回收527份，回收率75.29%。“街道版”问卷的发放对象为辖区11家街道办工作人员，发放问卷400份，回收273份，回收率68.25%。“社会版”问卷的发放对象为辖区律师、人民调解员、案件当事人以及其他公众，发放问卷300份，回收216份，回收率为72%。本次调查问卷具有两个特点：一是覆盖范围广。多角度、多主体、全方位了解街道办综合执法的风险点。二是设计科学，与调研课题关联强，通过多方主体的参与，可从不同角度分析街道办综合执法的疑难问题，准确回应社会热点。

1. 数据统计

（1）“法院版”数据统计

您是否承办或者参与过涉街道办综合执法案件的办理？中、基层人民法院接受调查者对各选项的选择人数及占比情况（详见图7）：

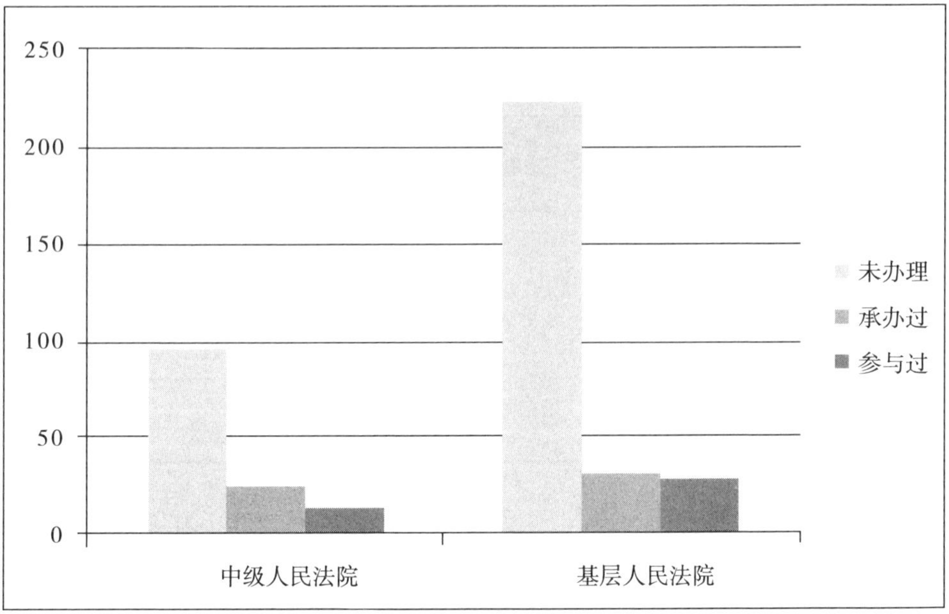

图7：承办或者参与过街道办执法案件的法官人数

在您承办或者参与过的案件中，街道办在办理执法案件过程中突出的问题是？（可多选）中、基层法院接受调查者对各选项的选择人数及占比情况

（详见表 1）：

表 1：街道办办理执法案件中的问题①

选项 / 法院	案件管辖	执法程序	执法标准	事实认定	应诉能力
中级法院有效调查者 37 人	11 人 占 29.73%	33 人 占 89.19%	27 人 占 72.97%	29 人 占 78.38%	30 人 占 81.08%
基层法院有效调查者 59 人	27 人 占 45.76%	41 人 占 69.49%	46 人 占 77.97%	38 人 占 64.41%	44 人 占 74.58%
两类法院有效调查者 96 人	38 人 占 39.58%	74 人 占 77.08%	73 人 占 76.04%	67 人 占 69.79%	74 人 占 77.08%

在您承办或参与的案件中，街道办应诉的工作人员为？（可多选）中、基层法院接受调查者对各选项的选择人数及占比情况（详见表 2）：

表 2：街道办行政执法案件出庭应诉人员情况

选项 / 法院	行政执法人员	法制部门工作人员	基层法律服务者	律师
中级法院有效调查者 37 人	22 人 占 59.46%	19 人 占 51.35%	17 人 占 45.95%	9 人 占 24.32%
基层法院有效调查者 59 人	38 人 占 64.41%	16 人 占 27.12%	8 人 占 13.56%	13 人 占 22.03%
两类法院有效调查者 96 人	60 人 占 62.5%	35 人 占 36.46%	25 人 占 26.04%	22 人 占 22.92%

在您承办或者参与的案件中，街道办应诉人员的问题主要表现在？（多选）中、基层法院接受调查者对各选项的选择人数及占比情况（详见图 8）：

① 本表格采取的是有效数据原则，针对问卷中的问题进行答复的属于有效答复，例如在收回的 132 份中级法院的问卷中，有 37 人表示承办或者参与办理过相关案件，在收回的 281 份基层法院的问卷中，有 59 人表示承办或者参与办理过相关案件。占比系选择该选项的人数占有效调查者人数比重。

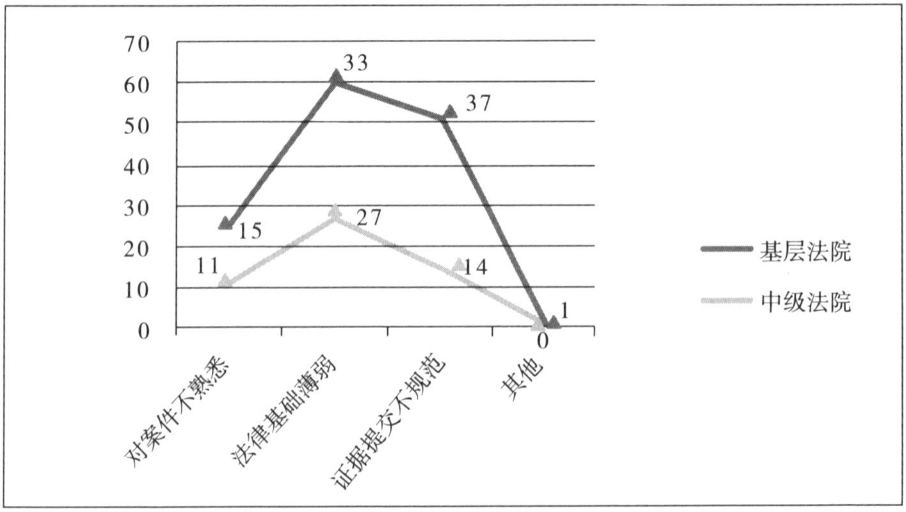

图 8：街道办应诉人员相关问题①

您是否了解到北京市已将部分综合执法权下放至街道办？（单选）中、基层法院接受调查者对各选项的选择人数及占比情况（详见图 9）：

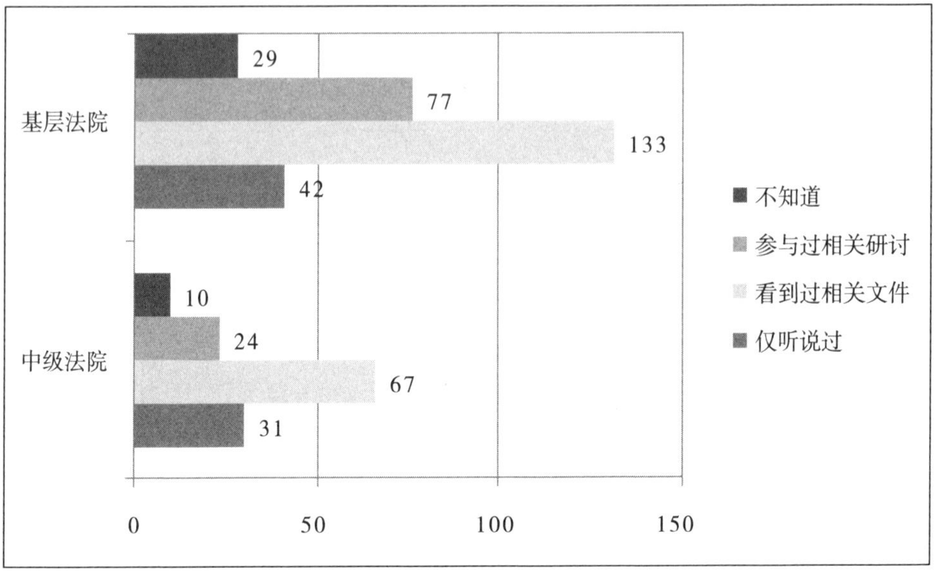

图 9：法院工作者对综合执法权下放的了解情况②

① 如图，仅有一份基层法院的问卷对其他信息进行了描述，理由为：应诉人员不配合法院的调查取证工作。
② 经统计，不知晓北京市将部分执法权下放至街道办事处的人员，集中在中、基层人民法院的综合部门。

针对北京市将部分综合执法权下放至街道办，您更关注后续的哪些法律问题?（不定项）中、基层法院接受调查者对各选项的选择人数及占比情况（详见表3）：

表3：中基层法院工作人员关注赋权街道办的相关问题①

选项 法院	职权交接	案件管辖	综合执法	联合执法	执法程序	执法标准	矛盾化解	其他
中级法院有效调查者132人	91人 占68.94%	55人 占41.67%	117人 占88.64%	87人 占65.91%	96人 占72.73%	63人 占47.73%	88人 占66.67%	2人 占1.52%
基层法院有效调查者281人	123人 占43.77%	161人 占57.30%	209人 占74.38%	174人 占61.92%	216人 占76.87%	198人 占70.46%	107人 占38.08%	3人 占1.07%
两类法院有效调查者413人	214人 占51.82%	216人 占52.30%	326人 占78.93%	261人 占63.20%	312人 占75.54%	261人 占63.20%	195人 占47.22%	5人 占1.21%

（2）“街道版”数据统计

您在街道办的所属的部门是?（单选），街道办工作人员接受调查者对各选项的选择人数及占比情况（详见图10）：

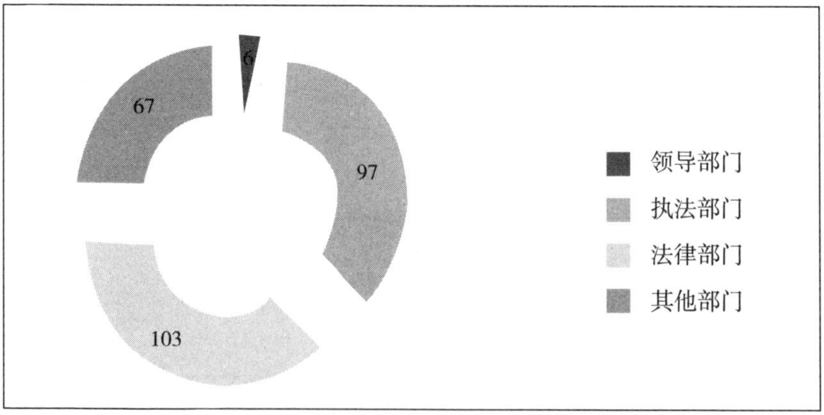

图10：接受调查的街道办工作人员所属部门

① 经统计，中基层法官工作人员关注赋权街道办后的其他问题主要集中在人员配置、管理体制两个方面。

北京市将行政执法权部分下放至街道办后，您所在的街道办的执法依据是？（单选）街道办工作人员接受调查者对各选项的选择人数及占比情况（详见图 11）：

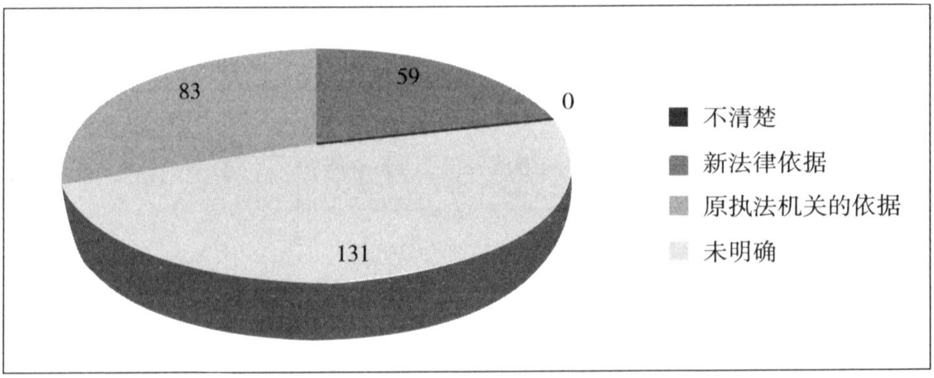

图 11：街道办执法的法律依据

您认为目前街道办在综合执法过程中最突出的问题是？（不定项）街道办工作人员接受调查者对各选项的选择人数及占比情况（详见表 4）：

表 4：街道办关注综合执法中的相关问题

选项 群体	案件交接和衔接	12345 热线	法律适用	综合执法、联合执法	基层矛盾化解	基层社会治理	其他
领导 有效调查者 6 人	5 人 占 83.33%	6 人 占 100.00%	6 人 占 100.00%	6 人 占 100.00%	6 人 占 100.00%	6 人 占 100.00%	2 人 占 33.33%
执法部门人员 有效调查者 97 人	76 人 占 78.35%	81 人 占 83.51%	32 人 占 32.99%	91 人 占 93.81%	54 人 占 55.67%	29 人 占 29.90%	0 人 占 0%
法律部门人员 有效调查者 103 人	45 人 占 43.69%	48 人 占 46.60%	92 人 占 89.32%	86 人 占 83.50%	64 人 占 62.14%	77 人 占 74.76%	3 人 占 2.91%
其他人员 有效调查者 67 人	21 人 占 31.34%	53 人 占 79.10%	19 人 占 28.36%	43 人 占 64.18%	56 人 占 83.58%	47 人 占 70.15%	11 人 占 16.42%
街道办总体 有效调查者 273 人	147 人 占 53.85%	188 人 占 68.86%	149 人 占 54.58%	226 人 占 82.78%	180 人 占 65.93%	159 人 占 58.24%	16 人 占 5.86%

您认为在职权衔接问题上，街道办最亟待解决的问题是?（不定项）。街道办工作人员接受调查者对各选项的选择人数及占比情况（详见表5）：

表5：街道办关注职权衔接问题汇总

选项 / 群体	案件交接	案件管辖	统筹和指挥协调	综合执法、联合执法	其他
领导 有效调查者 6人	5人 占83.33%	3人 占50.00%	6人 占100.00%	6人 占100.00%	0人 占0%
执法部门人员 有效调查者 97人	97人 占100.00%	72人 占74.22%	69人 占71.13%	91人 占93.81%	0人 占0%
法律部门人员 有效调查者 103人	42人 占40.78%	68人 占66.02%	64人 占62.14%	95人 占92.23%	5人 占4.85%
其他人员 有效调查者 67人	15人 占22.39%	36人 占53.73%	58人 占86.57%	47人 占70.15%	0人 占0%
街道办总体 有效调查者 273人	159人 占58.24%	179人 占65.57%	197人 占72.16%	239人 占87.55%	5人 占1.83%

在接诉即办案件的处理问题上，街道办最亟待解决的问题是?（不定项）街道办工作人员接受调查者对各选项的选择人数及占比情况（详见表6）：

表6：接诉即办案件中街道办问题汇总

选项 / 群体	执法主体	程序衔接	可诉性	其他
领导 有效调查者 6人	6人 占100.00%	6人 占100.00%	6人 占100.00%	0人 占0%
执法部门人员 有效调查者 97人	97人 占100.00%	81人 占83.51%	40人 占41.24%	0人 占0%

续表

选项 群体	执法主体	程序衔接	可诉性	其他
法律部门人员 有效调查者 103 人	77 人 占 74. 76%	85 人 占 82. 52%	101 人 占 98. 06%	0 人 占 0%
其他人员 有效调查者 67 人	27 人 占 40. 30%	24 人 占 35. 82%	43 人 占 64. 18%	0 人 占 0%
街道办总体 有效调查者 273 人	207 人 占 75. 82%	196 人 占 71. 79%	190 人 占 69. 60%	0 人 占 0%

具体到综合执法面临的法律风险，您认为街道办最亟待解决的问题是？（不定项）街道办工作人员接受调查者对各选项的选择人数及占比情况（详见表 7）：

表 7：综合执法案件中街道办问题汇总

选项 群体	统一执法标准	规范执法程序	明细执法边界	提升执法水平
领导 有效调查者 6 人	6 人 占 100. 00%	6 人 占 100. 00%	6 人 占 100. 00%	6 人 占 100. 00%
执法部门人员 有效调查者 97 人	86 人 占 88. 66%	92 人 占 94. 85%	61 人 占 62. 89%	82 人 占 84. 54%
法律部门人员 有效调查者 103 人	96 人 占 93. 20%	87 人 占 84. 47%	82 人 占 79. 61%	63 人 占 61. 17%
其他人员 有效调查者 67 人	61 人 占 91. 04%	54 人 占 80. 60%	32 人 占 47. 76%	63 人 占 94. 03%
街道办总体 有效调查者 273 人	249 人 占 91. 21%	239 人 占 87. 55%	181 人 占 66. 30%	214 人 占 78. 39%

针对街道办参与社区治理，您认为街道办最亟待解决的问题是？（不定项）街道办工作人员接受调查者对各选项的选择人数及占比情况（详见表8）：

表8：社区治理案件中街道办问题汇总

选项 群体	指导范围和边界	居民自治边界	参与方式	其他
领导 有效调查者 6人	6人 占100.00%	6人 占100.00%	6人 占100.00%	0人 占0%
执法部门人员 有效调查者 97人	21人 占21.65%	17人 占17.53%	44人 占45.36%	0人 占0%
法律部门人员 有效调查者 103人	84人 占81.55%	32人 占31.07%	71人 占68.93%	0人 占0%
其他人员 有效调查者 67人	67人 占100.00%	55人 占82.09%	23人 占34.33%	0人 占0%
街道办总体 有效调查者 273人	178人 占65.20%	110人 占40.29%	144人 占52.75%	0人 占0%

（3）“社会版”数据统计

您认为街道办在行政执法过程中存在哪些问题？（单选），社会公众接受调查者对各选项的选择人数及占比情况（详见图12）：

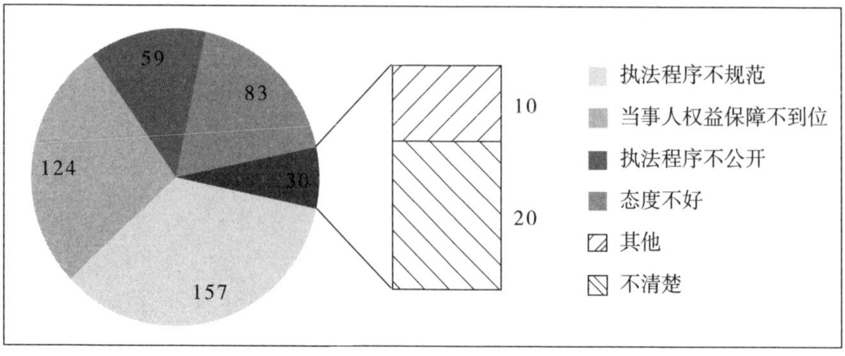

图12：街道办行政执法问题汇总

拨打12345市民服务热线后，如何处理您的诉求？（单选），社会公众接受调查者对各选项的选择人数及占比情况（详见图13）：

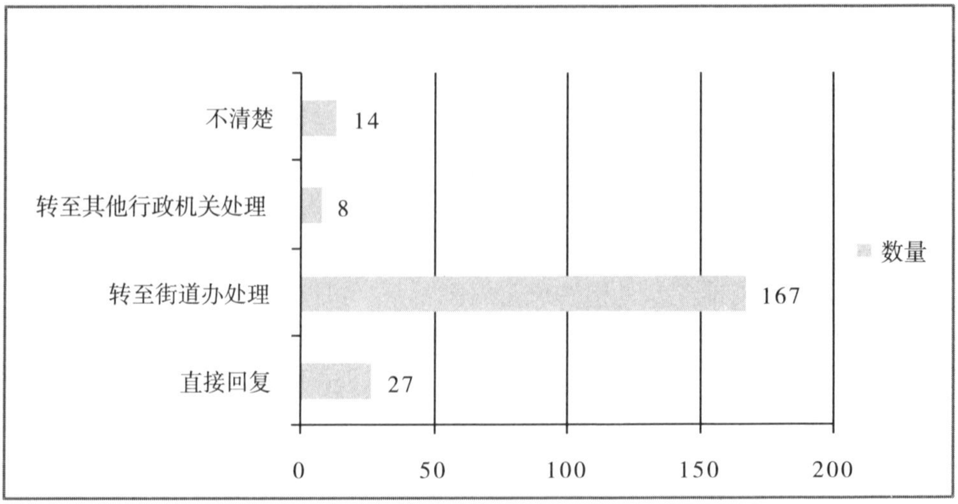

图13：12345市民热线案件办理机关情况

2. 样本分析

经问卷调查，通过对采集样本进行比对分析，发现职权下放后街道办的综合执法呈现出以下特征：

（1）职权的交接、衔接问题成为街道办综合执法当前亟待解决的紧要问题。根据数据显示，78.53%的街道办执法人员将关注点放在职权下放的初期如何实现执法案件的交接和衔接上，其关注的实务困境主要体现在案件交接、制定管辖、统筹协调和指挥调度、综合执法与联合执法的边界四个方面。51.82%的中基层法院工作人员也对该问题十分关注。职权的交接和衔接问题不仅影响行政执法案件的办理流程，也会严重影响到涉诉案件中行政机关的举证能力。

（2）接诉即办机制运行中的相关问题直接关系到街道办综合执法的质量，也将会成为涉街道办行政执法案件的重要来源之一。根据数据显示，65.74%的社会公众通过12345市民服务热线寻求救助，68.86%的街道办工作人员关注接诉即办尤其是12345市民热线的案件分配情况，并且，通过12345市民服务热线转办的案件，其中的77.31%转至街道办。街道办成为接诉即办机制运行后的主要受理主体之一。经分析，各方主体对于接诉即办运行机制的困惑主要集中在可诉性、主体适格和程序衔接方面。

（3）街道办在社区治理中发挥重要作用，参与治理活动的方式、居民自治指导的范围和边界将成为街道办关注的重点。根据数据显示，58.24%的街道办工作人员关注其参与社区治理的问题，其中接受调查的6位领导均关注街道办如何参与社区基层治理，且对街道办的指导边界、参与治理及指导的方式等问题关注度最高。作为基层行政机关的派出机关，街道办在参与基层治理层面具有先天性优势，妥善处理街道办参与行政指导和行政执法的界线，有利于规范执法主体行为，促进法治政府建设。

（4）街道办综合执法的违法风险居高不下，风险点集中在执法标准、执法程序、执法检查和专业应诉四个方面。根据数据显示，中基层人民法院对于综合执法的关注度达到了78.93%，对其中执法程序的关注达到了75.54%。并且，在职权下放前，街道办执法在程序上存在问题的比例达77.97%。可见，执法程序问题已成为街道办执法的"硬骨头"。此外，47.99%的街道办工作人员表示其依旧适用原执法机关的相关法律依据，30.40%的街道办工作人员表示其所在单位并未明确法律适用的问题。此种情况下，如何在保障执法效率的同时，稳步提升执法程序的规范性，提升综合执法水平，是街道办面临的长期性难题。

（5）充分发挥街道办在基层矛盾化解方面的作用日益凸显，完善矛盾化解机制，提高风险防范意识迫在眉睫。根据数据显示，47.53%的中基层法院工作人员和65.93%的街道办执法人员均十分关注基层矛盾化解问题，职权下放后，矛盾纠纷将会在网格、社区、街道聚集，以网格化治理为契机，构建多元矛盾化解机制，以街道办为基点，强化法院参与基层矛盾化解的力度，实现行政案件的诉源治理，对于提升社会治理水平起着至关重要的作用。

（三）座谈调研情况

为了摸清职权下放以后街道办一线执法人员对于综合执法的真实看法，掌握其面临的执法困惑及法律适用疑难，我院多次与辖区内的A街道、B街道及C街道的工作人员进行了座谈，通过召开座谈会的方式交流想法，并就实务问题进行了深入探讨，具体情况如下：

1. 与A街道的座谈调研

调查内容：综合执法职权下放后，A街道办在综合执法和行政应诉方面的困境。

（1）A 街道办在综合执法方面的困境

在案件来源上，街道办与原职权机关并未进行案件和相关材料的交接，交接途径不畅通。目前，A 街道办的案件来源主要是新收案件，分两种来源途径：第一，市民热线的分配案件，此乃主要来源方式。第二，常规案件的受理，即居民直接向街道办反映相关案件情况。

在案件处理上，专业知识和法律素养不足直接降低了街道办开展综合执法的质量和水平。第一，专业知识欠缺，下放的 431 项职权中涉及的领域众多，涵盖环境卫生、水电燃气、市容市貌治理等各个领域，街道办的执法人员专业知识储备不齐全。第二，法律素养不足，对执法依据的掌握和理解不足，各行业的违法事实认定标准亦存在偏差，此外，法制部门提供的协助有限，综合执法的法律风险居于高位。

（2）A 街道在行政应诉方面的困境

在行政应诉方面，A 街道并未出台详细的应诉规范，工作人员应诉能力不足。第一，在应诉人员的安排上，A 街道办尚未进行统筹安排，司法所的工作人员目前的主要工作依旧为普法工作。第二，在应诉能力上，A 街道办的工作人员对于应诉需要注意的问题，行政诉讼案件的审理流程等均不熟悉，尚处于认知阶段。

2. 与 B 街道的座谈调研

调查内容：综合执法职权下放后，B 街道办在综合执法过程中遇到的问题以及 12345 热线案件的办理问题。

（1）B 街道办在综合执法方面的问题

经调研，目前 B 街道办在综合执法中的问题主要有以下三点：

①职责外延不明，履责事项繁杂。对于街道办的职责范围尚存争议，很多不属于职权下放的事项，也都交至街道办处理，工作内容庞杂，为避免出现怠于履责的情况，街道办均会在前期统一调查处理。

②法律规范庞杂，执法难度增大。从街道办的执法人员构成看，具备法律知识背景的人员较少，下放职权涉及多个职能部门，不同部门的法律规范内容繁多，加大了执法难度。

③案件交接不畅，办理缺乏指导。职权下放后，并没有进行严格意义上的职权交接，案件的办理多依靠街道办工作人员“现学现用”，无意中增加

了执法风险。

（2）12345 热线案件的办理问题

12345 热线的分案机制不规范系亟待解决的首要问题。12345 市民服务热线将无法确定处理机关的事项全部转至街道办，导致街道办案件数量激增。此外，通过市民热线转办的案件对于处理效率的要求非常高，增加了街道办的办案压力。

3. 与 C 街道的座谈调研

调查内容：职权下放后，C 街道办在参与社区治理方面遇到的问题，以及化解基层矛盾纠纷时的困惑。

（1）C 街道办在参与社区治理中的问题

参与基层社区治理的范围和边界不清晰。街道办进行行政管理和行政指导的事项界分不清晰，参与方式和程度不明确，致使街道办参与基层治理的效果不佳，未能发挥应有作用。

居民自治的边界不清晰，居民自治存在扩大化倾向。针对自治事项，街道办不能直接干预，导致相关事项缺少了监管措施，游离于行政、司法监督等手段之外。

（2）C 街道办参与解决基层矛盾纠纷的困境

C 街道在参与基层矛盾化解方面的主要问题是参与方式单一，风险防控不足。针对矛盾纠纷的处理尚主要依靠街道办工作人员协调为主，没有系统的矛盾化解方式，缺乏创新性。在矛盾化解机制的构件上亦缺乏成熟的做法和方式。

三、街道办综合执法的实务与法律困境

尽管《条例》和《决定》的出台，解决了街道办角色定位模糊、职权边界不清等顶层设计问题，但通过对行政诉讼案件的比对分析、通过调查问卷和座谈的形式进行调研发现，街道办在综合执法过程中，仍然会面临许多实操层面的问题，经筛选，集中关注与亟待解决的问题主要是职权划转、接诉即办机制、与居民自治的界分、执法风险和矛盾化解等问题。

（一）职权下放及划转衔接的实务困境

1. 案件交接问题。在行政执法的职权下放及划转衔接过程中，需要重视

案件交接难题，对此，虽然要参照《北京市人民政府办公厅关于印发〈机构改革期间行政执法工作衔接规则〉的通知》（以下简称《工作衔接规则》）的要求于2020年6月底之前完成交接，但不同的执法领域及执法主体在具体落实时会出现个体差异，易出现交接不完全的问题，尤其对于正在办理的案件、未立卷或者卷宗不齐全的案件，更是疏漏高发地，亟须规范交接问题。

2. 指定管辖问题。《决定》规定的指定管辖分为街道办报请区政府指定管辖以及区政府主动指定管辖两种，但对于具体适用的案件范围及类型并未作出进一步的规定，目前缺乏操作性强的标准，容易造成街道办的适用困惑，例如：未对重大复杂案件进行概念界定、未对不宜由本级管辖的范围进行具体限定，可能会导致实践中出现申报混乱、管辖不统一的现象，无形中增加了区政府的工作量，亟须规范提请或者依职权指定管辖的标准和程序。

3. 统筹协调和指挥调度问题。虽然《条例》规定街道办有权对区政府工作部门及其派出机构、承担公共服务职能的企业事业单位进行统筹协调、指挥调度，赋予街道办宽泛的职能范围，如多部门联合执法与协同配合、对区政府工作部门及其派出机构的工作考核和人事任免提出意见和建议、安排下沉人员和资金等，但在街道办以往“权小责大”的固有限定下，如何真正、快速地实现角色转换，并把统筹协调、指挥调度制度落实到位，将成为执法实务最难攻克的问题。

4. 综合执法和联合执法的边界模糊问题。依照《条例》第二十六条的规定，对于涉及多部门协调解决的事项，街道办应组织、协调多部门开展联合执法。但在实践中，街道办往往将综合执法和联合执法混同，容易出现超越职权、执法主体错误等问题。同时，目前对于联合执法的启动、开展程序以及事项范围均无明确的规定和标准，仍需进一步予以明确。

（二）“接诉即办”机制运行的法律疑难

目前，“接诉即办”机制已成为街道办实施行政管理的主要抓手之一，能有效地将各项工作直接抓到街道[①]，对于社会治理中最后一公里甚至最后一米、最后一厘米亟待解决的事情，直接由市级层面接单，再由顶层知悉、督办的前提下一竿子插到基层部门去，形成了“群众—顶层—基层—群众”

---

① 吴学安：《“接诉即办”打通民生服务关口》，载《人民法院报》2020年1月2日第2版。

的实践闭环。[①] 此种模式下的司法认定障碍主要有以下三个方面：

1. 可诉性问题。主流观点认为，“接诉即办”机制系依托市民服务热线以受理群众诉求并进行快速回应和处置的服务机制，属于内部运行的程序性行为，不具有终局性及外部法律效力，不具有可诉性。另一种不同观点认为，“接诉即办”机制并非完全不可诉，受理、转办环节以及完全不作为情形具有可诉性，体现为不受理、不转办或者分类处置错误等情形，将其纳入可诉范围主要是考虑上述处理方式对诉求人的权益所产生的实际影响。

2. 适格主体问题。“接诉即办”机制引发的行政诉讼案件主要集中在投诉举报类和履行法定职责类，会涉及原、被告主体资格的认定难题。就原告而言，通过“接诉即办”通道表达诉求后，是否当然具备了相关案件的原告资格？还是在“接诉即办”不可诉观点下，一概否认原告主体资格？就被告而言，其主体资格的认定更加复杂，如针对“接诉即办”机制运行中产生的纯粹性程序问题，如何确定对应主体？若办理过程涉及多部门协同解决的，街道办如何确定协调处理的对象？

3. 程序衔接问题。接诉即办的工作流程和行政事项的办理程序存在交叉，并非完全一致，由此产生了如何有效衔接及适用相关法律规范的难题，如疫情防控期间对于涉疫热线要求 2 小时以内或者 24 小时以内处理，但行政执法期限一般为 60 日，有人会混淆上述两种期限，将办理时限错误地理解为 2 小时或者 24 小时，并以此要求行政机关限期履责，由此可能会引发相应的行政诉讼，要求法院确认行政机关超期履责行为违法。

（三）社区治理指导的权力边界问题

《条例》的一大亮点即规定街道办在社区治理方面推行社区共治和基层自治[②]。但在实践层面，将会面临如下问题：

1. 指导行为的边界问题。街道办具有行政管理和行政指导的双重功能，一般而言，街道办对物业、个人以及居委会等相关机构的指导、帮助行为不属于行政管理行为，但若出现基于主体同一性而产生的行政管理和指导行为相互交织情形，则将面临行政管理和指导行为难以甄别及剥离的困境，容易出现“以指导代管理”或者扩大管理职权的现象，进而产生街道办懒于政务

---

① 董城：《北京：构建“接诉即办”机制的启示》，载《光明日报》2019 年 12 月 14 日 01 版。

② 参见《北京市街道办事处条例》第十条第一款第（四）项、第（五）项。

或者滥用职权的两极分化局面。

2. 居民自治的边界问题。参照村民自治遇到的实践瓶颈，居民自治在实践中也容易引发自治扩大化问题，若将“自治”看做万能筐，任何不愿管、不好管、管不好的领域都塞进这个大筐里，将会导致“自治”游离于司法监督和行政监督之外，由此致使受侵犯的居民权益“求告无门”。因此，厘清居民自治边界、为居民委员会合理“减负”是亟待解决的难题之一。

3. 协助任务清单问题。《条例》第三十二条第二款规定，市民政部门会同相关部门依法制定、定期调整居民委员会协助政府工作任务清单并向社会公布。市、区人民政府工作部门和街道办事处不得将协助政府工作任务清单以外的事项交由居民委员会办理，不得违反规定要求社区填表报数。但行政执法与行政指导本身就存在模糊性，上述规定明确了街道办对居民自治事务“指导”下的“共商”，没有明确规定居委会对于居民事务的自主决策权，对于协助任务清单以外的任务，缺乏相应的拒绝机制，居委会等自治组织很可能鉴于街道办的行政权威，无法拒绝其委派的不在法定协助义务范围之内的事项，由此产生超范围行使自治权的问题。

（四）综合执法的法律风险问题

比照乡镇政府的执法现状，我们可以预判街道办综合执法的违法风险将会居高不下，主要的风险点集中在执法标准、执法程序、执法检查力度和专业应诉能力四个方面：

1. 执法标准不统一。《条例》实施前，不同的行政执法部门结合其行政执法经验已经形成了具体的违法认定和裁量标准，且多数会通过部门规章等形式予以固定。但赋权街道后，行政执法的样态发生改变，由条状的层级执法变更为块状的综合执法，因不同领域适用的行政裁量依据不同，增加了实体依据的庞杂性，加大了行政执法的难度。此外，从下放职权的类型看，大多涉及行政处罚和行政强制权，上述两种类型的权力自由裁量空间大，极易出现裁量不当现象。

2. 执法程序不规范。程序正义是衡量行政行为是否合法的必要条件，程序是否合法也是司法审查“纠偏”的重地之一。因赋权街道办后，街道办的行政执法权限大幅扩张，但目前并未出台街道办执法的具体实施细则，出现了权限扩展与程序制约不对等的情况，尤其是调查程序、案件延期、呈批审核等程序性规定尚不明晰，街道办将面临可能承担不利的“程序性法律责任”① 风险，程序违法仍将是行政诉讼败诉的高发区。

3. 执法检查力度不够。从深化基层治理角度上看，执法检查在街道办综合执法工作中将会占据相当大的比例，其数量和效果会远高于行政处罚和行政强制，《决定》发布后，北京市城管执法局制定并印发了《北京市街道乡镇综合执法检查单样式》，统一了街乡镇行政检查单的样式及内容，将下放处罚权对应的违法行为全部纳入检查单，指导街乡镇在日常执法检查中规范使用。但实践中，执法检查力量存在大量缺口，受执法队伍人员不足等因素限制，执法检查单的作用无法充分发挥，不能从源头上杜绝违法行为发生，没有形成不敢为、不能为的威慑力。

4. 专业应诉能力不足。《条例》对街道办的法制工作提出了专门化要求，明确了街道办的行政规范性文件审查、行政执法监督指导、行政复议以及行政诉讼等工作应当由其负责法制工作的相关机构承担，实践中与之相对应的机构即为司法所，但长期以来，司法所的主要业务为调解和普法工作，应诉能力严重不足，无法适应街道办综合执法的新形势和新要求。

（五）基层矛盾化解的纠纷集聚问题

从加大基层社会矛盾的化解力度上看，矛盾纠纷将会在网格、社区、街道办呈现聚集性特征，这将凸显街道办在处理该项工作中的以下两点问题：

1. 矛盾风险防控与化解能力不足。首先，治理主体对于矛盾风险的预判意识不足，不能准确预判相关事务可能引发的社会矛盾，发现矛盾风险及敏感点的能力不足。其次，街道办的治理工作可能会出现“偏重”现象，重视治理手段的落实，忽视风险防控和治理效果。最后，针对已有的矛盾纠纷，化解手段单一，更多依赖于执法人员的“单打独斗”，缺乏多样化的化解方式及应对举措，尚未形成完备的矛盾化解体系，影响社会矛盾化解和基层治理的实际效果。

2. 基层矛盾化解机制不完备。近年来，多元矛盾纠纷化解机制被广泛运用并大范围推广，但是，该机制在实际运行中出现了与人民调解、诉讼调解和行政机关调解机制之间的衔接力度不够、与行政机关之间的沟通协调机制脱节等问题，亟待解决并完善运行弊端，此外，不同行政机关及行政部门之

① 田平安、罗健豪：《民事诉讼法律责任论》，载《现代法学》2002 年第 24 卷第 2 期。

间的信息共享和成果巩固不足，各地域的信息化机制建设进展不一，导致工作重复化现象严重，工作效能有待进一步提高。

四、街道办综合执法的风险防控建议

（一）明确重点领域的权责清单

1. 明确跨辖区综合执法清单。跨辖区问题不仅涉及跨辖区的确认主体、首查机关的确认效力以及移送协调机制的运转问题，还涉及跨辖区的认定标准如何确定的问题，对于重点问题，均需要以权责清单的形式予以明确，防止出现不同机关之间推诿扯皮的现象。例如，对于跨辖区的认定标准，目前尚未达成一致性意见，有的观点认为，应以违法行为主体为准，有的观点认为应以违法行为发生地、结果发生地为准，权责清单可对此作出明确规定。再如，针对持续时间较长的违法行为，对于已超过行政处罚时效的部分违法行为的处理问题，以及对于未发现的违法行为的责任主体承担问题等，均需要执法清单予以列明。

2. 明确联合执法、协同执法清单。现行权责清单尚未对需要联合执法、协同执法的事项作出完整且具体的安排，目前仅依据《条例》中对联合执法、协同执法的原则性规定，尚且无法有效驱动联合执法的力量，如违法建设案件的查处通常需要规划部门、公安部门的配合，而街道办的层级地位低，协调有关部门执法的能力较差，这会直接影响执法效能。同时，联合执法、协同执法的权责不明晰，容易出现执法错位现象，引发完全不作为、不适当作为等执法问题。

3. 明确执法检查清单。《决定》对行政检查权仅一笔带过，未做具体展开，从文本含义上理解，街道办享有下放处罚权所对应的行政检查权是不言而喻的，但实践中，各行政部门的认识千差万别，街道办一般会将行政检查权归属于行政管理部门，以确保“管罚分离”“查处分离”，但《决定》中的行政检查权应狭义理解为行使行政处罚权的过程中所产生的行政检查，并不包含主动发现违法行为的行政检查。如前所述，综合执法的核心是减少层级，杜绝多头重复执法。赋权街道，实行综合执法，打造“一支队伍管执法”的北京经验，是北京街道执法体制改革的初衷。由于行政检查权与行政强制权、行政处罚权均属于行政执法权的范畴，自可不必以清单形式予以明确，但应制定执法检查清单，细化不同阶段、不同违法行为的检查内容、范围以及责任归属。

（二）建立过渡期内的管辖调整及容错机制

根据行政执法的一般处理时限及救济期限，可设置6个月到1年的过渡期，在过渡期内可设置特定的管辖调整机制和容错机制，上述制度的设立对于理顺职权边界、有序划转衔接具有十分重要的意义，也符合事物变化的一般规律。

1. 管辖调整机制。对于过渡期内的行政执法案件，可由区政府依托指定管辖权限调整执法管辖范围，第一，确立“自上而下”的管辖争议处理机制，由同时享有管辖权的两个行政机关的共同上级机关决定相关事项的具体管辖问题。第二，明确“以便民为中心”的指定管辖原则。在多个行政机关均具有管辖权的情况下，相关部门应当从便民角度出发，综合衡量、判断相关事项的管辖权争议。

同时，对于过渡期内街道办的统筹协调和指挥调度工作，根据情况由区政府出面牵头开展，可采用提供平台、统一发文等方式，确保街道办此项职权的有效落实与开展。

2. 行政容错机制。对于街道办过渡期内的行政执法行为，在行政监督中应当适当运用容错机制，减轻或者免除基层执法人员的行政处分，消除其思想顾虑。此外，建立类案检索机制，不断总结执法错误之处，按类归纳执法风险点，不断规范行政执法行为。同时，应当完善执法程序补正规则，建立自查机制，鼓励并允许执法人员在执法过程中自行纠正执法瑕疵。另外，对于涉及行政复议、行政诉讼的案件，在依法审查并纠正的基础上，行政复议机关要注重复议指导，法院要注重对街道办的诉讼指引，以案释法，以点带面，使街道办达到应诉一案规范一类的效果。

（三）明确“接诉即办”机制的司法审查标准

1. “接诉即办”平台的运行机制不具有可诉性

“接诉即办”机制是创建服务型政府的题中应有之义，“接诉即办”机制的适用范围广泛，既涉及职能部门的行政行为，也涉及社区自治事宜，根据其运行模式，“接诉即办”本质上是集中受理、分类处理的服务平台，其本身并不涉及行政权力的行使，其运转程序不直接为当事人设定相应的权利和义务，故不宜将其定性为行政行为，并纳入行政诉讼的受案范围之内，而应将其纳入行政监督范畴。同时，法院也不宜将“接诉即办”环节纳入后续行政执法程序的审查范围，不将其作为启动执法程序的起算点。

2. “接诉即办”平台的转办可视为履责申请的提出

对于行政执法而言，“接诉即办”机制的关键点在于“诉”的性质，根据“诉”的性质进行区分处理：（1）若诉求系请求行政机关依法履职或进行投诉举报，则该诉求与履责类、投诉举报类诉讼的诉求并无二致，诉求是否通过12345等平台转办并非关键要素，如经过“接诉即办”平台转办至街道办处理的，视为诉求人已提出履责申请，应按照一般履责类或者投诉举报类行政案件进行审查。（2）若诉求明显不属于街道办的行政管理或者行政执法职责范围的，人民法院不予受理。（3）对于转办错误的，无论街道办是否处理都不纳入司法审查范围，诉求人应当通过“接诉即办”机制进行救济，但区政府交办的事务除外。

（四）严格街道办与基层自治组织的职能边界

1. 严格职权法定原则。对于街道办实施的行政执法行为，应严格遵守职权法定原则，在法定的授权和职权清单范围内进行，任何于法无据的行为均属于越权行为，应给予否定性评价。为规范街道办的指导行为，首先，建议制定行为清单，用以规范、指导行为的形式及边界；其次，建立怠于指导、错误指导的考核罚则，充分发挥街道办在社区治理中的作用；最后，对于居委会的协助政府工作任务，严格按照任务清单执行，不得随意摊派清单之外的任务，切实为居委会“减负”。

2. 拓宽基层自治形式。居民自治边界不清的一项重要原因在于居民自治意识不强、居委会过度依赖行政命令，为完善基层自治机制，首先，要强化基层自治意识，采取多种方式开展居民自治，增强群众参与度；其次，要拓宽基层自治的科学形式，建议创立自治管理的“3+1”模式，“3”即自治内容由自治组织制定、街道办指导及自治范围内公示三部分组成，“1”为专家出具书面意见，对街道办指导的内容、形式及自治方式的可行性进行论证，保障自治措施的有效性。

3. 建立协助义务公示和拒绝机制。一方面，建立居委会任务公示制度，居委会在执行街道办协助义务时要进行公示，接受居民监督。另一方面，居委会在接受街道办任务时，对于协助任务清单以外的事项，可以拒绝，并将其纳入绩效考核范围，对于居委会的拒绝行为进行加分及激励，对于街道办任意摊派的行为扣减相应的分数。

（五）完善街道办行政执法的规则体系

1. 集合多方力量，优化执法依据。《决定》下放至街道办的行政职权范围广、种类多，执法依据的梳理任务艰巨，原执法部门、政府法制部门、人民法院、人民检察院等部门，可发挥自身优势，共同整合并优化执法依据。首先，整合现有法律法规，制定执法依据清单以及纪律监督清单，以法条整合的方式协助街道办搭建执法规则体系。其次，开展司法授课、联席座谈等活动，通过讲述相关法律的立法原意和适用情形，加深基层执法人员对执法依据的理解，明晰执法边界。最后，协助街道办搭建行政执法案例库和法律依据库，通过大数据方式为街道办行政执法人员提供“智力”支持。

2. 建立各领域执法规范，完善程序规则。执法程序的规范化建设有助于统一执法标准，确保基层执法的合法性。具体来说，首先，可由全市执法指导部门牵头制定各领域的行政执法规范，出台实施细则，使基层执法程序可量化、可复制，减少人为的弹性操作。例如，可建立违法建设查处工作规范，明晰查处流程，细化调查规范，以表格、文字形式制作通知书、询问笔录等制式文件的模板，供街道办执法人员参考适用。其次，强化一体化信息系统和综合指挥平台的运用，依据现代化手段，为街道办行政执法提供技术支持，加强程序事项的监督与管理，规范执法程序，提高行政执法效率。

3. 配齐配强执法队伍，打造精英执法力量。一要配齐执法人员编制，减少抽调、外借，并可结合实际情况聘请编外人员提供事务性服务工作，为执法人员减负，将更多的力量投入综合执法工作；二要配强执法队伍，招录、选任业务能力强、素质高的执法人才，严把执法人员选任关，达到 1+1 大于 2 的效果；三要加大人才培养力度，既要做好执法业务的常态化培训，还要做好协调化解、做群众工作等相关能力培养工作，打造精英执法力量。

4. 联合培养法律人才，提升法律服务水平。司法所作为街道办的专门法制机构，一方面，要提升司法所的工作人员的待遇与奖励，优待具有法律资格证书的人才，通过较好的薪资待遇条件招考并吸引专业法律人才参与到基层法治工作之中，同时，鼓励司法所的工作人员积极参加法律资格考试，提升专业法律水平，并在行政应诉工作中，派遣司法所的工作人员与专业律师、执法人员共同出庭，在实践中提升应诉技巧与水平。另一方面，通过与司法部门的合作，共同培养应诉人才。目前，法院与行政机关已经建立了相关的府院长效沟通交流机制，参照已有的经验，街道办可以通过邀请法院行政庭法官走进基层，通过授课培训、委派司法所的人员前往法院旁听庭审、召开联席座谈会等方式，与司法部门相联合，共同培养应诉人才。

（六）探索建立区块链技术支撑的社会矛盾化解平台

1. 搭建多元化矛盾化解平台。由区县级以上人民政府或者司法机关牵头，搭建起人民调解、行政调解、司法调解等多元调解联动模式，完善社会矛盾预防调处综合机制，打破矛盾化解的主体壁垒，破解“重复化解”怪圈。在化解主体的选择上，要注重多元性，司法机关、行政机关、原告以及其他一切有利的社会资源都可加以利用①；同时，确保化解主体的客观性，可将人大代表、法官、检察官、人民陪审员、律师、专家学者、公职退休人员吸纳至调解队伍，并建立对应的“智者库”，以随机抽取的方式确定协调化解专员，确保化解到位。

2. 以区块链技术固定化解成果。在保障隐私权的基础上，充分运用区块链等技术固化协调化解成果，对此，可借鉴部分地区已试验成功的经验，如2018年，北京市首个应用区块链技术的矛盾纠纷源头治理在线平台“无讼朝阳”正式启动，“该平台借助互联网、人工智能、大数据、云计算、区块链等技术，集调解资源整合管理、矛盾纠纷排查分析、在线矛盾多元调解、调解业务培训指导、在线申请司法确认等功能于一体”。② 同理，在街道办的基层治理中，我们也可借用区块链技术，打造一体化、一站式纠纷调解模式，建立有效信息联结纽带，实现矛盾纠纷的实质性化解。

结语

作为社会治理的基础行政单元，街道办已成为基层执法的核心力量，肩负着彰显行政执法温度和激活基层自治能力的重任。故本文从《条例》实施

---

① 章志远：《开放合作型行政审判模式之建构》，载《法学研究》2013年第1期。

② 李万祥：《“无讼朝阳”在线平台启动：以区块链技术核心支撑　促矛盾纠纷源头化解》，载《经济日报》2019年11月13日第3版。

后街道办行政执法的变革为出发点，探析了街道办综合执法的现实困境，并以推进基层治理的法治化为视角提出破解路径，本文之研究立足于当下，期望能够裨益于街道办履职方式和思路的优化。

行政诉讼代理律师的执业伦理及规范的构建

王 芬 丁 雪

一、问题的引出

2019年8月，高安市某村武某贤等6村民认为，2013年至2016年其6人因新农村建设“拆旧建新”政策，自行拆除的房屋应当按照2018年出台的《高安市2018年城市棚户区改造项目房屋征收与安置补偿实施方案》进行补偿，遂以高安市人民政府和当地街办为被告，诉至一审法院，请求判决被告对其6人进行补偿，该院判决驳回了武某贤等6人的诉讼请求，其6人不服提起上诉，二审驳回上诉，维持原判决。二审判决生效后，武某贤同村小组村民武某金等10人以同样的事实和理由，基本相同的证据材料，向一审法院提起同样的诉讼请求，一审法官向武某金释明，与其提起基本相同诉请的武某贤案，一、二审均已败诉，但武某金等在寻求代理律师意见后表示不愿撤诉，并在一审败诉后提起上诉，最终以败诉收场。其中，武某贤等6人与武某金等10人在上述诉讼中均委托的同一名代理律师。

很难想象这是由同一名执业律师代理的两批案件，此种明知委托人会败诉仍然引导委托人提起诉讼并鼓励上诉的行为，究竟是行政诉讼代理现象中的特例还是具有普遍性的问题？出现这种现象的原因是什么？有无避免的途径？都是值得深入思考的课题。

作为整个法律体系变迁的缩影，中国律师职业自改革开放以来，尤其是1996年《律师法》制定之后，也已经历了巨大变迁，具体表现在律师业自治程度的加强、律师界在公共生活中扮演越来越重要的角色、律师业务分工的逐渐细化，以及专业化程度要求更高等。[1] 伴随着行政诉讼的蓬勃发展，从事行政诉讼业务或政府法律顾问的律师数量也随之上涨，已经有相当部分律所将“政府法律事务”“行政法与行政诉讼业务”作为律所的重要或强势业务领域[2]，专门或主要从事行政诉讼代理的律师也应运而生。遗憾的是，较之对律师从事刑事辩护、民事诉讼代理执业规范的研究，对行政诉讼代理律师执业行为学理界鲜有讨论。行政诉讼律师代理的功能与价值何在？实际中这些功能价值是否得到体现？前文案例暴露的问题原因何在？行政诉讼代理律师应当遵循哪些执业道德与执业纪律？未来应当如何科学规范行政诉讼代理律师的执业行为？这些问题不可回避且亟须解决。对上述问题的研究论证构成了本文的核心内容。

二、行政诉讼律师代理的功能与价值

行政诉讼成为解决行政纠纷的主要救济方式后，焦点主要集中在代表国家司法的裁判者和需要解决纠纷的行政机关与行政相对人上。对律师在诉讼中应当承担的职能则较少被关注，律师被误认为是当事人的代言人或者“传声筒”。然而，在当事人主义诉讼模式下甚至是协同主义模式下，当事人的平等对抗始终是行政诉讼进行的主要因素，同时行政诉讼相较于其他诉讼精细复杂的制度设计实际暗含了由作为法律专家的律师成为代理人帮助当事人进行诉讼的前提假设，因而行政诉讼律师代理制度具有独立的功能与价值。

1. 平衡双方当事人诉讼能力的失调

脱胎于民事诉讼的行政诉讼，无论是实体法律规范还是程序制度规范，对诉讼参与人的法律素养均提出了很高的要求。同时作为被告一方的行政机关先天上较之作为原告的行政相对人处于强势地位，再加上行政机关法律顾问制度的推行，被告在两造对抗上可谓已经武装到脚。虽然行政诉讼通过举证责任等方面的制度设计，对两造诉讼能力的失衡作了一定修正，但从司法实践来看，这种修正并未达到足以使两造能够平等对抗的程度，因而律师作为专门法律人，通过其为当事人提供法律服务的最基本职能，以弥补行政诉

---

① 参见程金华、李学尧：《法律变迁的结构性制约——国家、市场与社会互动中的中国律师职业》，载《中国社会科学》2017 年第 7 期。

② 如北京中韬观茂律师事务所、江西公仁律师事务所、江西贤和律师事务所等。

讼原告诉讼能力上的不足，仍具有现实必要性。

2. 满足行政诉讼精细化发展的诉讼技术需要

中国行政审判制度在三十余年的发展中，从理念到技术都发生了急剧变革，尤其是审判体系的现代化已初具雏形。诉讼要件、诉讼类型等诉讼程序也逐步向精细化发展，但精细化程度，既可能促进诉讼效率和审判效果，也可能形成专业性“壁垒”——这取决于审判能力、诉讼技巧的发展水平。而诉讼技巧直接考验着各个诉讼参与主体的专业水平及各个诉讼主体之间的协作水平。为适应行政诉讼的这种发展趋势，行政诉讼法逐渐开始重视法官的释明义务。但释明制度对于诉讼双方的角度，属于从外部对诉讼构造的修正，其运行存在破坏法官中立角色甚至破坏诉讼结构平衡的风险，需要特别注意边界。而发挥行政诉讼律师作用属于从内部上提升当事人诉讼技巧能提高各方协作水平，促进行政诉讼的畅通运行，同时亦能起到减轻法官释明负担的作用。

三、行政诉讼律师代理的现状与成因

行政诉讼代理律师制度拥有独立的价值与功能，但近距离观察却能发现一些“出工不出力”“出力用错地”，甚至“滥诉助力军”的现象，与制度设立初衷相差甚远。这些不良现象主要表现为三种形式：一是代理律师代理活动流于形式，甚至只是“走过场”，在起诉、举证、庭审中提供的法律帮助非常有限。如部分已委托代理律师的案件中，原告起诉状除诉讼请求外，其事实与理由部分几乎就是“行政行为内容”+“该行为违法”的结论，法律依据几乎全部留白。二是代理律师行政法专业素养不足，提供的法律支持不能达到填补委托人诉讼能力的目的，未能适应行政诉讼精细化发展的需要。比如部分律师代理的诉讼案件因被告不适格、超过起诉期限、诉讼请求不明确、不属于行政诉讼受案范围等原因被裁定驳回起诉的情形时有发生。排除其中小部分属于人为制造案件的情形，大多数情况是代理律师对行政诉讼要件本身把握不准导致的；又如错误判断行政争议中实质性争议的法律关系，导致被诉行为选择不恰当或错误选择诉讼类型，导致虽然胜诉却未能达到有效保护委托人合法权益的目的。三是代理律师背离为委托人利益代理的目的，放任甚至鼓励委托人提起大量诉讼，或干扰甚至阻挠双方当事人就争议进行协商。如部分代理律师通过渐次展开并赢得多个“外围”诉讼以博得相对人的信任，部分律师存在拆分诉讼、多程序诉讼、群体性诉讼等不当增加诉讼环节的做法。南昌铁路运输中级法院课题组①调研数据中，33 组涉及程序空转的当事人提起多起诉讼中，有 21 组当事人提起的诉讼有省外律师参与。又如前文武某金等村民诉高安市人民政府系列案例中，所有的当事人往往聘请同一个律师或同一律所的律师，在一个原告提出的某些案子中已经出现判决结果的事项，还会由群体中另一人作为原告以同一理由再次起诉。还有部分律师向委托人提供明显不符合客观情况及法律规定的法律意见，导致委托人对诉讼风险及诉讼利益认识不清，实际上阻碍双方就争议进行实质性化解的可能。这在补偿与赔偿案件中最为突出，因行政诉讼案件不按诉讼标的收取诉讼费，多数律师便引导当事人提出远高于法律规定的补偿或赔偿标准，原告对诉讼利益的心理预期严重与事实及法律规定相背离，大大增加了案件协调的难度，也容易引发原告对裁判的质疑。

根据此类案件探究行政诉讼律师代理乱象背后的原因，主要有两个方面，一是个人层面，在行政诉讼案件数量激增之前，行政诉讼案件量少，专门从事行政诉讼业务的律师寥寥无几，近年来案件数量的增加带动了市场的需求，但专业人才的培养却存在时间上的滞后性，反映在实践中，即呈现出不少行政诉讼代理律师明显比刑事辩护律师、民商事代理律师专业素养偏低的现象。二是制度层面，行政诉讼律师执业伦理体系建设不足，对代理律师的约束力不够，司法行政部门的监管尚存漏洞，外地律师执业行为落入监管空白，利益受损的委托人缺乏有效的救济途径，相关惩戒措施及救济手段落地困难。

四、行政诉讼代理律师的职业伦理构建

律师职业伦理是用来规范和约束律师执业行为的规范。与一般的社会公共道德规范不同，律师职业伦理规范具有强制力和可执行力，可成为具有法律效力的行为准则。② 我国现有规范律师执业行为的有律师法及全国律协制

① 参见该课题组在《实质化解背景下行政诉讼程序空转的图谱分析及治理路径——以 J 省 33 组行政诉讼程序空转样本为切入点》的调研中的数据资料。

② 陈瑞华：《辩护律师职业伦理的模式转型》，载《华东政法大学学报》2020 年第 3 期。

定的行业规范,[①] 学者们结合上述规范各自提出了刑事辩护律师应当遵守的职业伦理义务，包括真实义务、忠诚义务、勤勉义务、公益义务等。[②] 上述义务实际上包含了对所有执业律师的职业伦理要求，但根据执业方向不同其义务的内涵或各侧重点稍有区别。如对刑事辩护律师来讲，其突出矛盾体现在忠诚义务与公益义务的矛盾处理上。对值班律师来讲，现阶段最应强调的为勤勉义务。笔者试图从行政诉讼代理律师角度出发，提出了现阶段行政诉讼代理律师应当遵守的执业义务，并阐述其内涵，以期为行政诉讼代理律师执业伦理的构建提供思路。

1. 专业义务

相较于民商事、刑事辩护律师行业的发育程度，专业的行政诉讼代理律师可谓尚处于幼儿阶段，其发展需符合科学的成长规律，具备提供专业法律服务的能力是其首先需要满足的执业需要。《律师职业道德和执业纪律规范》第六条规定，律师应当敬业勤业，努力钻研业务，掌握执业所应具备的法律知识和服务技能，不断提高执业水平。律师所提供的产品是法律服务，产品需具备基本用途，首先，能正常启动是产品合格的第一道检验标准。然而，实践中有相当比例被裁定不予立案或驳回起诉的案件是经执业律师代理的案件。让起诉满足诉讼要件，使行政争议能够踏入法院实体审理的门槛，是对行政诉讼代理律师的基本专业要求。其次，案件进入实体审查后，代理律师应当具备按照行政诉讼法的规定举证、质证、抗辩、适时调整诉请等促进案件符合胜诉要件的专业能力，此阶段要求保障产品启动后的正常运转。最后，在产品优化阶段，代理律师应当具有选择最优解决方式的专业能力，如判断争议是否适合协商解决，如果合适如何在协商中使委托人利益最大化，并促进争议化解等。

2. 忠诚义务

“忠诚”即真心诚意，无二心。律师的忠诚义务，即律师应当真心诚意维护委托人的利益。“律师应当诚实守信，勤勉尽责，尽职尽责地维护委托人

---

① 如《律师执业管理办法》《律师职业道德基本准则》《律师职业道德和执业纪律规范》《律师执业行为规范》等。

② 参见李奋飞:《论辩护律师忠诚义务的三个限度》，陈瑞华:《辩护律师职业伦理的模式转型》，马明亮:《论值班律师的勤勉尽责义务》，李扬副:《论辩护律师的公益义务及其限度》，载《华东政法大学学报》2020 年第 3 期。

的合法利益。”[①] 这可以说是忠诚义务的积极面。虽然行政诉讼制度设计中强调法院对行政行为合法性的全面审查及被告承担行政行为合法的举证责任，但并不意味着行政诉讼代理人尤其是原告代理人可以在诉讼过程中“走过场”。其仍应当充分运用自己的专业能力找准诉请，并为其主张提供相应的事实与法律依据，在特殊类型案件中，如行政赔偿与起诉不履行法定职责等案件中，原告代理律师更应当协助原告完成对损失及依法提出申请等事实的举证义务。忠诚义务的消极面，则是律师所要承担的最低义务，即律师不得从事损害、妨碍或不利于委托人利益的行为。相关行业规范对此作了大量规定，如“遵循诚实守信的原则，客观地告知委托人所委托事项可能出现的法律风险，不得故意对可能出现的风险做不恰当的表述或做虚假承诺，不得从对方当事人处接受利益或向其要求或约定利益，不得与对方当事人或第三人恶意串通，侵害委托人的权益等等”。[②] 在行政诉讼方面，消极的忠诚义务主要有两种，一是禁止作为的损害委托人利益之行为。如不能为了博取自身经济利益，不惜制造案件，让委托人陷于诉讼程序空转之中，或明知案件肯定败诉，仍鼓励委托人起诉或上诉。二是禁止不作为的损害委托人利益之行为。如作为原告代理方的律师不应受被告行政机关一方的影响，代理时考虑不该考虑的因素，不敢为原告争取权益甚至损害原告利益。或提供法律支持不充分，权益维护不及时，法律意见没有针对性，怠于配合协调化解行政争议等。实践中，该情况并不常见，但原告方却往往有这种担忧，不惜花费巨大经济代价请外省律师进行代理，大大提高了原告的成本支出。在部分征拆案件当中，甚至出现原告胜诉获取的补偿或赔偿大部分用于支付律师费用的情形。

3. 公益义务

中华律师协会2014年出台的《律师职业道德基本准则》明确规定，律师应当坚定法治信仰，牢固树立法治意识，模范遵守宪法和法律，切实维护宪法和法律尊严。在执业中尊重司法权威，遵守诉讼规则和法庭纪律，与司法人员建立良性互动关系，维护法律正确实施，促进司法公正。这实际上是所有律师应当承担的公益义务。因行政诉讼中往往涉及国家或社会公共利益，行政诉讼代理律师的公益义务其内涵更为丰富。一方面应当履行在执业过程

---

① 《律师职业道德和执业纪律规范》第五条规定。

② 参见《律师职业道德和执业纪律规范》。

中不实施妨碍行政诉讼公正进行，不以不当方式干扰司法活动的公益义务。另一方面亦要求行政诉讼代理律师应当维护公共利益，作为原告代理律师不得采取串联组团、鼓动群体诉讼、发表公开信、组织网上聚集、声援等方式制造舆论压力，给政府或人民法院施压，故意拖延关系到重大公共利益项目的推进；作为被告代理律师不能为了达到避免败诉之目的而放弃对国家利益或社会公共利益的维护。

五、规范行政诉讼代理的制度构建

针对行政诉讼代理的现状及其成因，结合行政诉讼代理律师的职业伦理，在制度层面可以从以下方面对行政诉讼代理行为予以规范：

一是出台专门性律师执业行为规范。虽然现有律师职业道德与执业纪律规范已经对律师应当履行的基本道德义务与执业纪律作了规定，但这些规定具有一定普适性，内容较为笼统，可操作的行为准则较少，尤其是对行政诉讼代理，不管是法律法规还是行业规范层面均没有确立一些有针对性的规则。中华全国律师协会 2017 年印发《律师办理刑事案件规范》就是针对刑事辩护律师专门制定的行业规范性文件，值得借鉴。

二是保障律师职业伦理规范的强制力和执行力。任何律师一旦违反这些行为规范，应当承担不利的后果，在程序上被启动调查和惩戒程序，在实体上则应受到从警告、谴责一直到取消律师资格的纪律制裁。对于最为核心的律师职业伦理，更应当被确立在律师法、行政法之中，律师一旦违反这些伦理规范，就不仅要受到行业协会的纪律惩戒，还应直接受到行政处罚乃至被追究刑事责任。

三是提升执业律师的专业水平。司法行政部门及律师协会有针对性地开展业务培训，同时可制定具有操作性与指引性的文件或汇编为律师办理行政诉讼案件提供借鉴、经验或指导。在这方面上海律师协会制定的《律师办理行政诉讼案件操作指引》是一个很好的尝试。

四是探索跨区域律师监管制度。现有律师监管部门是各地司法行政部门，但相对于其他行政监管对象往往只能在本地进行经营活动不同，律师执业具有可跨地域的特征，外省律师在当地进行执业，本地司法行政部门管不了，律师所在地司法行政部门不愿管，导致监管空白。为此，可以积极推动针对律师代理的属地管辖，即律师在哪里执业哪里的司法行政部门即可对该执业行为进行管理监督。

五是建立本地律师参与行政诉讼激励机制。本地律师代理行政诉讼虽然存在受地方行政权力干预之可能，但并不必然产生干扰代理诉讼的事实。本地律师不会为“一棍子买卖”而去承担执业风险，为此，从执业压力与代理态度方面来看，本地律师比外地律师更有可能为了提高执业风评而在法律的框架内诚信代理诉讼。司法行政机关与律师协会应该深入探索合理的激励制度，激发本地律师参与行政诉讼的动力，扫清本地律师参与代理的障碍。

（作者单位：江西省高级人民法院）

2020年度青海省法院行政案件司法审查报告

青海省高级人民法院行政庭

一、2020年全省法院行政审判主要工作

（一）服务党委政府重点工作，全力贯彻落实疫情防控措施

对疫情防控中应急执法有关问题进行研判，向省政府报送《关于依法开展新型冠状病毒感染疫情防控的法律建议》。依法支持行政机关实施常态化疫情防控措施，对行政机关为防控疫情需要实施的正当管理措施，当事人请求撤销或确认违法的，依法不予支持；对涉疫情防控的非诉行政案件，符合执行条件的，及时裁定准予执行。

（二）加大司法审查力度，助力优化法治营商环境

依法审理行政许可类案件，促进政府深入推进“放管服”改革。依法审理行政协议纠纷案件，促进行政机关提高运用行政协议推动公共管理和促进经济发展的意识。依法审理涉及土地房屋、拆违拆临等征收拆迁类案件，确保国家和地方重大项目顺利推进。依法妥善审理涉群体性纠纷等重大行政案件，努力实现政治效果、法律效果和社会效果的有机统一。

（三）改革审判方式，全面提升行政审判质效

实行全流程无纸化网上办案，通过电子诉讼服务平台为当事人诉讼活动提供便利服务。积极推进行政案件繁简分流改革，将政府信息公开、不履行法定职责等案件纳入简案管理，扩大简易程序适用范围。开展法律适用问题研讨，利用“青海行政审判交流群”发布最高人民法院典型行政案例，统一裁判尺度。2020年，在一审行政案件收案同比上升10.99%，结案较上年多200余件的情况下，上诉率与上年持平，一审行政案件服判息诉率位居全国

中等水平。

（四）多措并举，推动行政机关负责人出庭应诉

采取三项措施，即庭前向被诉行政机关加送《行政机关负责人出庭应诉告知书》，庭审中再次提醒并督促行政机关负责人出庭应诉及庭后逐案向同级司法机关反馈行政机关负责人出庭应诉情况，促进行政机关负责人出庭应诉率提升。加强府院协调联动，与省司法厅定期召开座谈会，共同研讨行政执法和行政司法重大疑难问题，推进行政机关负责人出庭应诉工作，助力行政机关提升应诉能力。

二、全省法院行政案件基本情况

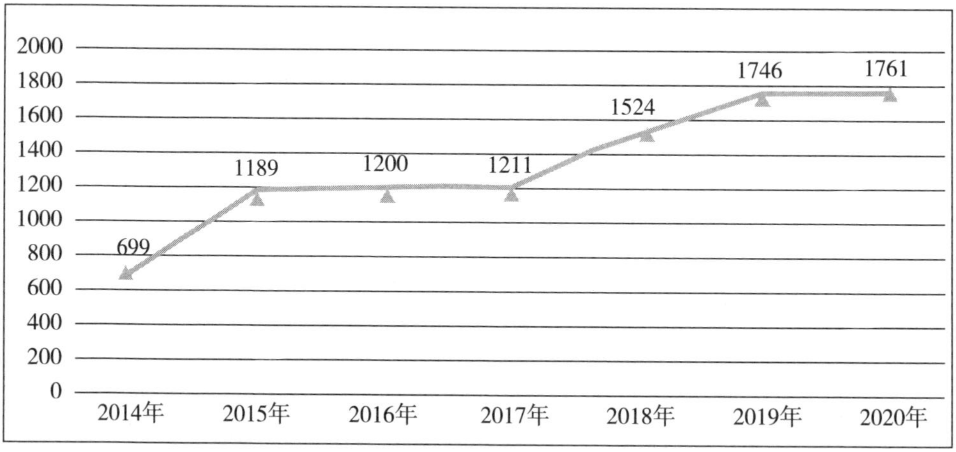

图 1：2014—2020 年全省法院受理各类行政案件数量对比图

（一）收结案呈平稳增长态势

2020 年，全省法院共受理各类行政案件 1761 件（含旧存 296 件）。其中：一审案件 1017 件，上升 12.25%，审结 881 件，结案率 86.63%；二审案件 472 件，上升 5.59%，审结 426 件，结案率 90.25%；再审审查案件 99 件，下降 42.77%，结案 82 件，结案率 82.83%；再审案件 45 件，上升 9.76%，结案 44 件，结案率 97.78%；审查非诉行政执行案件 128 件，下降 28.49%，结案 127 件，结案率 99.22%。2015 年实行立案登记制以来，全省行政诉讼案件呈逐年增长态势。（详见图 1、图 2）

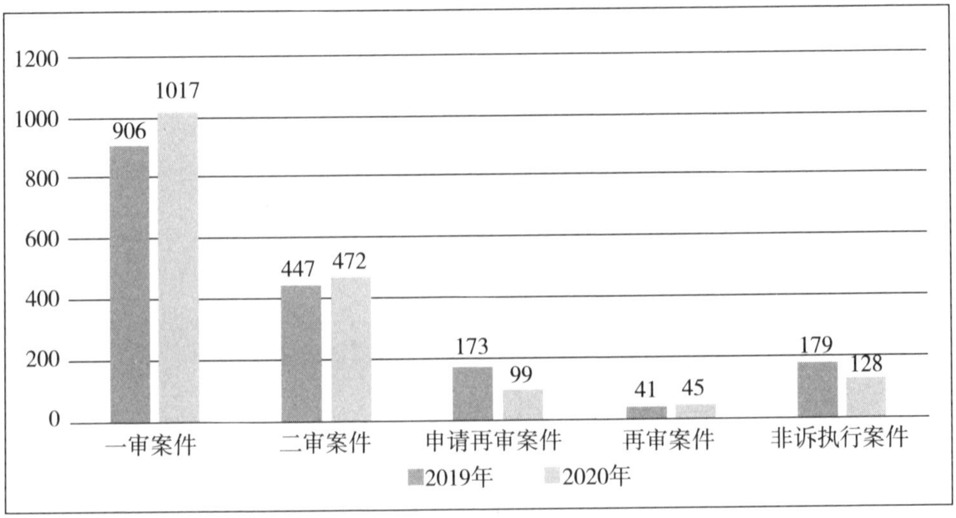

图 2：2019 年、2020 年受理各类行政案件对比图

（二）案件数地域分布不均衡

受全省人口分布和经济发展不平衡影响，西宁、海东两市受理案件数占比较大。省高级人民法院受理案件数 287 件，占比 16.29%。西宁市中级人民法院及西宁铁路运输法院受理各类案件 502 件，占比 28.50%；海东两级法院受理各类案件 318 件，占比 18.05%。海南地区因落实中央环境保护督察反馈意见，对青海湖南岸违法建筑集中整治，近年来案件数量有所增加，海南两级法院受理案件 302 件，占比 17.14%。其他地区收案不均衡，呈现一定的差异化。海西两级法院受理各类案件 237 件，占比 13.45%；海北两级法院受理各类案件 60 件，占比 3.40%；黄南两级法院受理各类案件 23 件，占比 1.30%；玉树两级法院受理各类案件 24 件，占比 1.36%；果洛两级法院受理各类案件 8 件，占比 0.45%。（详见图 3）

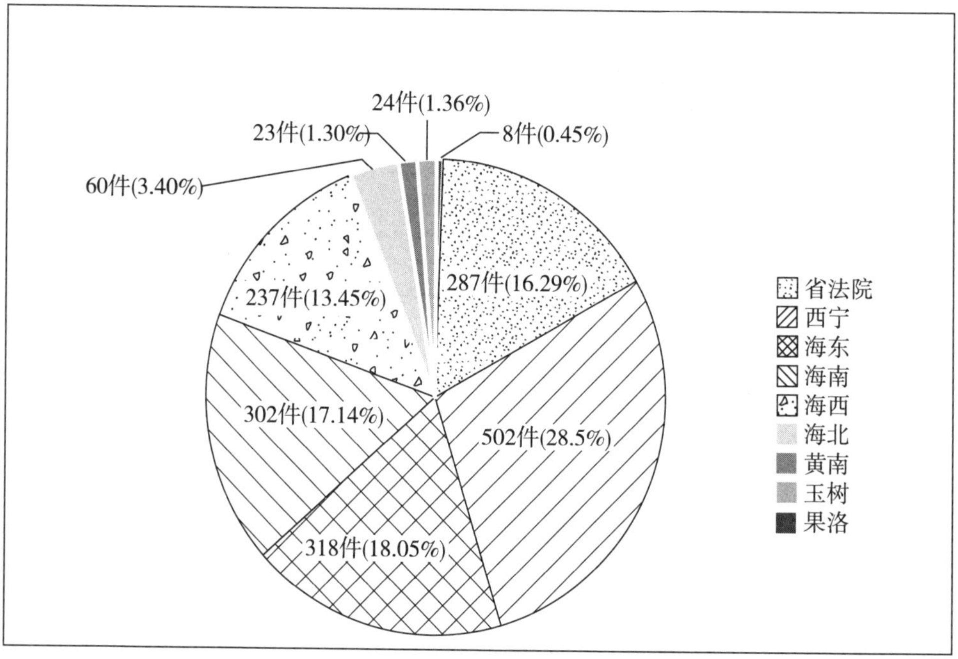

图 3：2020 年青海省高级人民法院及各市州人民法院行政案件所占百分比示意图

（三）涉案领域和类型较为广泛

从行政管理领域来看，一审案件主要集中在城建、资源、公安、劳动和社会保障、环保等领域，分别为 227 件、156 件、50 件、48 件、17 件，占一审新收案件的 62. 32%。其中，拆迁案件占城建案件的 65. 19%，土地案件占资源类案件的 63. 46%，治安案件占公安类案件的 57. 69%，劳动和社会保障案件主要以工伤认定案件为主。可见，城建、资源、公安、劳动和社会保障等传统领域案件仍然占据首位，但工商、质量监督、卫生、环保、交通、税务、金融、财政、司法行政、民政、教育、监察等领域的新类型案件亦不断涌现，成为行政执法和审判的关注点。从所涉行政行为类别来看，一审行政案件主要集中在行政强制、行政征收、行政补偿、行政处罚、行政复议等领域。分别为 156 件、98 件、55 件、27 件、25 件，占一审案件的 35. 46%。涉及集体土地征收、国有土地上房屋征收补偿及强制拆除、因生态环境整治强制拆除房屋和清除地上物的案件占比较重，这与我省城镇化进程加快、旧城改造工程项目的实施，以及我省将生态环境保护作为重要工作有着密切关系，此类案件往往表现为群体性或集团性诉讼，需要考虑国家及地方政策与法律

的有机统一等问题，不稳定因素较多，案件处理难度也较大。（详见图 4）

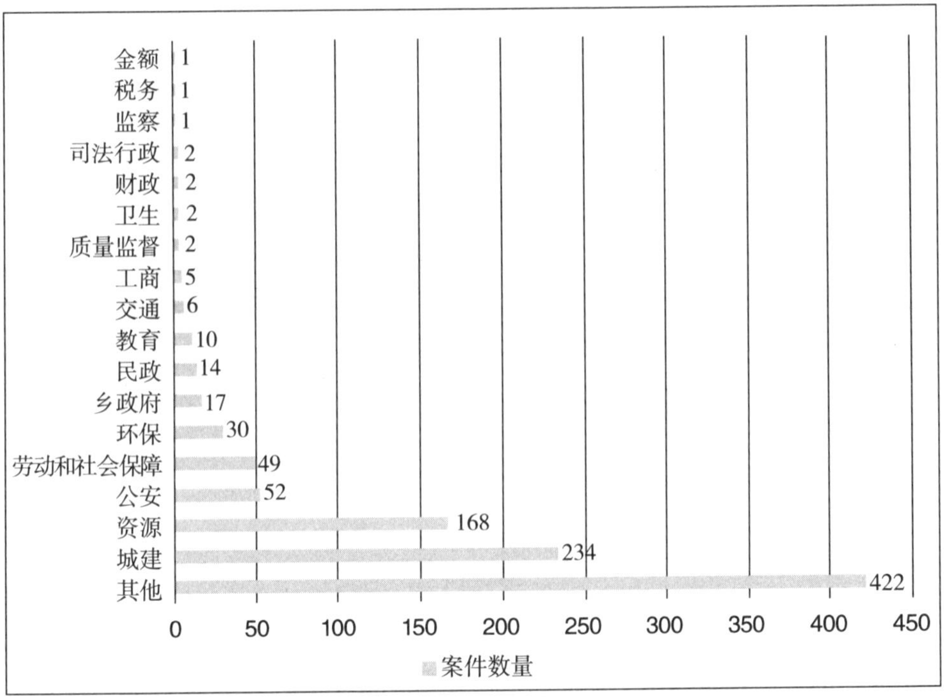

图 4：2020 年度全省法院一审案件涉案领域结构示意图

（四）行政机关败诉率略有下降

审结的 881 件一审案件中，判决行政机关败诉 155 件，败诉率为 17.59%，比 2019 年下降 3.76 个百分点。败诉案件中，确认无效 1 件，判决撤销 41 件，确认违法 94 件，判决行政机关履行法定职责 18 件，变更行政行为 1 件。行政机关败诉案件主要集中于集体土地征收、国有土地上房屋征收、城乡规划、生态环境保护领域行政机关实施的强制拆除等行政强制行为，占比 83%。这与近年来城镇化进程加快，城市棚户区改造，重大建设项目增多，生态环境保护力度加大有一定的关系。

（五）行政机关出庭应诉率上升

全省法院受理的 1761 件行政案件，开庭审理 906 件，行政机关负责人出庭参加诉讼 352 件，出庭应诉率 38.86%，同比上升 2.17%。其中西宁铁路运输法院、西宁市中级人民法院、海东市中级人民法院开庭审理的案件行政机关出庭应诉率较高，分别为 81.82%、80.03%、51.38%，黄南、果洛、玉树地区行政机关负责人出庭应诉率相对较低。

（六）无效诉讼比例较高

随着立案登记制实施进程的不断深入，部分当事人为了给相关行政机关施加压力，实现自身利益最大化，利用行政诉讼门槛低、收费少的特点，在明知不符合起诉条件或诉讼请求不合理时，仍坚持一事多诉、一人多案，因不符合法定起诉条件或缺乏诉讼的必要性而被裁定不予受理或受理后被驳回起诉，形成无效诉讼案件。全省法院受理的一审行政案件被驳回起诉 184 件，准予撤回起诉和按撤诉处理 159 件，不予受理或不予立案 18 件。此类无效诉讼比较常见于土地、房屋征收拆迁、政府信息公开等领域，案由多为不履行法定职责。

三、行政执法中存在的问题

（一）执法意识方面

一是依法行政理念缺失。部分行政机关及其工作人员没有树立依法行政理念，不尊崇宪法法律，存在随意执法、“执法不依法”现象。二是诚信意识不够。部分行政机关因人事调整，特别是主要负责人调整等因素，政策和管理措施缺乏必要的稳定性和延续性。如在履行行政协议过程中，尤其是招商引资协议、拆迁补偿安置协议等方面，往往以人事调整、“时移世易”等理由，“新官不理旧账”，不积极履行或拒绝履行协议，不及时兑现或拒绝兑现承诺，损害行政机关的公信力。三是权责意识不强。有权必有责，但有些行政机关对法定职责的理解和认识不到位，出现不作为、乱作为等履行法定职责不当的情形。四是程序意识淡薄。部分行政机关存在“重实体、轻程序”管理理念，认为只要处理结果正确，执法时限、方式等程序要求无足轻重，执法中简化程序违反程序现象突出。五是风险意识不够。部分行政机关对重大、敏感、复杂案件缺乏足够的警觉性，对社会关注的焦点问题未及时预警预判，给行政执法、行政司法带来更大的被动局面。

（二）执法程序方面

遵守法定程序是公平公正执法的重要保证，违反法定程序是行政机关败诉的主要原因。在行政征收时，片面追求效率，忽视法定程序和公开、公平、公正原则，“未批先征”“边征边批”等现象屡见不鲜；在集体土地及国有土地上房屋征收中，违反“先补偿后搬迁”原则，未经补偿到位的情况下，即实施强制拆除；在集体土地征收中，有的行政机关不作出责令交出土地决定，法律未赋予强制执行权的情况下未经申请人民法院强制执行，自行实施拆除行为；在实施强制拆除前不履行通知、催告义务，未给予被征收人合理的自行搬迁时间即实施强制拆除；在强制拆除时，不依法对屋内物品进行清点登记并妥善保管或移交当事人，不妥善保管、处置被征收人合法财产；在强制拆除违法建筑时，不听取行政相对人陈述、申辩，不制作强制执行决定书；在行政处罚执法中，作出较大数额的罚款决定前未告知当事人听证的权利；有的送达、公告程序不合法，在留置送达时未依法邀请见证人见证或拍照、录像；有的公告送达选择的载体、场所、期限等不符合法律规定。例如，某畜牧养殖有限公司诉民和回族土族自治县人民政府强制拆除房屋一案，被告未书面催告原告自行搬迁，未听取当事人陈述和申辩，因违反法定程序被确认违法；某厂诉海东市乐都区人民政府强制拆除房屋一案，被告对案涉房屋未经补偿即实施强制拆除，因违反法定程序被确认违法；郭某某等诉西宁市城东区人民政府强制拆除房屋 21 件系列案，因未作出责令交出土地决定并申请人民法院强制执行，而自行实施强制拆除，违反法定程序被确认违法。

（三）执法证据方面

证据被称为诉讼的脊梁，是认定事实的依据。在行政执法中，对证据的收集和保全是认定事实、证实行政行为合法性的基础。有的行政机关工作人员缺乏提取、收集证据的意识，在做基础调查或审核工作时，不注意对证人证言、现场勘查等事项的书面记录和保存，仅凭所听、所看和经验作出行政行为，据此作出的行政行为一旦进入诉讼程序，因缺乏认定事实的必要证据而败诉。比较常见的是在实施强制拆除时，行政机关对建筑物内物品不清点、登记或拍照、录像，导致原告亦无法举证，根据法律及司法解释规定，因被告的原因导致原告无法举证的，被告承担举证不能的不利后果。例如，某生态农牧业有限公司诉互助土族自治县人民政府补偿决定一案，因被告作出的补偿决定主要证据不足、认定事实不清而被撤销。

（四）适用法律方面

行政机关适用法律是否正确是人民法院审查行政行为合法性的重要标准。行政机关适用法律不当主要表现在：一是有的行政法律文书不引用法律法规依据，或者应适用此法而适用了彼法、应适用此条款而适用了彼条款，或适用法律法规时未明确具体的条款，告知相对人救济途径和救济期限错误。例如，扎某某诉河南县人民政府等限期拆除房屋行政命令一案，河南县人民政府等五机关作出的《拆除违法建筑通知书》称行政相对人违反了《中华人民共和国土地管理法》《中华人民共和国城乡规划法》的相关规定，没有明确指出违反了上述法律的具体条款；某公司诉玛沁县自然资源局行政处罚一案，处罚决定适用的法律依据是行政机关不作为的处分条款，且告知被处罚人向人民法院提起诉讼的起诉期限为 15 日。二是行政机关不依法履行法定职责，在拆迁补偿、政府信息公开案件中比较突出，不依法履行补偿职责，不依法履行政府信息公开职责，或履行政府信息公开职责不完整，或告知政府信息公开申请人获取信息的途径、方式无法获取所需要公开的政府信息。例如，马某等诉循化撒拉族自治县人民政府政府信息公开一案，因被告未履行政府信息公开义务而被确认违法。

（五）化解争议方面

实质化解行政争议是行政诉讼的立法目的之一，化解行政争议既需要人民法院的组织协调，也需要行政机关的有力配合。部分行政机关化解行政争议的主动性仍然不足。有的行政机关不能正视自身违法行为，在自主赔偿方面缺乏积极作为。一些地方行政复议纠错功能尚未充分发挥，简单维持原行政行为、驳回复议申请居多，行政复议能力建设亟待加强。行政机关负责人出庭应诉的副职居多，正职负责人以开会等理由不出庭应诉，总的来看，行政机关负责人“走过场”“重形式”现象一定程度上仍然存在。有的行政机关不积极配合法院主持的协调工作，不积极拿出解决方案，缺乏解决问题的诚意。

四、进一步加强依法行政的建议

（一）强化依法行政理念

依法行政是实行依法治国的关键所在，也是难点所在。依法行政不仅是人民民主的要求，也是发展社会主义市场经济的客观需要。只有依法行政，才能更好地维护人民群众合法权益，营造良好的营商环境，提升行政机关公信力，促进经济社会健康有序发展。行政机关及其工作人员尤其是领导干部要牢固树立依法行政理念，树立宪法法律至上、法律面前人人平等、职权法定等基本法治理念，恪守合法行政、合理行政、程序正当、高效便民、诚实守信、权责统一等行政法基本原则，做尊法学法守法的楷模。从现实情况来看，部分基层政府及负责人法治意识仍比较淡薄，存在以权压法、以言代法等问题，在社会上给一些人造成“权比法大”的错觉，损害党和政府机关的形象和威信。因此，依法行政，推进法治政府建设，要从行政领导干部运用法治思维和法治方式开展工作做起，提高依法行政在政府绩效考核中的权重，将行政诉讼中所反映出的行政行为的合法率、协调和解率、生效裁判自动履行率、司法建议回复率、行政机关负责人出庭应诉率纳入当地政府法治考评体系；建立科学的责任追究制，依法加大对违法、过错人的责任追究；加强行政机关工作人员的法治教育培训，特别是领导干部法治思维能力的培养，重点加强对一线行政执法人员的执法能力的培养；以《法治政府建设实施纲要（2021—2025 年）》为指导，加强新法适用能力的培训，学习贯彻《中华人民共和国民法典》，在行政执法中最大限度保障公民、法人或其他组织合法财产权或人身权；积极发挥法律顾问、法律专家的咨询论证、审核把关作用，养成依法办事、遇事找法、解决问题用法、化解矛盾靠法的执法习惯。

（二）严格规范公正执法

在行政执法中，严格遵守法律法规规定的程序，对诉讼高发的行政强制、行政征收、行政处罚、自然资源登记、政府信息公开等领域，严格按照法律规定的条件和程序做指引，明确具体操作流程，为执法人员及行政相对人提供行为引导，减少诉讼风险；对征地拆迁、城建规划等涉及民生的行政决定的执行，在坚持服务大局的同时，应当依法保障相对人合法权益，进一步完善公告、听证、风险评估、集体讨论、专家论证等法定程序，广泛听取意见，以“先批准后实施”“先征求意见后公告征收决定”“先补偿后搬迁”为基本顺序，逐项依次推进。法律法规规定需要申请人民法院强制执行的，严格遵守法律法规规定，杜绝自行强制执行等违法行为。证据是事实认定的基础，是影响行政行为合法性的重要因素，行政机关应高度重视执法过程中证据的制作与收集，依法及时固定、保存。根据《国务院办公厅关于全面推行行政执法公示制度执法全过程记录制度重大执法决定法制审核制度的指导意见》的要求，全面推行执法全过程记录制度，通过文字、音像等记录形式，对行政执法的启动、调查取证、审核决定、送达执行等全部过程进行记录，并全面系统归档保存，做到执法全过程留痕和可回溯管理。在强制拆除房屋时应依法做好屋内物品的调查、登记和保全。在房屋征收补偿中，要对被征收房屋的权属、性质、面积等情况进行全面调查核实，避免出现权利人错误、遗漏或房屋面积不清、属性不明等实体性错误。在行政执法中准确把握法律法规的立法精神，避免机械理解法律或选择性适用法律，对法律条文的引用要具体到条款项目，行政执法也要做到“以事实为根据，以法律为准绳”。

（三）实质化解行政争议

正确认识行政行为存在的问题，推进行政机关主动纠错，加强与行政相对人的沟通协调，力争通过和解方式化解行政争议。认真执行《关于行政机关负责人出庭应诉若干问题的规定》，积极履行行政应诉出庭义务，努力做到“告官能见官”“出庭出声出效果”，不断提升行政机关应诉水平。完善行政调解、行政仲裁、行政裁决、行政复议、行政诉讼等有机衔接的多元化解机制，形成行政纠纷化解合力。坚持把行政争议诉前化解作为社会治理的重要组成部分，强化政府负责和法治保障在社会治理体系建设中的重要作用。政府及有关部门应积极担当作为，通过加强领导、完善制度、细化举措，促进行政争议及时化解，确保行政争议化解平台发挥应有作用。

（四）深化府院良性互动

一是做好司法建议的落实和反馈工作。人民法院随案发送的司法建议，针对的是案件审理过程中发现的行政机关执法过程中存在的突出问题。行政机关应予以高度重视，认真研究整改措施并及时反馈。二是推进行政机关工作人员参加庭审旁听制度。2020 年青海省高级人民法院起草《国家工作人员常态化制度化旁听庭审活动实施方案》，并以省委依法治省办名义印发。各级政府及行政机关可组织工作人员参与庭审旁听，对于因行政执法不规范产生的行政争议，可以要求具体执法人员参与旁听，提升行政执法规范意识和主动接受司法监督意识。三是继续推进府院联席会议制度。近年来，我省部分法院为推动府院联动机制，就司法审判和行政执法中遇到的共性问题、疑难问题、高频问题，通过联席会议方式共同研究以期达成共识，取得良好的效果。建议各级政府及职能部门进一步加强与法院的沟通协调，推进府院联席会议制度化、常态化。

司法文件

最高人民法院行政审判庭关于行政机关不依法履行、未按照约定履行行政协议案件诉讼费用如何交纳问题的答复

（2020）最高法行他8号

辽宁省高级人民法院：

你院《关于诸葛文同等人诉大连保税区二十里堡街道办事处履行行政协议一案的请示》收悉。经研究，答复如下：公民、法人或者其他组织不服行政机关不依法履行、未按照约定履行行政协议行为提起诉讼的案件是行政案件，诉讼费用适用行政案件的交纳标准。

此复。

二〇二一年六月二十八日

征稿启事

《行政执法与行政审判》是最高人民法院针对行政审判工作出版发行的唯一的综合指导性图书。丛书自出版以来，深受全国各地法院行政审判法官、行政执法人员和专家学者的普遍欢迎和好评。对各级法院行政审判工作具有权威的指导作用，对各级各部门行政机关依法行政和行政法、行政管理专业的专家学者具有较强的参考作用。

本丛书及时刊登行政法的最新司法解释、司法文件、司法政策及解读，具有典型和指导意义的审判案例及分析，行政执法和行政审判的调研信息及成果等内容，设有“大法官论坛”“理论探索”“案例分析”“实务争鸣”“调查研究”“司法文件”等栏目。现编委会竭诚向全国的行政执法和行政审判理论和实务工作者征稿。来稿要求：

一、稿件应属未公开发表的作品。请勿一稿两投。

二、优先发表在本书所涉领域有创见的、高水平的文章，来稿采用与否以理论和实务价值为标准。

三、稿件引文应当注明出处，注释体例参见本书“写作体例说明”。

四、稿件最好为附打印稿的 word 文件电子版。

五、稿件一经发表，文责自负，但编者保留对来稿进行技术性加工处理的权利。文章一经采用，由本编辑部统一付给稿酬。

六、来稿请按以下联系方式寄送：

地址：北京市东城区东交民巷 27 号

最高人民法院行政审判庭　章文英

邮编：100745

请在信封正面注明“《行政执法与行政审判》来稿”字样。

E-mail：zgfyxzt@ sohu. com

《行政执法与行政审判》编委会

写作体例说明

一、交付稿件要求

（一）总体要求

齐（不缺页、不缺件）、清（稿面清楚）、定（已定稿的稿件）。提供稿件电子版，并附打印清样，出版社视清样为最终定稿。

（二）具体要求

纸样用 A4 纸，单面打印。

电子版内容一定要与提供的清样内容相同。

二、编辑体例

正文编码顺序按：一、（一）1.（1）①第一，其一，等来编排。

三、技术规范

数字用法：

统计数字、时间、物理量等均用阿拉伯数字（如：100kg　45.8 万元　11 个月　4.9 万册　12.4 亿人）；法条号尊重原文，即原文是汉字的用汉字，原文是阿拉伯数字的用阿拉伯数字。

注释方法：

1. 一般原则

（1）注释采取页下注，注释号每页重新起算；

（2）引注作品的，注释应完整；

（3）作者为三人或三人以上的，首次引用时应显示全部作者，重复出现时可在第一作者之后加“等”字样。

2. 著作引文注释范例

一般格式：作者/书名/出版社/出版年代/页码

如：×××/×××编著/×××主编：《×××》，××出版社××年版，第××页。

3. 文章引文注释范例

一般格式：作者/文章题目/引自何种出版物/出版时间/页码

（1）著作中文章

××：《文章名》，载××主编：《书名》，××出版社××年版，第××页。

（2）期刊中的文章

××：《文章名》，载《期刊名》××年第×期。

（3）报纸上的文章

××：《文章名》，载《报纸名》××年××月××日，第×版。

图书在版编目（CIP）数据

行政执法与行政审判．总第87集／中华人民共和国最高人民法院行政审判庭编．—北京：中国法制出版社，2023.4

ISBN 978-7-5216-3189-0

Ⅰ.①行… Ⅱ.①中… Ⅲ.①行政执法-中国-丛刊 ②行政诉讼-审判-中国-丛刊 Ⅳ.①D922.11-55 ②D925.318.2-55

中国版本图书馆CIP数据核字（2022）第224933号

责任编辑　周琼妮（zqn-zqn@126.com）　　封面设计　杨鑫宇

行政执法与行政审判（总第87集）

XINGZHENG ZHIFA YU XINGZHENG SHENPAN（ZONG DI-87 JI）

编者/中华人民共和国最高人民法院行政审判庭

经销/新华书店

印刷/三河市紫恒印装有限公司

开本/710毫米×1000毫米　16开　　印张/17　字数/217千

版次/2023年4月第1版　　2023年4月第1次印刷

中国法制出版社出版

书号 ISBN 978-7-5216-3189-0　　定价：68.00元

北京市西城区西便门西里甲16号西便门办公区

邮政编码：100053　　传真：010-63141600

网址：http://www.zgfzs.com　　**编辑部电话：010-63141807**

市场营销部电话：010-63141612　　**印务部电话：010-63141606**

（如有印装质量问题，请与本社印务部联系。）